京师律师事务所刑事专业委员会系列丛书

刑事有效辩护

案例精选（第一辑）

郑小宁　王发旭／主　编
陈　琦　王殿学／副主编

法律出版社 | LAW PRESS
——北京——

图书在版编目(CIP)数据

刑事有效辩护案例精选. 第一辑 / 郑小宁, 王发旭主编. -- 北京 : 法律出版社, 2022
(京师律师事务所刑事专业委员会系列丛书)
ISBN 978-7-5197-6806-5

Ⅰ. ①刑… Ⅱ. ①郑… ②王… Ⅲ. ①刑事诉讼—辩护—案例—中国 Ⅳ. ①D925.210.5

中国版本图书馆CIP数据核字(2022)第117037号

刑事有效辩护案例精选(第一辑)
XINGSHI YOUXIAO BIANHU ANLI JINGXUAN (DI -YIJI)
郑小宁 王发旭 主编
责任编辑 邢艳萍
装帧设计 鲍龙卉

出版发行 法律出版社
编辑统筹 法律应用出版分社
责任校对 裴 黎
责任印制 刘晓伟
经　　销 新华书店
开本 710毫米×1000毫米 1/16
印张 15.5 **字数** 300千
版本 2022年10月第1版
印次 2022年10月第1次印刷
印刷 天津嘉恒印务有限公司

地址:北京市丰台区莲花池西里7号(100073)
网址:www.lawpress.com.cn
投稿邮箱:info@lawpress.com.cn
举报盗版邮箱:jbwq@lawpress.com.cn
销售电话:010-83938349
客服电话:010-83938350
咨询电话:010-63939796

书号:ISBN 978-7-5197-6806-5
定价:110.00元
凡购买本社图书,如有印装错误,我社负责退换。电话:010-83938349

郑小宁

北京市京师律师事务所党委副书记、执行副主任，职务犯罪预防与辩护法律事务部主任，京师（全国）刑事专业委员会主任。兼任北京市律师协会律师事务所管理指导委员会副主任、北京市律师协会职务犯罪与预防专业委员会委员、最高人民检察院控告申诉检察专家咨询库专家、北京师范大学中国企业家刑事风险防控北京中心执行主任、中国人民大学虚假诉讼治理研究中心研究员、国际关系学院等高校硕士研究生实践导师等职务。

王发旭

吉林大学法学学士，中国政法大学法学博士。北京市京师律师事务所合伙人，刑事法律事务部主任，京师（全国）刑事专业委员会名誉主任。中国法学会会员、北京大学法学院法律硕士研究生兼职导师。

陈 琦

中国人民公安大学刑法学硕士。北京市京师律师律师事务所高级合伙人，京师（全国）刑事专业委员会常务副主任。兼任最高人民检察院控告申诉检察专家咨询库专家、北京市律师协会商事犯罪预防与辩护专业委员会副主任等职务。

王殿学

武汉大学学士，中国人民大学硕士。北京市京师律师事务所高级合伙人，京师（全国）刑事专业委员会副主任、秘书长，金融犯罪研究中心主任。兼任最高人民检察院控告申诉检察专家咨询库专家、北京大学法学院“金融犯罪与刑事合规”授课老师。

编辑委员会

序

我国著名法学家、中国政法大学终身教授江平先生曾言："律师兴则法治兴，法治兴则国家兴。"随着中国特色社会主义法治建设的推进，中国特色社会主义法律体系已经形成，人民群众对法治的要求和期待也就越来越高。在历史的关键节点，中共中央对全面推进依法治国作出了战略部署，中国共产党第十八届中央委员会第四次全体会议通过《中共中央关于全面推进依法治国若干重大问题的决定》，这是中国共产党顺应历史潮流和人民意愿所作出的必然选择。

随着改革开放，中国律师制度恢复重建也已走过40年的历程。40年风雨兼程，中国律师事业取得长足发展，成为促进中国经济发展、保障人民合法权益、维护社会公平正义、推进社会主义法治国家建设的一支重要力量。北京市京师律师事务所（以下简称京师所）经过了规模化的发展阶段，已经成为北京市单体最大、位居全国前列的律师事务所，取得了丰硕成果，具备了相当的规模和业界影响力。与此同时，京师所以刑事业务为引领，展开了如火如荼的专业化建设进程，成立了京师所全国体系第一个专业委员会——京师（全国）刑事专业委员会（以下简称刑委会）。从此，京师所的专业化建设进入了快车道，旨在不断提高京师所律师的专业能力和服务水平，更好地发挥京师所律师在服务经济社会发展、推进全面依法治国等方面的重要作用。

我们常说刑事辩护是法律王冠上最闪亮的一颗明珠，我想这是因为刑事辩护律师（以下简称刑辩律师）具有三大特点：一是刑辩律师更具有权利意识；二是刑辩律师更具有社会意识；三是刑辩律师更具有规范意识。在刑事业务领域中做无罪辩护，不仅需要律师有巨大的勇气，也更加考验着律师的智慧。正因如此，一次次无罪辩护的成功也就显得格外难能可贵。

近年来，京师所律师的刑事辩护业务取得了辉煌的成绩，如福建许金龙案、聂树斌国家赔偿案、内蒙古王力军收购玉米案、赤峰张嘉伟5000里广东行凶错抓案、张志超案，京师所律师办理的全国有重大影响力的无罪案例，先后6起入选最高人民法院和最高人民检察院的年度工作报告。

《京师律师事务所刑事专业委员会系列丛书》旨在展示京师所刑辩律师的风采，通过一个个鲜活的案例，讲述京师所刑辩律师在争取无罪的道路上披荆斩棘的勇气、不畏艰险的决心和摘得皇冠的智慧，从而激励和启发更多的刑辩律师发挥自身能动性和专业性，努力为每个当事人实现公平正义。

在刑委会决定对京师所刑辩律师取得的无罪判决案例和检察机关决定不起诉案例进行汇编，并出版系列书籍后，作为刑委会的主任，我依然在不断思考：京师所律师为何能在刑事业务领域作出如此骄人的成绩？细细回顾京师所多年的发展历程，其实不难发现，以下四个方面的特色和优势不可或缺。

第一，凝聚力。京师所的刑辩人才遍布全国各地，汇聚了京师所北京总部加50余个分所的专业力量，涉及范围大、人员广。凝聚促进交流，交流促进发展。高度的凝聚与高效的交流，意味着京师所的专业化水平能够达到前所未有的高度，必然取得丰硕成果。

第二，生命力。刑委会是一支年富力强、高学历的精英队伍。目前，刑委会理事194名、委员215名，中青年律师占据大多数，博士、硕士研究生以上学历律师占大多数。可以说这支队伍是一支既有年龄优势，又有深厚底蕴，更具丰富经验，充满了朝气和无限发展性的专业队伍。

第三，创造力。刑委会中设有培训青年律师、提升中年律师的专业机构，研发法律服务产品，推动京师所刑事业务专业化建设的标准化、规范化发展；此外，刑委会还设有研究中心，定期举办沙龙活动，对刑事业务中的热点和难点问题进行深入研究，分享办理各类刑事案件的宝贵经验，总结具体案件的辩护思路和策略。法律的生命在于经验，而经验的生命在于实践。刑委会将知识转化为生产力，以平台融合专业能力，以创造力实现突破，促进京师所刑事业务的突破发展。

第四，战斗力。过去的实践证明，京师所刑辩律师是一支富有战斗力的队伍。2021年度承办刑事案件总量为10，710件，北京总部2727件、分所7983件，其中刑委会成功办理的不起诉案件有49件、无罪案件有8件，刑委会持续引领律所专业化建设就是最直观的体现，最有力的证明。京师所优秀的人才储备、遍及全国的业务触角，更是为京师所刑辩律师提供了有力保障。

另外，还有至为重要的一点是，京师刑事业务的发展有强大专家智库的支持。为促进刑事业务专业化发展，京师所特聘请了樊崇义、宋英辉、姜小川等40余位知名专家学者组成专家顾问团，为刑委会的发展提供专业理论支持。

我们希望《京师律师事务所刑事专业委员会系列丛书》的出版可以有效发挥以下几方面的积极作用：

第一，促进经验总结，实现刑辩律师业务技能的提升。本系列丛书所收录的均为无罪或不起诉案例，体现出承办律师独到的办案技巧和理论造诣。通过案例汇编，可以为律师同行学习、交流提供鲜活的素材，从而可以更好地形成具有普遍适用性的经验总结。

第二，促进法学研究，推动立法完善。理论源于实践，而法律的生命在于实施、在于经验。经典案例本身既是一种研究的对象，同时也为学术研究提供了鲜活的素材，其中的争议问题往往会成为法学研究创新、理论发展的重要源泉。另外，律师会把自己办案时的体会加以研究、分析、总结和提升，同时提出立法、修法的建议，提出司法改革的建议，对推进我国法治建设有重要意义。

第三，营造学术氛围，引领律师在注重实务的同时加强理论研究。律师行业是一个最需要不断学习的行业，不仅是知识的广度，还在于知识的深度。律师办理案件的过程本身就是一个运用知识的过程，但往往缺乏系统性，只有经过深度淬炼和系统化的梳理，才能提高专业能力。专业书籍的编撰可以进一步培养律师的学术兴趣，促进律师加强专业学习，深化理论实践。

第四，树立品牌，提升京师所律师整体形象。在多年的发展过程中，京师所形成了一系列的刑事辩护理论和实务经验的学习、研究和交流机制，收效良好，但品牌的建设也需要一定的形式作为载体。《京师律师事务所刑事专业委员会系列丛书》正是京师所刑事业务品牌的良好展现，有利于京师所品牌的塑造、提升。

艾伦·德肖微茨曾言："在我看来，没有一个头衔能比辩护律师更崇高可敬了。"换言之，个案推动法治，刑辩律师的肩上承担了更多的责任。《京师律师事务所刑事专业委员会系列丛书》的出版是刑委会在京师所专业化建设过程中所作出的一次尝试。我们深知法学理论博大精深，研究文献浩如烟海，具有扎实深厚的理论功底，及时掌握理论研究最新成果，时刻关注司法、立法动态尤为重要。希望借此丛书的出版，能使我们与理论界的专家学者以及广大律师同人进行深入的交流、探讨，以期为中国法治建设贡献力量。同时，真诚希望广大读者为本书的编撰、修订工作提出宝贵的意见和建议！

谨以为序。

北京市京师律师事务所党委副书记、执行副主任

京师（全国）刑事专业委员会主任

郑小宁

2022年6月18日于京师律师大厦

目 录

张某超涉嫌强奸再审无罪案

王殿学　刘志民　王朝勇*

一、案情简介

2005年1月10日6时许，被害人高某与同学王某燕从高某家中离开。同日6时15分左右，二人进入临沭县第二中学新校后分手，接着高某失踪。同年2月11日14时4分，临沭县公安局接到临沭县第二中学政教处主任于某凌报警，出警后在主教学楼三层西侧一停用的厕所内发现了高某的尸体。经法医鉴定，高某系被他人暴力作用于颈部致其机械性窒息死亡。临沭县公安局经侦查后，认定强奸杀人的是该校高一学生张某超，时年不满16周岁。2005年2月13日凌晨，张某超在家中被警方带走。当日被刑事拘留，同月26日，被执行逮捕。2006年3月6日临沂市中级人民法院认定张某超构成强奸罪，判处无期徒刑。与张某超同案的还有该校高一学生王某超，临沂市中级人民法院认定，王某超构成包庇罪，判处有期徒刑3年，缓刑3年。一审判决后，张某超、王某超均未上诉。

2011年下半年，张某超通过其母亲马某萍开始提出申诉，但是，临沂市中级人民法院和山东省高级人民法院分别于2012年3月19日和11月12日驳回其申诉。2014年，临沂市人民检察院就张某超案作出《刑事申诉复查通知书》，决定不予提请抗诉。

---

* 王殿学：北京市京师律师事务所刑事专业委员会副主任兼秘书长、金融犯罪研究中心主任；刘志民：北京市京师律师事务所刑事专业委员会副主任、刑事合规法律事务部主任；王朝勇：北京市京师律师事务所刑事专业委员会副主任、虚假诉讼法律事务部主任。

2017年11月16日，最高人民法院对张某超案作出再审决定，认为原审判决认定张某超强奸致人死亡、王某超包庇的事实不清，主要证据之间存在矛盾，决定指令山东省高级人民法院另行组成合议庭对本案进行再审。2018年2月8日，山东省高级人民法院依法组成合议庭，对张某超强奸、王某超包庇一案再审。2019年12月5日，山东省高级人民法院在淄博市中级人民法院开庭审理了本案，控辩双方均认为本案应改判无罪。2020年1月13日，山东省高级人民法院在淄博市中级人民法院开庭宣判，张某超、王某超无罪，张某超当庭释放。

二、争议焦点

本案所有的争议点均是围绕原审据以定罪的证据是否具有真实性而展开，作为辩护人，笔者不仅认为原一审认定的案发时间存在疑问，还认为被害人高某尸体被发现的废弃卫生间很可能不是案发第一现场。

本案中没有任何客观证据能够证实张某超对被害人高某实施了侵害行为，甚至没有任何客观证据能够证实张某超曾经到过案发现场。但是，张某超、王某超在公安机关所做的有罪供述，以及两名证人王某波、杨某振的证言，使司法机关认定存在的证据链条能够证实张某超对被害人实施了侵害行为。山东省高级人民法院就曾在2012年11月12日，以“无证据证实申诉人张某超在公安机关所作的有罪供述系刑讯逼供所得，张某超作有罪供述时所述的情节，非本人作案不可能知晓”为由，驳回了本案的申诉。故此，在本案不具有“死者归来”“真凶再现”等情形下，申诉的推动极其艰难。

三、张某超被控强奸罪的辩护思路

辩护人认为，有充分的证据证明案发当天张某超不在现场，也不具备作案的时间；张某超的有罪供述与现场勘查、尸检的客观情况存在大量的矛盾，并不真实；本案是在严重的刑讯逼供之下，根据尸检和现场勘查情况进行人为拼凑出来的假案。因此，现有证据完全可以证明，张某超是无罪的。

（一）张某超在案发当时存在充分的不在场证据，也不具备作案的时间和条件

原一审判决认定："2005年1月10日6时20分许，被告人张某超在教学楼一洗漱间遇见被害人高某，见四周无人，即起奸淫之心，遂上前用随身携带的铅笔刀架在高某的脖子上，将其劫持到洗漱间内，采取捂嘴、掐脖等手段将高某强奸，并致其窒息死亡。后移尸至该洗漱间内一废弃厕所内藏匿，并买锁将废弃厕所锁住，2005年1月11日下午，被告人张某超趁其他同学上课之机，又携带铅笔刀，潜入该废弃厕所内奸尸，并将尸体多处割破。"据此，原一审认定的作案时间是在2005年1月10日6时20分许。但是，张某超在案发当时存在充分的不在场证据，也不具备作案的时间和条件。

1.原审案卷有多名证人证实，张某超当天参与了跑操

原审判决认定作案时间是在2005年1月10日6时20分许，是依据杨某振和王某波的证言，即在听到女生尖叫时已经开始跑操。其中杨某振称："我正叠着被子的时候，就听着不远处传来一声尖叫，说了声：'你要干什么？'……那时候已经开始跑操了，估计应该是在6时20分。"王某波称："我和我同铺杨某振请假未跑操在宿舍，当时是6时23分左右，我在宿舍听到外边有女生尖叫，并说'你要干什么，救命。'我和杨某振听到喊声先后跑出宿舍……"

但是，原审侦查卷中有4名证人证明张某超参与了升国旗和跑操。

孙某证言："这天早上升国旗时我见到张某超参加升国旗的……升国旗前站队中可以说话，前后左右看看，我记着看见张某超站在队列中的。"

刘某军证言："问：那天早上张某超参加升国旗仪式，跑早操了吗？他和谁站在一起？答：参加了。我印象中他站在最后面从右面数第三列，升旗仪式时我看见他了，仪式完了以后，跑早操，一转身跑操时，我就没再注意看他，他和谁站在一起的我不大清楚……问：那天早上张某超上早自习了吗？答：他上早自习了。"

王某全证言："问：2005年1月10日早上你参加升国旗仪式、跑早操了吗？答：我参加了……问：你当时和谁站在一起的？答：我当时站在最后一排从右边数第二列，我后面是卞某文，左面是张某超，我后面没有人，前面是谁我记不清了……问：张某超那天跑完早操了吗？答：跑完了。"

张某超班级的体育委员于某峰证言："那天早上张某超参加升国旗仪式了，升完国旗后，要跑操前俺们班有许多同学都把穿在外面的大袄脱下来，我让张某超和李某磊两个人把同学们脱下的袄负责抱到教室里，然后他俩就抱袄上了教室，他俩就没再下来。跑完操我就去了厕所，然后就去了教室。"

另外，杨某振、李某磊、张某丽的证言均证实，不出操是要向班主任请假的，请假有请假条做登记，体育委员也会清点人数。但是，在案发当天并未发现张某超有请假或缺席的情况，这也从侧面印证张某超当天参与了升国旗和跑操。

山东省人民检察院在再审程序中对张某超的班主任徐某做了新的询问笔录，徐某说："我们学校大约是六点多点就升旗，张某超按照规定他应该在升旗，但具体我记不清楚了，一般是升旗后他负责抱袄。发生这个事情以后我自己感觉比较吃惊。"

由此可见，在案发当时，张某超正在参与升国旗和跑操（或抱袄），并不在作案现场。

2.证明张某超案发当时在"现场"的仅有王某波的证言，但其证言和另一名证人杨某振的证言相矛盾

本案侦查机关锁定张某超是作案凶手的关键证据实际上就是王某波的证言，王某波称在听到尖叫声后跑出宿舍，看宿舍南边洗漱间门口站着两个人，其中一个就是张某超。

但是，与王某波一起在宿舍、听到尖叫的另一名同学杨某振却称："当时正在被子里躺着的王某波（正穿好衣服）揭开被子马上就跑出去了，我随后放下手中的被子就往外跑，并且把门锁锁上了。之后，我向南一看，就看见王某波正在我们宿舍南侧第二个洗漱间西的走廊里跟两个我不认识的男的说笑，我赶

过去，那两个男的就说笑着往南走，我和王某波就从洗漱间南侧的楼梯下到二楼，正碰到从对着楼梯的大宿舍出来的张某超，他只穿了个毛衣，我猜可能也是听到女的尖叫出来的，王某波跟他打了个招呼，我们就顺走廊往南，向右拐就到了我们教室……问：你和王某波在三楼你们宿舍南侧第二个洗漱间门口遇到的那两个男的是谁？他们说了些什么？答：我不知道。我不认识他们俩，王某波跟他俩有说有笑的，我不知道他认不认识。我未注意他们说了什么，就是看到有说有笑的……问：张某超是哪个班级的？答：不清楚，他是我实验中学初一、初二的同学。”

可见，杨某振并不认识在洗漱间门口和王某波交谈的两个同学，但是，杨某振实际上是认识张某超的，其实在下楼梯到二楼才碰到了张某超。律师在会见张某超时，张某超也表示，当天早上在下楼去厕所后回教室上楼时，在二楼楼梯口遇到了杨某振，这一陈述也与杨某振的证言内容是吻合的。

杨某振还称：“在三楼洗漱间遇着那两个男的，一高一矮，矮的有1.68米左右，高的有1.72米左右，当时未开灯，看不清。”但是，张某超身高超过1.8米，不符合杨某振提及的身高条件。

因此，原审据以认定张某超在案发现场的证言并不可信。另外，王某波也存在充分的说谎动机，在公安机关2005年出具的《“2·11”强奸、故意杀人案件侦破经过》中提到，侦查机关一开始是在王某波的寝室墙壁上发现了血迹，初步锁定了该寝室的男生有作案嫌疑，于是在发现尸体当天的23时至次日0时23分、2时10～50分将王某波叫至刑警大队进行了问话。与此同时，杨某振也被叫到了刑警大队，并提到了“在公安机关排查高某失踪案时，王某波不让自己说那天早上听到的事（听到女生尖叫喊救命）”这一情况。在这种背景之下，王某波为了尽快洗脱自身嫌疑，本能地存在说谎的动机。

3.即便王某波的证言真实，张某超在如此短的时间里也不可能完成作案

退一步讲，即便王某波的证言真实，张某超也不具备作案的可能。

杨某振的证言提道：“当时正在被子里躺着的王某波（正穿好衣服）揭开被子马上就跑出去了。”王某波的证言也称：“那天早上我听到喊声时，正打算起

床还未起，听到喊声以后，我马上从床上下来，穿上鞋，没有系鞋带，接着穿上衣服，跑着去了宿舍门；从我起床到我跑出宿舍门时间间隔也就两分钟。”

但是，律师实地调查发现，证人王某波、杨某振的宿舍距离发现被害人尸体的洗漱间很近，只有11米，正常行走只需10秒。按照王某波、杨某振的证言，他们先是听到了女生求救的尖叫声，尖叫声持续了几十秒，叫得很惨烈，然后没有了。两三分钟后，王某波和杨某振一起从宿舍里跑出来，已经看到张某超和王某超在洗漱间门口了。王某波跑到洗漱间（走才需要10秒）外，朝里一看，里面的木门已经锁好了。也就是说，在短短两三分钟时间内，张某超完成了如下动作：掐高某的脖子，将其拖入洗漱间——强奸、杀害高某——踹开洗漱间中间的门锁——将尸体藏入洗漱间东半部的废弃厕所里，关上门——遇到王某超，告知王某超自己杀了人，让王某超看守洗漱间——跑下楼去买锁——跑回三楼锁住洗漱间内掩藏尸体的东半部废弃厕所的木门。这可能吗？

即便是一个极具理性的熟练杀手，也不可能在短短的2分钟里完成这一系列的事情，更何况张某超当时只是一个15岁的学生。根据苏某在2018年6月5日接受山东省人民检察院询问时做的笔录，从三楼洗漱间到学校小卖部，即便是跑着来回，1分钟时间是肯定不够的，得3分钟左右。也就是说，单是买锁一件事，来回就得3分钟。

因此，张某超不仅具有充分的不在场证据，也完全不存在作案的时间和能力。

（二）张某超的有罪供述与客观事实存在大量的矛盾，并不真实

除了王某波提供的张某超出现在案发现场的证言以外，原一审判决认定张某超作案的唯一直接证据，就是张某超的供述。但是，通过对比现场勘查和尸检情况，我们发现，张某超的有罪供述与客观事实存在大量的矛盾，张某超的供述细节也缺乏其他间接证据与之相互印证，其供述完全不能采信。

第一，张某超供述称先后实施了强奸和奸尸的行为，但是，无论是（2005）沭公刑技证字第1号鉴定书还是公物证鉴字（2018）1572号鉴定书，死者的口腔

和阴道处均未发现精液成分或张某超脱落的细胞生物成分，这对一个强奸案件来说是不可思议的。

第二，张某超的供述始终称当时是用左手把高某揽倒在地，之后用左手卡住高某的脖子，不让她喊救命，右手扯她裤子实施强奸行为。但是，如果用左手卡住脖子，无论是从后面揽住还是从正面掐，四指的位置都应当在被害人的右侧脖颈上；然而，尸检照片显示，被害人的左侧脖颈上有三道指痕，张某超的供述明显与之矛盾。

第三，张某超的供述称强奸和杀人行为发生在外间，但是，在外间并未发现任何打斗挣扎的痕迹，也并未发现张某超的任何痕迹。

第四，张某超在解释高某额头右侧有血迹的问题时，称是"那天早上我想跟她办事，她反抗，我把她头往地上按的，当时我听'咕咚'一声，可能是那时弄的"。但是，在洗漱间外间的地面上并未发现任何血迹。

尸检报告显示，创伤是在右眼侧上部位，被害人额头右眼侧上的伤口中存在碎玻璃片，创缘不整齐，创腔内有3块无色透明的玻璃碎片，这符合头部撞击玻璃而非头部往下撞击地面所形成的特征。但是，在洗漱间外间的地面上并未发现碎玻璃，唯一存在的中间隔门玻璃也完好无损。

第五，张某超称，在其知道高某死亡后，赶紧用脚踹洗漱间中间上了锁的偏门，踹了好几脚，把门给踹开了，门上的那半"门鼻子"掉了下来，门锁也被踹开掉在地上。但是，首先，中间屋的门锁是挂锁，这种锁几乎不可能会被踹开，只有可能是"门鼻子"掉下来，张某超的供述不合常理。其次，根据报案人李某梅的证言，"我用那个厕所门上的钥匙开锁，怎么也打不开，我就上宿管科拿钳子和扳手把锁别坏了"，并未提及锁鼻松动的情况，根据"用钳子和扳手把锁别坏"才得以开门的启发，也可以合理推测，当时的锁鼻并未松动。最后，现场勘查照片也可以看出来，隔门中间是一块磨砂玻璃，极其容易被踹碎，但是玻璃完好无损。这些均与张某超的供述相互矛盾。

第六，张某超称，在外间作案时，高某的裤子被脱至腿弯，发现高某死亡后，他将其拖至里面的厕所，第二天再来奸尸时将脱至腿弯的裤子完全脱下。

但是，现场勘查显示尸体臀部和小腿上有泥土，假如衣裤仅脱至腿弯，不大可能在小腿上有泥土。从牛仔裤的泥土分布来看，泥土主要分布在右侧的上半部分边缘，不符合脱至腿弯后拖行的情况。另外，现场也并未发现从外间向里侧拖行的痕迹。

第七，张某超称，第二天再次来到里面进行了奸尸，当时尸体面朝上，然后他将尸体向北侧翻动，之后又将尸体翻回原位，最后还用刀子在尸体上进行划拉，并在腹部划了一个很深的口子。但是，尸检照片显示，被害人的头部创伤主要在头部的右侧，假如面朝上的话，现场血迹不应该集中在墙壁南侧边上，现场情况更符合尸体面部朝下的特征；根据现场勘查照片，除了墙壁南侧有血迹以外，墙壁附近和地面上并未发现因尸体头部翻动而形成血迹式样，也并未在腹部的创口附近发现任何血迹。张某超供述的情况与现场勘查相互矛盾。

第八，张某超称，在将尸体移至洗漱间里间后，就去学校的小卖部买了一把锁来将里面的隔门锁上，之后去上了早自习。张某超的同桌老某财，同学于某峰、王某全、刘某军等人也都证实了张某超当天去上了早自习，因此，按照张某超的说法，买锁的时间应当在早自习之前。但是，小卖部的店主夫妻在申诉过程中均作证称，自己的店每天正常的开门时间是7时20分，而早自习的时间是在6时30分至7时10分，也就是说，学生早自习的时候，小卖部是没有营业的。苏某在2018年接受山东省人民检察院询问时也证实，小卖部一般是在学生快下早自习的时候才开。因此，张某超关于买锁的供述情况和小卖部营业时间是相矛盾的。

第九，张某超称，为了将尸体掩藏得更好，自己从舍友李某磊那里借了（后来称偷）编织袋，然后用编织袋来装尸体。但是，在藏尸厕所已经锁门的情况下，编织袋根本起不到任何藏尸的作用，从报案人李某梅推开门就看到尸体这一点就能够看出来；另外，李某磊、李某磊的母亲李某凤以及张某超的其他舍友均证实，李某磊或者同宿舍的其他人并没有在案发现场提取同式样的编织袋，也从未见过这样的编织袋。

第十，张某超供述了一个极其不同寻常的奸尸过程，并表示这是从光碟

《肉体的欲望》和小说《恐怖故事》中模仿的，小说《恐怖故事》是在学校锅炉房买的。但是，锅炉房的店主吴某峰称从未卖过这类书籍，侦查机关事后也并未找到这类书籍。

除了以上十大矛盾之外，张某超的供述中还存在诸多疑点：(1)张某超第一次供述称不认识高某，作案时只是看到一个很漂亮的女生，但之后的供述又表示很早就认识高某了；(2)张某超在第二次笔录中称是在买锁回来锁好门后碰到了王某波，但在之后的笔录中又改成是在买锁前碰到了王某波；(3)张某超称买的锁有2把钥匙，但是小卖部老板王某凤、李某蓉的证言表示这类锁有3把钥匙；(4)张某超称把旧锁和铅笔刀扔到了双杠旁边的大垃圾坑，把新锁的2把钥匙中的一把扔到了小卖部南侧的第一个垃圾桶里，第二天奸尸后将铅笔刀、卫生纸和钥匙扔到了大粪坑里，但是，侦查机关在相应的位置并未找到任何与之相应的物品，无法和张某超的供述相互印证。

综上所述，在张某超的供述与客观情况存在大量矛盾、供述细节也缺乏间接证据与之印证的情况下，张某超的供述完全不能采信。在排除张某超的供述之后，在卷证据根本无法形成一个完整的证据链，遑论确实、充分。

（三）张某超虚假的有罪供述是在刑讯逼供之下形成，依法也应予以排除

张某超在律师会见时反映自己遭受了严重的刑讯逼供，其中张某超称："开始被带到刑警队后，我不承认自己作案，就会被抽耳光，有人过来将我的衣服脱了，用两个电棍电脖子和全身，两人又在身前对我拳打脚踢，用铁扳手砸我膝盖和脚趾头。"张某超又说："比如说，警察问女孩穿什么衣服，我说白色，警察就用鞋底抽我的脸，我再说其他颜色，说不对就接着抽我，直接打到我说对为止。我如果说记不清了，警察就会说，张某超，我有办法让你记起来，然后就打我。""当初检察院的检察官来讯问我时，我告诉检察官，我是被打承认的，我要求检察院提取血液、毛发等物证，检察官给我做了笔录。在我向检察官翻供的当晚，曾提审我的公安局刑警将我从看守所提出，再次抽我耳光、用电棍电击我，然后他们对我说，'你找谁都没用，最后还是我们查'。"

大量证据及线索均印证了张某超的这一说法：

第一，张某超同监所的证人提供的证言证明，张某超身上有伤。陈某在2018年的证言称：“张某超也在监室里洗过澡，我看到他的肚皮上、大腿上有伤。”高某1在2018年的证言也称：“张某超也在监室里洗过澡。他刚进我们监室的时候我就看到过他的后背上紧靠脖子下面那一片巴掌大的地方有很多红点点，每个都是针尖那么大小，大约有数百个，我问他这是怎么回事，他说是被公安用电棍电的。”这些证人不存在说谎的动机，证言可信度高，可以说明张某超遭受了刑讯逼供。

第二，张某超的《传唤通知书》显示，张某超是在发现尸体的当夜即2005年2月12日1时30分至13时30分，被传唤至刑警大队问话，在此期间未形成任何笔录；一直到2月13日8时50分至17时50分，才做了首次笔录。从接受传唤到开始做笔录，中间张某超在刑警大队待了长达31个小时。

第三，《拘留通知书》显示，张某超在2005年2月13日18时被宣布拘留，但是，张某超在送看守所后，其第二次笔录、第四次笔录、第五次笔录均在临沭县公安局刑警大队进行，并非在看守所进行，这为刑讯逼供创造了便利条件。

第四，从办案流程来看，本案的尸检是在2005年2月12日，张某选参与了尸检。张某超的首次笔录和之后的笔录均显示，张某选参与了对张某超的讯问。一方面，张某选的这一做法明显违法，根据1996年修正的《刑事诉讼法》第二十八条第（三）项的规定，担任过本案的证人、鉴定人、辩护人、诉讼代理人的，不得担任侦查人员，应当自行回避。张某选作为法医师，系本案的鉴定人，不得再参与侦查工作。另一方面，这一违法行为使张某选事先了解了客观情况，为逼供、指供提供了便利条件，和张某超提到的“直接打到我说对为止”相互印证。另外，这也恰好解释了为什么一直到2005年2月13日才给张某超做笔录。

第五，从笔录内容来看，张某超的供述内容确实存在勘查笔录和尸检情况进行人为拼凑的痕迹。比如，关于被害人身上衣服及颜色，越说越详细；被害人额头上的创口，是侦查人员先提出让张某超解释的，而非张某超主动供述；

张某超事后供述在厕所内奸尸及用铅笔刀划拉尸体，完全是因为尸检显示，被害人身上的伤是死后伤，在厕所内也并未发现大量血迹；对于每一处划口的位置和深度，也完全是对照着尸检来叙述；张某超编造第二天又去给尸体套上编织袋这一无意义的行为，完全是因为现场发现了编织袋；张某超之所以说出王某超帮忙看门和包庇，完全是因为王某波的证言中称当时看到张某超和王某超在洗漱间门口。这些进一步印证张某超被逼供、指供的过程。

第六，从破案速度来看，2月11日14时接到报案，2月12日1时30分传唤张某超，2月13日8时50分，张某超做首次笔录并认罪，前后历时31个小时。另外，按照2018年8月1日接受山东省人民检察院询问时的笔录，张某超当夜就认罪了。然而，事实证明，张某超认罪的供述内容完全是虚假的。那么，不得不追问的是，张某超当时究竟遭受了多大的压力，使他那么快就认了如此严重的罪行？这一点不但印证本案存在刑讯逼供，而且说明刑讯逼供的强度极大。

第七，张某超在接受讯问时，苏某、徐某作为见证人实际上并未在场，公安人员只是让他们签字，客观上无法防止刑讯逼供的发生。根据苏某向律师提供的证言："我跟徐某老师一起签字的时候在场，他签没签我不清楚。公安人员就让我们签字，没说别的，笔录内容记不清。我在临沭县刑警办公室等候时见过张某超从走廊走过，没有与张某超有任何交流。"苏某在2018年接受山东省人民检察院的询问时也提到，"当时都是公安通知我去，到了之后让我在一个房间里等着，过了一会儿公安拿着笔录来让我签字，我就签上了，但是公安问张某超时我不在场"。

徐某也提供了类似的证言："第一次签字是我和苏某一起去的，公安人员给了我一份笔录，我就签字了，后来我又去了几次，公安人员说履行手续，让我在笔录上签字。第一次我和苏某去的时候看到了张某超，他在楼道里走，没有交流，公安讯问张某超的过程我都不在场。公安人员就让我签字，没说别的，我签字笔录内容都没看，具体签过多少次记不清了。"徐某在2018年接受山东省人民检察院询问时再次确认了这一点。

以上证据和线索足以证实本案在侦办过程中存在刑讯逼供的情形。另外，在申诉过程中，本案另一被告人王某超也称所谓的张某超交代他看好厕所，事后替张某超包庇的证言，是其当年在侦查人员的强迫下作出的，这又进一步印证刑讯逼供的存在。

因此，张某超的虚假认罪供述是在严重的刑讯逼供之下形成的，依法应当予以排除。

（四）本案完全是人为制造的错案，依照常识和良心进行自由心证也不应当定案

1.本案存在大量的违法办案行为，显示人为制造错案的迹象

除了前面提到的办案人员严重刑讯逼供、指供问供、未在看守所内讯问犯罪嫌疑人以及让苏某、徐某虚假签字见证以外，还存在如下违法行为：

第一，原《法医学尸体检验鉴定书》显示，临沭县公安局主检法医师刘某禄、张某选、法医师范某增参与了尸检工作，但是，张某超的《呈请传唤报告书》、第一次和第五次讯问笔录均显示，侦查员为张某选；另外，证人季某杰在2005年3月2日的询问笔录显示侦查员为范某增，证人尹某福的询问笔录显示记录员为刘某禄。这明显违背了鉴定人员不得担任侦查员的回避规定。

第二，根据当时有效的1991年《未成年人保护法》第四十一条第一款，公安机关、人民检察院、人民法院对审前羁押的未成年人，应当与羁押的成年人分别看管。但是，本案中侦查机关特别在2005年2月（张某超送看守所的时候），将49岁的死缓犯袁某东调入张某超所在的未成年人监室，待了三四个月后又调走，明显属于充当狱侦耳目，违反了法律的明确规定。

需要指出的是，在原一审据以认定张某超强奸罪的定案证据中，恰好存在前述违法行为取得的尹某福证言和袁某东证言。

2.本案编造的作案过程极其怪异、不合常理，依照常识和良心也不应当进行定案

原一审判决认定，张某超在洗漱间外间进行强奸杀人后，又将高某藏尸于

洗漱间里间，在第二天又去奸尸并划伤尸体，并给尸体套上编织袋。

但是，案发当时属于冬天，第二天应存在明显的尸僵。山东省人民检察院2016年6月1日出具的《技术性证据审查意见书》显示："案发时气温较低，尸僵出现迟、出现久，可晚至死后6～8小时才开始出现，持续72小时或更久。根据现有材料分析认为，被害人高某死亡后30～34小时尸体应处于尸僵已出现且未缓解状态。"另外，从现场勘查情况可以更加直观地看到，被认定奸尸现场的厕所极度肮脏。

在这种情况下，到底有多大可能会发生二度奸尸的行为？成年人尚且难以作出如此怪异、恶心的举止，更何况张某超当时只是一个年仅15岁的孩子！对于如此怪异的行为模式，侦查机关完全将其归结于一本根本不存在的《恐怖故事》上，并将找不到同名书的情况解释为"小地方就这么一本"。

这足以看出，侦查机关根据现场勘查和尸检情况进行人为机械拼凑出来的案情是多么的怪异，原一审判决认定的事实有多么明显的不合常理。2012年最高人民法院《关于适用〈中华人民共和国刑事诉讼法〉的解释》第八十条规定："对被告人供述和辩解应当着重审查以下内容：……被告人的辩解内容是否符合案情和常理，有无矛盾……"最高人民法院、最高人民检察院、公安部、国家安全部、司法部《关于办理死刑案件审查判断证据若干问题的规定》第五条第二款也指出："证据确实、充分是指……（五）根据证据认定案件事实的过程符合逻辑和经验规则，由证据得出的结论为唯一结论。"在案情如此不符合常理的情况下，依照常识和良心也不应当进行定案。

3.本案的案情之所以如此怪异离奇，完全是因为侦查机关一开始的思路存在偏差，错将洗漱间认定为第一案发现场

由于默认了洗漱间是第一案发现场，在发现尸体上存在诸多创口伤痕但却不存在喷溅状的血迹时，侦查机关及原《法医学尸体检验鉴定书》就将其理解为死后伤。另外，该鉴定书还结合案情得出了"我们认为死者的死亡时间与失踪时间相吻合，其死亡时间距尸检时间在一月左右"这一猜测性的模糊意见，于是，侦查机关将时间锁定在2005年1月10日，并让张某超编造出了死后奸尸

等一系列怪诞的行为。

然而，将2005年1月10日作为高某被害的时间，将洗漱间作为第一案发现场的这种设定并不合理，与在卷证据也存在巨大的矛盾。

其一，根据山东省人民检察院2016年6月1日出具的《技术性证据审查意见书》，尸检情况也只能得出距离死亡时间超过72小时这样的结论，无法得出“一月左右”的说法。

其二，根据证人王某燕在2005年1月15日的证言：“那天早上，高某上身穿黄色羽绒服，下身穿白色的休闲牛仔裤，脚上穿咖啡色旅游鞋，内穿纯白色棉袜，羽绒服是‘花花公子’的，后面没有帽子……钱包是水蓝色的，外皮上有一卡通动物，钱包是带钥匙扣的那种。钱包里有二十余元钱，有三把钥匙，一把是地下室的，一把是她家大门上的，一把是车库门上的。”然而，现场勘查发现却是红色大璐黎牌羽绒服，也没有发现水蓝色的钱包。

其三，从被害人腹部及左股部皮肤划伤和下腹部创口及现场勘查情况来看，假如是生前伤，应当有喷溅状血迹；即便是死后伤，也应当留有血迹，但三楼洗漱间并不存在这类血迹。

其四，从被害人额头右侧创伤特点及其中包含玻璃碎片来看，这符合头部撞击玻璃而形成的特征。但是，洗漱间外间并未发现任何玻璃碎片，唯一的一块玻璃也完好无损。

其五，作为原一审认定的张某超强奸导致被害人死亡的行为发生地的洗漱间外间，既没有发现任何血迹，也没有发现任何打斗的痕迹。

在这种情况下，我们可以充分怀疑，三楼洗漱间很可能不是第一案发现场。如此一来，认定张某超作案更是成了无源之水，无本之木。同时，也正是因为当时错将洗漱间当作第一现场，硬把张某超认定为犯罪嫌疑人，才使本案错失了破案的良好时机，对此，无论是立足于张某超这十几年的无端冤狱，还是着眼于被害人迟迟未得的公道，我们都感到非常的愤怒和遗憾！

四、王某超被控包庇罪的辩护思路

（一）非法证据应当排除

侦查机关在收集被告人供述的过程中，存在刑讯逼供、诱供等非法收集的情形；数次讯问的地点、时间不符合法律规定；数次讯问笔录签名存在伪造的可能；王某超作为未成年被告人，数次讯问未通知其法定代理人或者有关人员到场等情形，应当予以排除。

1.本案被告人的供述系侦查机关在违反自愿原则的情况下通过非法方式所获取的供述，不具备证据能力，应当予以排除，不作为证据使用

王某超在律师会见时自述称："2005年春节正月初四中午，我正在家炒水饺，公安局刑警队过来四个人，叫我传讯一下事情。上车后，他们开始打我，问我为什么找我，让我交代事情，我不知道交代什么事情，他们就用手掌打我嘴巴子，到了刑警队他们让我把外套脱掉坐在地板上，让我交代事情，我不知道交代什么，他们又开始打我，用电棍、螺丝刀和拳脚。""我看了一会儿又让我交代，我还是交代不出来，后来还是一直地打我，一会儿出去，他们向我说张某超杀人了，然后问我知道什么，我说不知道。后来他们给我灌输我口供上的一些细节，他们又打我。""我还有取保候审，到了一个中午，刑警队跟我说，你交代了就办取保候审了，然后最后一次又打我，你怎么和张某超见过的事说一下就可以回家了，我的口供就是他们教我说的，是审我打我时，就像上学时造句一样，框架制出了，我填词一样的感觉。"

可见，被告人王某超遭受了刑讯逼供和诱供，其有罪供述无合法性与真实性可言，违背了证据合法性原则，不能作为审理的依据。

2.讯问被告人的地点、时间不符合法律规定，存在所外提审和疲劳审讯的情形

（1）根据《刑事诉讼法》（2018年修正）第一百一十八条第二款之规定："犯罪嫌疑人被送交看守所羁押以后，侦查人员对其进行讯问，应当在看守所内进

行。”但是据讯问笔录记载，在王某超已被看守所羁押后的第四次、第五次、第七次、第八次笔录的讯问地点都是在临沭县公安局刑警大队内，而非在看守所内进行。明显对被告人王某超的讯问地点不符合法律规定。

（2）通过王某超的《传唤通知书》可知，王某超接受传唤的时间为2005年2月12日19时至13日7时，据第一次对王某超所作笔录可知，王某超在传唤结束后，仍被侦查机关讯问了4小时12分。

不仅如此，在王某超第一次讯问笔录中开始时间“9时”的“9”、结束时间“11时”的“11”明显存在涂改痕迹，且同日13时便开始对王某超进行第二次讯问，存在疲劳审讯情况；第五次讯问笔录中只记载了开始时间、没有记载结束时间；第九次讯问笔录记录的开始时间为10时49分，结束时间为10时5分，结束时间甚至早于开始时间。

（3）据张某超、王某超的讯问笔录记载，在对其二人的讯问中，存在同一个或同一批侦查人员，在同一时间在不同地点对不同对象进行了讯问或询问。其中具体表现为：①2005年2月13日9时至11时12分，存在同一时间内，杨某明在不同地点对王某超、王某凤进行了询问；②2005年2月17日8时50分至9时58分，存在同一批人在同一时间在不同地点对张某超、于某凌进行了讯问和询问；③2005年2月25日8时50分至9时58分，高某2将张某超提讯之后又在石门派出所询问了于某峰、李某、袁某东，时间亦存在冲突。不仅如此，本案笔录中还疑似均存在多名侦查人员、记录员签名笔迹为同一人的情况，无法确定侦查机关取证的合法性以及证据的真实性。

最高人民法院《关于建立健全防范刑事冤假错案工作机制的意见》第八条之规定：“采用刑讯逼供或者冻、饿、晒、烤、疲劳审讯等非法方法收集的被告人供述，应当排除。除情况紧急必须现场讯问以外，在规定的办案场所外讯问取得的供述，未依法对讯问进行全程录音录像取得的供述，以及不能排除以非法方法取得的供述，应当排除。”本案中，被告人王某超系未成年人，在被侦查人员轮番逼问，且饮食和休息均无法得到保障的情况下，其所作供述的合法性和真实性明显存在较大瑕疵，依法应当予以排除。

3.王某超的数次讯问笔录签名明显不一致，存在伪造的可能

本案中，王某超前三次讯问笔录中的签名，“王”字书写极具特色，下笔连贯，而从第四次讯问笔录开始，王某超的签字中“王”字书写一笔一画，十分清晰，不具有任何练笔和书写特色风格。两种不同书写风格的“王”字差异之明显，甚至无须笔迹鉴定即可断定绝非出自同一人之手。这一差异在王某超自书笔录中更为明显，该笔录中除了“我”字有轻微的连笔情形外，其余字均是一笔一画书写的。可见，在王某超前三次讯问笔录中，极有可能存在侦查人员在未经王某超核实的情况下代为签字，其讯问笔录的合法性与真实性无法查证。

4.王某超作为未成年人被告人，数次讯问均未通知其法定代理人或者其他人员到场

本案中，在王某超的第一次、第二次、第三次、第六次讯问笔录均无在场见证人签字，也无见证人到场。同时，律师向王某超调查时，王某超亦表示“之前提讯我都没有家属或者老师在场”。

综上，本案存在通过刑讯逼供、诱供以及疲劳审讯等非法手段获取被告人供述和讯问的地点、时间不符合法律规定、数次讯问笔录签名系伪造、讯问未通知其法定代理人或者有关人员到场等违法、非法收集供述的情形，应当依法排除被告人王某超的供述。

（二）案涉证据之间存在多处无法解释的矛盾和冲突，不能形成完整的证据链证明被告人王某超涉嫌包庇罪

1.王某超的供述前后不一致，出现多次反复且缺少合理原因，其供述的真实性值得怀疑，并且王某超存在翻供的情节

（1）王某超的第一次、第二次讯问笔录中均显示张某超要求王某超替其看守洗漱间门口后，张某超手里拿着白色袋子从楼下返回。而这一表述在之后的讯问笔录中均未出现。更耐人寻味的是，在检察院于2005年2月25日作出补充侦查提纲，要求侦查机关查清“张某超2005年1月10日买锁及编织袋的情况”后，王某超第三次讯问中其供述就变更为“张某超下去拿东西，具体拿什么东

西上来进洗漱间，我没看见拿什么东西”。案发现场的洗漱间门口空间狭窄，涉案袋子巨大，白色又十分醒目，没有理由看不清。更何况如果王某超之前的说法系伪造，那么为何其编造的白色袋子与在案白色袋子高度吻合？不得不让人怀疑是讯问人员逼供、诱供所致。

（2）王某超的第一次、第二次讯问笔录中，均显示王某超是在五楼楼梯口遇见张某超。从第三次讯问笔录开始，王某超突然改口称“走到三楼楼梯见张某超站在楼梯口”，并在第四次讯问笔录中特别提出，公安机关第一次找到他时，说了一些假话，“就是我当时讲的是五楼楼梯口，实际上是三楼楼梯口”，并进一步解释其这样做的原因是“我的宿舍在五楼我才这样编的，这样你们就不好破案了”。实际上，王某超在第一次接受讯问时便认可了张某超“杀害”了高某的事实，且王某超在与张某超几楼相遇的问题上说谎，并不能给张某超“定罪”带来实质性影响。

另外，值得注意的是，在王某超自书笔录中，其对自己的违法行为概括为“知情不报的错误”，该叙述与“编造与张某超相遇在五楼的谎言”的犯罪情节描述同样存在较大出入。王某超前后供述的差异和侦查机关如此反常的举动证实了本案可能存在侦查机关为捏造张某超的犯罪事实和情节而强迫王某超作出虚假的相反供述，同时，侦查机关为了掩盖这一事实，甚至不惜给王某超扣上“包庇罪”的帽子，意图强行解释上述情形的合理性。

（3）王某超向辩护人自述称：“到了快开庭时，临沂市检察院去了一男一女提审了我，我翻供了，检察院问我为什么有口供，我说是刑警队打我，后来没再提审，就开庭了。”被告人在长期遭受侦查机关刑讯逼供后，在检察院单独介入的情况下，更容易变更刑讯逼供下的供述。但是，其变更供述后，不仅没有被采纳，更是引来了侦查人员的“报复”，以致彻底失去了希望，在后面的庭审中不敢再反抗。

2.王某超的供述与同案被告人张某超的供述亦存在矛盾

关于王某超与张某超二人相遇后的情形，张某超表述为“张让王先看一下门，然后张跑到小卖部花3元钱买了把挂锁”。而王某超的表述则是“张让王看一下门，张自己去二楼宿舍里找袋子，1分钟后张回来了”。但是，据小卖部的经营者王某凤、李某荣证实，小卖部的开门时间是7时10分，那么在案发时刻小卖部尚未开门，张某超又如何能买到挂锁呢？王某超的供述未提及买锁的情形，与客观事实不相吻合，不符合常理。

3.王某波的辨认过程和辨认笔录严重违反程序规定

辨认笔录真实性无法确认，缺乏证据资格，并且该证据反映的事实与王某波的证言存在冲突，无法证明当时王某波曾在洗漱间门口遇到过王某超。

（1）本次辨认系对犯罪嫌疑人的照片进行辨认，依据法律规定侦查机关应当提供不少于10人的照片作为辨认对象，但是本次辨认却直接由王某波自行在电脑上操作，无法证明王某超的照片被充分混杂在哪些类似特征照片中且辨认笔录未附被辨认对象的照片，无法证明其真实性，辨认过程亦严重违反程序规定。

（2）通过辨认笔录记载可知，在辨认前侦查人员没有详细询问王某超的具体特征，不符合法律要求。

（3）王某波没有在辨认笔录的第一页签字，仅在第二页上（只记载了“至此，辨认结束”）签字，无法获悉辨认人王某波是否参与了辨认活动，辨认笔录的真实性无从查证。

（4）辨认笔录第一页未记载见证人信息，也无见证人签名，无法获悉见证人是否参加了辨认活动。

在原审作出被告人王某超犯包庇罪所依据的证据中，对于认定事实、定罪具有实质性意义的证据主要有以下三份：①被告人张某超、王某超的供述；②证人王某波的证言；③王某波的辨认笔录。其中证人王某波的证言以及辨认笔录的证明目的在于确认王某波曾在洗漱间遇见王某超，即在张某超处理犯罪现场时王某超与其在一起。辩护人在庭审中对此也提出辩护意见，一为辨认笔录不具有证据资格，2005年2月12日1时30分以后决定辨认，而辨认笔录时间是2月11日9时15分至10时30分，其辨认程序亦不符合法定程序；二为王某波在辨认结束后的第二天仍无法描述出王某超的具体特征，证据之间明显存在矛盾。

据此，王某超并不能构成包庇罪。

事后王某超对此回忆称：2005年1月10日那天，自己去参加升旗仪式和跑操了，早已不记得是否见过张某超，当初向公安机关的陈述全是虚假的，是被逼迫和诱供的结果。可见，本案是一起侦查机关自导自演的冤案，所谓的“包庇”不过是侦查机关为了迎合其捏造“张某超强奸杀人”的犯罪事实，而“追求”的合理解释。

五、办案过程

笔者是在2016年与北京市大禹律师事务所李逊律师一起出差途中，获悉张某超案的具体情况，应李逊律师邀请，笔者决定接受委托，为张某超案提供法律帮助。

笔者在接受委托后，首先查阅了本案的侦查卷宗、一审卷宗，并且就在卷证据与临沂市中级人民法院所作出的原审判决书内容进行比对。笔者发现，一方面，本案的原审判决所认定的事实极其诡异，严重违背了常理。根据原审判决的认定，张某超需要在极短的时间内，完成强奸、杀人、藏尸、买锁等全部犯罪行为；而且，作案的地点还是并不隐蔽的男生宿舍外的走廊和隔壁的卫生间。更让人无法理解的是，按照原审判决，一直品学兼优的张某超不但强奸杀人，而且在案发第二天还要回到案发现场奸尸，并在尸体上划出多个伤口。另一方面，本案定罪的证据只有言词证据而缺乏有效的物证，作为强奸案件，不但在被害人身上、案发现场都没有提取到张某超的任何精液或者人体组织成分，而且公安机关也没有对本案唯一提取到的物证小木棒进行指纹或者DNA的提取和检验。另外，主要的言词证据之间也存在重大矛盾。

在会见了张某超之后，笔者就和另一名代理律师李逊律师决定一起到位于临沭当地的案发现场进行实地调查。我们到达现场之后，根据现有的证据进行了侦查实验，并且绘制出了一份张某超犯罪的行动路线图，对多个地点之间的行走时间进行了较为精准的测算。根据在卷证人王某波、杨某振的证言，其听到尖叫声后就先后从宿舍跑出来，到达案发现场最长的时间不会超过3分30秒。而根据实地测算，在3分30秒内，无论如何，张某超都不可能完成强奸、杀人、藏尸、遇到王某超让其代为隐瞒、往返小卖部买锁等行为。

因为洗漱间位于教学楼的三层，小卖部距离教学楼有300米，每天6时20分，学生在楼下操场绕着教学楼跑操。跑操结束后的6时35分，学生回到教室上课。通过测算，从教学楼三楼的洗漱间快速跑下楼，再跑到小卖部，需要76秒，往返则需要150秒，即2分30秒。仅仅是完成买锁后回去锁门这一行为，不算与售货员交易的时长，就已经与原审判决书中认定的作案时长相差不多了。那么，张某超怎么可能有时间完成指控的一系列犯罪行为？总之，现场实地调查给了我们极大的信心。

2016年4月25日上午，最高人民法院立案庭通过远程视频对本案进行了第一次接访，听取代理律师陈述代理意见后，要求临沂市中级人民法院将案卷上传系统，或将重新阅卷。

完成第一次接访后，笔者和李逊律师回到北京，并于2016年4月27日下午举办了一场名为“完善刑事案件申诉启动程序高端论坛——以山东省张某超案件为例”的专家研讨会。除了代理律师，参与研讨的有陈光中教授、陈卫东教授、张建伟教授、陈永生教授、李奋飞教授、李轩副教授、杨雄副教授、张佳华副教授，毛立新律师、王誓华律师，以及法医王鹏等人。由此，本案获取了学术界、媒体界及社会大众的关注。

2016年12月，最高人民法院对本案进行了第二次视频接访。此次接访，笔者获悉，最高人民法院调取了本案的卷宗并进行了审查。

2017年3月，全国“两会”期间，笔者找到了全国政协委员、南开大学法学院侯欣一教授，向他递交了本案的案情材料，侯欣一教授由此关注到本案，并就本案向最高人民法院提出了意见。

2017年5月2日，最高人民法院对本案进行了第三次视频接访，并决定对本案正式立案审查。此后，最高人民法院的办案法官到临沭进行了实地调查，询问证人，并到淄博鲁中监狱提审了张某超。

2017年11月16日，最高人民法院对张某超案作出了再审决定，最高人民法院经审查后认为，“原审判决认定张某超强奸致人死亡、王某超包庇的事实不清，主要证据之间存在矛盾，决定指令山东省高级人民法院另行组成合议庭对此案进行再审”。2018年2月8日，山东省高级人民法院依法组成合议庭，对本案再审。

进入再审之后，山东省高级人民法院分别于2018年5月、2018年8月、2018年11月、2019年2月、2019年5月、2019年8月，共六次对张某超案延长审理期限。期间，经过辩护律师多方奔走、沟通，终于在2019年10月12日，山东省高级人民法院在淄博市鲁中监狱对本案召开了庭前会议，确定了管辖、回避等问题，同时山东省人民检察院提交了新的证据。

2019年12月5日，山东省高级人民法院在淄博市中级人民法院开庭审理张某超案，控辩双方均认为张某超案应改判无罪。2020年1月13日，山东省高级人民法院在淄博中级人民法院开庭宣判：张某超、王某超无罪。

为了避免张某超在被宣判无罪后仍不能彻底摆脱可能被追诉的状态，笔者在2020年3月重新翻阅了案卷材料，找出了当年被侦查机关所遗漏的许多线索，在对案卷材料重新梳理后，笔者认为张某超案真凶很有可能与柳编行业有关，并将笔者的分析形成文字发布，希望能够对本案寻找真凶提供些许帮助。

六、办案心得

在笔者看来，本案的发生毁了两个家庭，本案的原审也让正义蒙尘，本案的改判得益于司法的进步，更得益于媒体的推动及社会的关注。但是，办理案件过程中，笔者最大的感受是，一方面，申诉过程异常艰难。刑事申诉如同万里长征，往前走的每一步都充满艰辛。辩护律师和家属一样，在希望与失望中长期徘徊，每一个阶段性的进步都弥足珍贵，都需要付出全力方能获取。同时，由于刑事案件的审判本应当能够让被告人、被害人以及被案件所影响的人在判决宣告的那一刻得到重生，有一个新的起点，或为事件付出代价，或从事件中得到解脱。但是，本案中，由于没有“真凶再现”，被害人家属在开庭前也没有全面了解本案的证据情况，故此，在本案申诉过程中，出于本能，认为张某超极有可能是真凶。再审庭审过程中，被害人一方、被告人一方均痛哭流涕，悲愤异常。

另一方面，推翻据以定案的有罪证据需要抽丝剥茧，反复推敲，离不开实地调查，也离不开案卷研判。可以说，这个案件原审最大的问题就是案发时间的确定以及第一案发地点的确定。

原判确定的被害时间，是高某失踪之后即2005年1月10日6时20分许。然而，这个时间是根据杨某振、王某波的证言假设出来的。高某的尸体被发现在废弃厕所，就在杨某振、王某波宿舍的隔壁。尸体被发现的当晚，杨某振先说当天早上他和王某波在宿舍听到了女声尖叫，王某波先出宿舍，他后出宿舍。随后，王某波的证言显示，听到尖叫后，他立即跑出宿舍，看到了两个男生在厕所门口，其中一个是张某超。对于这两个男生，杨某振先说不认识，后来说没看清楚。原判认定，张某超就在王某波二人听到尖叫，与他们跑出宿舍中间的时间，完成的强奸杀人案。

然而，这二人的证言是怎么来的还不得而知，但无论他们有没有听到尖叫，无论他们在厕所门口有没有遇到张某超或者其他人，只要他们那个时间确实跑出了宿舍，在厕所外面见到了人，那么，那个时间的凶杀案就不可能存在。这个时间间隔，恐怕上趟厕所再出来的时间都不够，更何况强奸杀人。

假设一种情况，不考虑张某超、王某波、杨某振的存在，凶手能否在2005年1月10日早上在废弃厕所内杀死高某。包括一种极端情况，就是王某波、杨某振真的在厕所门口遇到了两个人，只是凶手当时也正在厕所内作案。

这个时间不可能过长，合理的区间是在高某进校后5分钟内，也就是6时20分至7时15分，学生下课要回宿舍的时间。实际上，学生跑操结束后，需要上楼到教室，也是一个人流非常密集的阶段。之所以这个区间合理，是因为7时15分学生下课后，大量的学生会回宿舍，很可能会到洗漱间。凶手显然知道这个时间，如果还没有完成作案，风险太大。7时15分之后，天已经亮了，在一整天的范围内，厕所门口的楼道基本上是可视区域，人来人往，再作案已无可能。

如果是这种情况，高某一定是自己走到三楼的，不可能有人在校门口挟持她，经过人员密集的跑操队伍，躲过随机走动的学生，到三楼作案。即使在学校作了案，在很长时间里，都绝无可能在众目睽睽之下，将尸体藏到三楼的厕所。

无论是突发案件也好，有人尾随也好，高某走到三楼后，凶手有了动手的机会。凶手的动机是猥亵、强奸，还是想直接杀人？或者强奸不成改为杀人？

凶手需要一边控制着高某，一边打开厕所的门，同时洗漱间和厕所都没有灯，冬天的早上又较为黑暗，凶手持较多作案工具的概率不大，携带编织袋、尖刀的概率也不高，找到锁并快速打开，又有很大的难度。

进入厕所之后，如果实施符合尸检报告的18处体表伤，9处体内伤，势必需要较长的时间，高某的头部一定要撞击多处，动静会比较大。根据上文的分析，有两处是不可能完成的，一是高某腹部的刀伤，如果此时形成，地面一定会有大量的血，勘验报告没有显示这些血；二是高某死亡时的姿势，如果是勘验报告上的伏卧状，不可能形成尸检报告上的尸斑。这就不得不顺着当年侦查人员的思路往下走，凶手必须在24个小时之后，返回废弃厕所，这一次至少需要改变高某尸体的姿势，并用刀在其腹部划伤，然后把现场布置成勘验报告中显示的情况。

但仍然有几个无法解决的矛盾：凶手为什么还要回来，回来本身就是一个危险的举动，在没有任何收益的情况下，拿着编织袋和尖刀进入厕所，还要把尖刀带走，增加了被发现的风险。

还有一种情况增加了难度，虽然厕所是废弃的，但是厕所外面的洗漱间仍在使用中，仅仅一门之隔，凶手有何信心在里面实施多余的犯罪行为？

从2005年2月12日张某超、王某超从家中被公安人员带走，到2020年1月 13日经历了15年，这15年是张某超人生最美好的年华，从花季少年到而立之年的他，经历了人生巨大挫折与心灵创伤。当他走出监狱，惊讶地说："外面的天好大啊！"当他与妈妈马某萍相拥而泣之时，当母子以最纯朴的下跪方式，感谢恩人们，感谢律师之时，所有在场之人，无不伤心落泪，落泪的原因有惊喜，更有善良的人们对制造冤假错案者的伤心与愤慨。

2020年2月13日上午，当山东省高级人民法院的张某超、王某超强奸杀人包庇一案宣判结束时，张某超的母亲马某萍在法庭上高呼道："感谢党，感谢最高人民法院，感谢山东高院法官审判长，感谢山东检察院，感谢媒体记者，也感谢所有帮助我们的人以及律师团队。"这不是普通的感谢，这是中国最基层最朴素最弱势老百姓，对这个伟大时代的感恩与感谢！

七、专家点评

点评人：陈光中（中国政法大学终身教授、中国刑事诉讼法学奠基人、中国政法大学原校长）

张某超案是司法公正的又一个新进步，是司法机关在贯彻党的十八届三中、四中全会决定和在保障司法公正方面取得的新的进步。个案不仅仅是个案，个案会折射出一定程度上的社会普遍效应，从而由个案的正义发展到普遍的正义。

2016年，在张某超案的座谈会上，我当时就认为这个案件疑点很多，是个证据不足、证据有矛盾的案件，应该立案再审。当时我就明确表态，张某超案非常可能是个冤案。存在的几个疑问主要是：在案证据主要是口供、当事人口供反复变化、张某超没有作案时间、现场编织袋无法说明来源、认定强奸案却无任何生物学痕迹、认定"二次奸尸"明显违背生活经验。

我们司法机关办理一个案件，特别是办理这种重大、复杂的案件，要坚持法定的证明标准，也就是要事实清楚，证据确实、充分。具体来说，结论要得出唯一性，不可能有其他的可能性。张某超这个案件远远没有达到这一点，案件的证据矛盾很多。这个案件的判决明显违反了非法证据排除规则，因为有些证据是非法收集的。

此案的改判说明，过去确实存在少数冤案。希望司法机关本着实事求是的原则，让更多冤案尽快得到平反。

宫某某被控合同诈骗罪案

郑小宁　张　妍*

一、案情简介

2013年11月，民营企业家宫某某在北京市朝阳区以筹备拍摄电视剧《追梦女孩》（暂定名）为由，以北京某世纪文化传媒公司的名义与袁某签订了《电视连续剧〈追梦女孩〉投资合同》。2015年12月，宫某某又以我国香港地区演员李某某已经同意参加《做个近乎百分之百完美女人》的节目录制为由，以北京某世纪文化传媒公司的名义与被害人张某签订《〈做个近乎百分之百完美女人〉电视真人秀节目补充协议》。被害人袁某、张某、喀什某文化传媒公司、杭州某投资管理有限公司报案，称宫某某在以上合同项目中骗取资金共计1040多万元。2016年5月17日，北京市公安局朝阳分局以涉嫌合同诈骗罪为由将宫某某刑事拘留。

经过辩护律师在侦查阶段、审查起诉阶段的有效辩护，朝阳区人民检察院只就其中的2起共计230万元的事实提起公诉。

2017年4月24日，朝阳区人民检察院指控称：（1）被告人宫某某于2013年11月谎称其提供的电视剧剧本《追梦女孩》（暂定名）已经在国家新闻出版广播电

* 郑小宁：北京市京师律师事务所执行副主任、党委副书记，刑事专业委员会主任；张妍：北京市京师律师事务所刑事专业委员会理事。

影电视总局[①]备案并取得了相关拍摄的行政手续为由，以北京某世纪文化传媒公司的名义与被害人袁某签订了《电视连续剧〈追梦女孩〉投资合同》，骗取袁某人民币200万元。(2)被告人宫某某于2015年12月谎称自己已取得演员李某某的委托，同意参加《做个近乎百分之百完美女人》节目的录制，并向张某提供了伪造的委托书，在北京市朝阳区，以北京某世纪文化传媒公司的名义与张某所在的北京某科技有限公司签订《〈做个近乎百分之百完美女人〉电视真人秀节目补充协议》，骗取张某人民币30万元。

北京市朝阳区人民检察院针对宫某某的指控，提出量刑建议为有期徒刑11年至13年。

2016年5月17日，犯罪嫌疑人宫某某因涉嫌合同诈骗罪被北京市公安局朝阳分局刑事拘留。2016年8月16日，本案侦查终结，移送朝阳区人民检察院审查起诉。2016年11月29日，因犯罪数额特别巨大，本案移送至北京市人民检察院第三分院审查起诉。2016年12月29日，北京市人民检察院第三分院又将本案交办朝阳区人民检察院管辖。其间，因事实不清、证据不足退回侦查机关补充侦查一次。

2017年4月20日，朝阳区人民检察院向朝阳区人民法院提起公诉，朝阳区人民法院先后四次开庭审理。最终，北京市朝阳区人民检察院于2018年7月5日对宫某某作出了不起诉的决定，被告人宫某某被无罪释放。

二、争议焦点

本案的核心争议焦点为：

1.被告人宫某某与所谓的被害人在《追梦女孩》(暂定名)电视连续剧拍摄项目、《做个近乎百分之百完美女人》电视节目项目的合作中是否具有非法占有的目的。

2.被告人宫某某在签订、履行《电视连续剧〈追梦女孩〉投资合同》《〈名媛

① 2018年机构改革撤并为国家广播电视总局，下同。

养成记〉电视真人秀节目合作协议》《〈做个近乎百分之百完美女人〉电视真人秀节目补充协议》的过程中是否有虚构事实、隐瞒真相的行为，其行为是否能达到刑事诈骗的实质效果。

3.在本案中应如何准确把握民事纠纷与合同诈骗罪的界分。

三、辩护思路

辩护人认为，公诉机关对被告人宫某某犯合同诈骗罪的指控不能成立，被告人宫某某的行为完全属于正常的民事法律行为，依法不构成刑事犯罪，请法院依法判决被告人宫某某无罪，具体理由如下：

（一）关于公诉机关指控被告人宫某某骗取袁某200万元，辩护人认为其不构成合同诈骗罪的辩护意见

在公诉机关指控被告人宫某某利用签订《电视连续剧〈追梦女孩〉投资合同》骗取袁某200万元这起事实中，辩护人认为，被告人宫某某主观上不存在利用欺诈手段非法占有他人财产的故意，在签订合同时有履约能力，在签订合同后有履约行为，合同最终未履行乃是政策性原因导致。因此，被告人宫某某依法不构成合同诈骗罪。

1.被告人宫某某主观上没有犯罪故意，即没有非法占有的目的，不具备合同诈骗罪的主观构成要件

是否具有非法占有目的是区分一般的合同纠纷和合同诈骗罪的关键，不能仅仅通过合同最终没有得到全面履行的表象，就推定行为人主观上有非法占有的目的，而必须要结合案件的实际情况予以综合判定。本案中，关于被告人宫某某收到袁某200万元的事实，实则证明双方之间形成了依法有效的借款合同关系，并在此基础上形成对《追梦女孩》（暂定名）项目的投资。

首先，关于该200万元的借款合同，是双方真实的意思表示且未违反法律、行政法规的强制性规定，属于依法有效的合同。被告人宫某某系北京某世纪文

化传媒公司的法定代表人，袁某系北京某时代法律咨询服务有限公司（以下简称某咨询公司）负责人、北京某律师事务所（以下简称某律所）执行主任，双方于2013年10月22日签订《借款合同》，合同约定宫某某向袁某借款200万元，借款期限为2013年10月28日至2014年10月27日，并约定借款利息为40万元。同时，袁某在支付款项的备注中明确说明是对宫某某的借款。这样的借贷关系以及借贷事实不存在任何问题。

其次，200万元的《借款合同》中约定北京某世纪文化传媒公司对该借款承担连带保证责任。北京某世纪文化传媒公司系依法成立的有限责任公司，实缴出资450万元人民币，且营业状况良好，因此有足够的能力承担上述200万元借款的保证责任，足以保障袁某债权的实现。

最后，涉案借款合同以及《电视连续剧〈追梦女孩〉投资合同》的形成是基于双方在长期合作中建立起来的良好信任关系。袁某多年来为宫某某及其经营的某公司提供法律服务，双方是紧密的合作关系。袁某及其控制的某律所、某咨询公司在与宫某某及其公司的长期合作中，获得了大量的经济效益，双方的合作关系稳固。事实上，在本案200万元借贷关系发生之前，双方于2013年7月16日也曾签订《借款合同》。

因此，无论是从涉案200万元资金的借贷法律关系性质，还是从对200万元债权的担保保障，抑或从合同形成的信任基础等方面考察，被告人宫某某均不存在利用合同诈骗的手段非法占有他人财产的可能性和目的，即不具备合同诈骗罪的主观构成要件。

2.从客观行为方面看，被告人宫某某没有虚构事实、隐瞒真相的诈骗行为

《刑法》（2015年修正）第二百二十四条列举了5种构成合同诈骗罪的情形，其中可能与本案指控有关的情形有：（1）没有实际履行能力，以先履行小额合同或者部分履行合同的方法，诱骗对方当事人继续签订和履行合同的；（2）收受对方当事人给付的货物、货款、预付款或者担保财产后逃匿的。但是，综观本案事实，被告人宫某某的行为根本不符合该条规定，在案证据也不能证明被告人实施了上述行为。

（1）被告人宫某某在与袁某达成投资合意时，完全具有拍摄电视剧《追梦女孩》（暂定名）的能力与资质。

被告人宫某某多年来以演艺经纪人为职业，其所在的北京某世纪文化传媒公司长期从事影视文化、娱乐业务。该公司自成立以来，在举办明星的演唱会，投资拍摄电影、电视剧等业务方面有多次成功的经历，如2011年周杰伦巡回演唱会、《梅兰芳》等电视剧作品等，这一切都足以证明被告在投资影视文化、娱乐业务方面实力与资质的真实性，也证明被告完全具有完成该投资项目的实际能力。

因此，对于完全在北京某世纪文化传媒公司投资实力范围内的《追梦女孩》（暂定名）拍摄项目来说，作为公司法定代表人的被告人宫某某不存在合同诈骗罪关于“没有实际履行能力，以先履行小额合同或者部分履行合同的方法，诱骗对方当事人继续签订和履行合同”的情形。

（2）《追梦女孩》（暂定名）的电视剧是客观真实的拍摄项目，《追梦女孩》只是暂用名称，剧本内容一直未变。

早在与袁某签订《借款合同》之前，北京某世纪文化传媒公司就开始筹备投资拍摄电视剧《追梦女孩》（暂定名），被告人宫某某就该电视剧的拍摄多次联系导演沈某，并与沈某进行了实质性的沟通，宫某某也与编剧张某1多次对该电视剧的剧本进行协商。尽管编剧张某1在国家版权局申请的著作权登记证书中文字作品名称为《重庆花》，但这也只是暂定书名，拟拍电视剧与文字作品的内容是一致的。因此，在已经实际做了如此大量前期准备工作的情况下，不能仅以暂定名不一致为由推定被告人宫某某是在实施诈骗行为。

另外，通过对被告人宫某某邮箱gongtinghai09@163.com的取证可以看出，宫某某自2010年1月30日至2016年10月19日发出的大部分邮件都是关于影视、娱乐文化项目的工作内容，其中也包括《追梦女孩》（暂定名）的大量工作邮件，这足以证明被告人宫某某不存在合同诈骗罪的主观故意和犯罪事实。

还需要指出的是，宫某某与袁某、某律所、某咨询公司以及某律所谭某某的个人工作邮件中也都有《追梦女孩》（暂定名）的修改意见文本。试想，如果宫某某利用相关文件诈骗袁某，其大可不必进行剧本的修改工作。相反，这些工作恰好证明被告人宫某某正在积极努力完成该项目。

因此，《追梦女孩》（暂定名）是完全真实、客观的电视剧拍摄项目，被告人宫某某并不存在虚构事实的欺骗行为，近而也足以推定其不存在合同诈骗的主观故意。

（3）被告人宫某某在与袁某达成投资拍摄合意后，有实际履行约定的客观行为。

在双方达成投资合意后，被告人宫某某为推进项目的开展，积极联系了导演、编剧、演员、辽宁卫视等多方人员和机构，为履行合同作出了诸多努力。根据八一电影制片厂导演沈某、编剧张某1提供的书面证言，可以证实被告人宫某某与导演沈某、编剧张某1等人多次进行了合作方面的沟通，张某1还向宫某某发送了分集大纲等资料，各方达成了拍摄意向，并就合作合同内容进行了多次磋商，且沈某已经开始了相关的拍摄准备工作。只是在履约过程中，原国家新闻出版广播电影电视总局出台的新政策导致电视剧的投入成本、预期收入以及演员的选择等方面受到了重大影响，《追梦女孩》（暂定名）电视剧拍摄的相关政策也随之发生了重大变化。

上述事实有证人沈某、张某1的证言、剧本、剧本备案、被告人宫某某的供述，以及辩护人提供的证据（2017）京长安内民证字第19539号公证书第95~99页中宫某某与张某1的微信聊天记录予以证实。另外，上述公证书中载明宫某某与张某1明确表示要继续拍摄电视剧《追梦女孩》（暂定名），并且要签订新合同，这足以证实宫某某与张某1曾经签订过相关合同。

因此，上述一系列客观行为，都足以证实被告人宫某某在积极为合同的履行而付出努力。

（4）被告人宫某某在取得财物后没有挥霍、挪用或携款潜逃等处置行为。

从宫某某对取得财物的处置情况来看，财物全部被用于公司正常经营，不存在被挥霍、挪用的情况，宫某某也无携款潜逃等行为。实践中认定合同诈骗时，处置所取得财物的行为是评判行为人是否具有非法占有目的的重要标准。

因此，这也可以进一步证明宫某某不存在非法占有的目的。

3.导致合同最终未得到全面履行的客观原因在于原国家新闻出版广播电影电视总局关于电视剧投放的政策性调整，该情况属于正常的商业风险，不属于刑事诈骗情形

被告人宫某某具有电视剧备案的相关资质，电视剧备案没有任何障碍。

根据2013年国家新闻出版广播电影电视总局《关于印发〈电视剧拍摄制作备案公示管理办法〉的通知》，申报电视剧拍摄制作备案公示要求：（1）持有《电视剧制作许可证（甲种）》；（2）持有《广播电视节目制作经营许可证》；（3）设区的市级以上电视台（含广播电视台、广播影视集团）；（4）持有《摄制电影许可证》；（5）其他具备申领《电视剧制作许可证（乙种）》资质的制作机构。据此，电视剧拍摄制作属于备案制，而不是以前的审批制。所以，备案并不是能够导致项目不成功的原因，而宫某某拍摄的电视剧《一部“恐怖片”的诞生》实际上已经完成了备案，也就是说，北京某世纪文化传媒公司具备相关资格。如果备案名称冲突，只要调整《追梦女孩》（暂命名）的名称即可。

事实上，宫某某《追梦女孩》（暂命名）的项目陷于停滞的根本原因在于受拍摄过程中新出台的政策影响。2014年4月15日，原国家新闻出版广播电影电视总局对卫视综合频道黄金时段电视剧播出方式进行调整，提出：“自2015年1月1日开始，总局将对卫视综合频道黄金时段电视剧播出方式进行调整。具体内容包括：同一部电视剧每晚黄金时段联播的卫视综合频道不得超过两家，同一部电视剧在卫视综合频道每晚黄金时段播出不得超过二集。”这一无法预见的政策性调整使投资项目的收益折损近半，改变了《追梦女孩》（暂命名）项目的投资预期。

还需要说明的是，上述调整造成了大量电视剧项目失败，原国家新闻出版广播电影电视总局也已经意识到政策给市场造成的困境。2016年2月27日全国电视剧行业年会上，时任原国家新闻出版广播电影电视总局电视剧管理司司长李京盛表示，在电视剧播出会议的分组讨论中，针对目前市场出现的热点问题进行了总结分析，总局近期可能就这三个问题作出调控：恢复电视剧中插广

告；电视剧每晚3集连播或每集1小时，每晚2集；适当恢复一剧三星。这足以说明袁某与宫某某的纠纷事实上是不可抗力造成的项目停滞而导致的民事纠纷。

因此，导致该电视剧的拍摄工作予以搁置的实质原因在于不能预见的政策变化，而非被告人宫某某故意不履行合同，故不能成立合同诈骗罪。

4.在证据方面，辩护人对袁某提供的《电视连续剧〈追梦女孩〉投资合同》的真实性不予认可

公诉机关指控宫某某谎称《追梦女孩》（暂定名）已经在原国家新闻出版广播电影电视总局备案并取得了一切相关行政手续即将拍摄的依据，仅仅在于袁某提供的一份只有盖章没有法人宫某某签字的《电视连续剧〈追梦女孩〉投资合同》。辩护人认为，公诉机关仅仅根据这样一份来源存疑的合同就认定被告人宫某某存在合同诈骗行为的观点不能成立。

（1）从袁某的报案材料及公安机关的案卷中反映的犯罪行为地的不一致，以及袁某在不同的笔录中所描述的签约过程不一致的情况来看，足以证实《电视连续剧〈追梦女孩〉投资合同》的真实性存疑。

（2）被告人宫某某的所有口供中，均未承认见过《电视连续剧〈追梦女孩〉投资合同》，而不仅仅是签署与否的问题。而李某的询问笔录中也没有明确认可袁某所陈述的由李某带着盖章的文件交付给他的事实。

（3）袁某在后来变更过的询问笔录中陈述，《电视连续剧〈追梦女孩〉投资合同》由谭某某起草，交付宫某某后，由李某带着盖章的文件交付给他。但是，这里面有十个问题需要特别注意：

第一，谭某某作为某律所的律师，为某律所的执行主任与某律所的客户之间起草重大的投资协议存在利益冲突。

第二，被告人宫某某与某律所及相关人员的所有邮件中，都没有关于《电视连续剧〈追梦女孩〉投资合同》沟通或修改的痕迹。所以，即使该投资合同成立，“《追梦女孩》已经在国家新闻出版广播电影电视总局备案，并取得了一切相关行政手续即将拍摄”的说法是否属于宫某某真实的意思表示，真实性存疑。

第三，谭某某和袁某也不能证明他们曾经通过某种方式向被告人宫某某出示过《电视连续剧〈追梦女孩〉投资合同》，并讨论过该投资合同的具体内容。

第四，从辩护人提供的证据来看，谭某某多次向被告人宫某某索取过空白文件，甚至包括能够造成重大财务问题的盖有北京某世纪文化传媒公司财务章的空白收据，这足以证明不能排除《电视连续剧〈追梦女孩〉投资合同》系伪造的极大可能性。

第五，从被告人宫某某、北京某世纪文化传媒公司与袁某、某律所、某咨询公司的往来盖章协议来看，他们之间的合同盖章有三种情形：盖章和宫某某签字、盖章和李某签字、只有盖章。而根据宫某某陈述，当他本人盖章时，由他本人签字；李某盖章时，由李某签字；袁某也会带着大量的关于民事纠纷的法律文件自行来宫某某的办公室盖章，故不排除协议条款对宫某某有重大不利的《电视连续剧〈追梦女孩〉投资合同》系伪造的嫌疑。

第六，《电视连续剧〈追梦女孩〉投资合同》签订日期为2013年11月8日，但袁某于2013年11月18日、12月24日向宫某某转账时仍备注"支付宫某某借款"。如果《电视连续剧〈追梦女孩〉投资合同》真实存在，签订合同后袁某向宫某某支付的应为投资款，而袁某自认实际支付的是借款，与合同约定不符，这也足以证实《电视连续剧〈追梦女孩〉投资合同》存在造假之嫌疑。

第七，往来资金的数额与合同内容不能印证。根据资金往来记录，袁某于2013年11月8日之前给付的款项备注为借款的，仅仅为2013年11月5日的一笔25万元，即使加上其他两笔，金额应该是75万元；2013年11月18日之后备注为借款的是2013年11月18日的30万元、2013年11月18日的50万元、2013年11月24日的50万元，与《电视连续剧〈追梦女孩〉投资合同》中所表述的"乙方已收到的100万元借款转为投资款，另投100万元"不一致。即使不提前面的100万元款项凑不齐的情况，如果后续的100万元指向是2013年11月18日的50万元以及12月24日的50万元的话，那么袁某的收条也直接说明了宫某某已经归还了2013年12月24日的50万元借款中的40万元。所以，辩护人认为，就从这一点来看，《电视连续剧〈追梦女孩〉投资合同》的真实性也足以怀疑。

第八,《电视连续剧〈追梦女孩〉投资合同》首页中甲方和乙方的信息中空格过大,不符合常理,而该投资合同中各条之间又没有空格,有刻意凑齐合同章位置的嫌疑,不排除《电视连续剧〈追梦女孩〉投资合同》文本伪造的可能。

第九,支付款项的备注、支付时间、支付金额的准确性与袁某提供的《电视连续剧〈追梦女孩〉投资合同》文本上的表述都无法形成法律事实上的对应关系。

第十,从签字和盖章的效力来看,盖章的效力要弱于签字的效力,因为盖章有可能来自不同的主体,或有各种形式的造假、偷盖。因此,即使《电视连续剧〈追梦女孩〉投资合同》中北京某世纪文化传媒公司的印章是真实的,也不能证实被告人宫某某在该投资合同中作出过"《追梦女孩》已经在国家新闻出版广播电影电视总局备案,并取得了一切相关行政手续即将拍摄"的意思表示。

5.公诉机关对于电视剧《追梦女孩》(暂定名)的相关事实认定有误

北京某世纪文化传媒公司准备投资拍摄的电视剧《追梦女孩》(暂定名)与北京春秋风云影视策划有限公司(以下简称春秋公司)投资拍摄的电视剧《追梦女孩》(暂定名)没有任何关系,且《追梦女孩》只是暂命名,在名称有冲突的情况下,是可以变更的。

春秋公司于2014年5月3日取得《追梦女孩》(暂定名)电视剧拍摄许可证,虽然北京某世纪文化传媒公司准备拍摄的电视剧名称也为《追梦女孩》(暂定名),但这两部电视剧的内容完全不同。春秋公司提供的电视剧《追梦女孩》的故事内容主要为某化妆品集团董事长的掌上明珠沈某琪,随着父亲事业的一落千丈,一夜之间成为孤苦无依的流浪者,后找到了人生理想和奋斗目标的故事;而宫某某准备拍摄的《追梦女孩》(暂定名)是讲述花某某等一群大学生在毕业后如何找工作及创业的励志故事。

北京某世纪文化传媒公司准备投资拍摄的电视剧名称《追梦女孩》只是暂命名,计划拍摄40集,编剧张某1已到国家版权局进行版权登记,当时张某1在国家版权局登记备案的电视剧名称是《重庆花》或者《重庆妞》。即使春秋公司已经以《追梦女孩》（暂定名）的名称取得电视剧拍摄许可证，北京某世纪文化传媒公司也完全可以变更其他名称取得电视剧拍摄许可证，并不会导致电视剧无法拍摄。北京某世纪文化传媒公司筹划拍摄的《追梦女孩》（暂定名）的剧本自始至终没有变过，只是电视剧的名称发生了变更，因此，被告人宫某某根本就没有虚构《追梦女孩》（暂定名）电视剧的拍摄项目，更没有以此骗取袁某的财产，不构成合同诈骗罪。

综上所述，被告人宫某某在与袁某达成投资合意之前，已经开始筹备投资拍摄电视剧《追梦女孩》（暂定名），达成投资合意后，也相应进行了大量的前期相关工作，与导演沈某、编剧张某1的沟通已经进入实质性阶段。被告人宫某某多年从事演艺经纪人工作，从其过往成果及公司资质等方面看，客观上完全具备履约的能力和可能性。

本案中，被告人宫某某2010年1月30日至2016年10月19日发出的往来邮件大多数都是影视文化项目工作邮件，说明其有履行合同的能力，而且在达成合作意向后，为履行合同作了大量工作。在案证据不能证明被告人主观上存在非法占有他人财物的故意。故被告人宫某某依法不构成合同诈骗罪。

（二）关于公诉机关指控被告人宫某某骗取张某30万元，辩护人认为其不构成合同诈骗罪的辩护意见

在公诉机关指控被告人宫某某利用合同诈骗手段骗取张某30万元这起案件中，辩护人认为，涉案项目客观真实存在，被告人宫某某在客观上未实施欺诈行为，主观上不存在利用欺诈手段非法占有他人财产的故意，不具备合同诈骗罪归罪的任何一种情形，不构成合同诈骗罪。

1.《做个近乎百分之百完美女人》电视节目项目已客观存在并持续推进，被告人宫某某与张某签订合同有合理基础，不存在欺诈行为

被告人宫某某于2015年10月在我国香港地区与李某某的经纪人陈某某见面时，陈某某提出该真人秀节目的项目计划，宫某某表示其公司可以承办，陈某某表示可以合作。虽然陈某某与被告人宫某某未签订书面合同，但陈某某已

向宫某某发出要约邀请，宫某某已作出要约，故其二人之间的合作已经进入磋商阶段，项目和合作客观存在。因此，宫某某于2015年12月16与上海某文化传媒有限公司签订《〈名媛养成记〉电视真人秀节目合作协议》、2015年12月23日与北京某科技有限公司签订《〈做个近乎百分之百完美女人〉电视真人秀节目补充协议》，是有合理依据的，并非编造事实、隐瞒真相，捏造不存在或无法开展的项目恶意欺诈合同相对方。

2.根据款项的使用来看，无论是签订合同之前还是之后，被告人宫某某均不存在非法占有的目的

被告人宫某某收取张某的30万元是合作保证金，在与张某签订合同之后，宫某某积极开展业务，包括与陈某某、叶某某沟通项目方案，联系电视台确认档期等，开展这些业务活动必然会产生合理花销。张某支付的30万元除去差旅费外，被告人宫某某没有转移、隐匿或挪作他用，且在张某主张退款后，宫某某表示同意退款，随后张某出具了《解约协议》。而最终尚未实际退款的原因是被告人宫某某在收到《解约协议》仅仅3天后即被限制人身自由，故尚未退款实属事出有因，绝非拒不退款。

3.鉴于李某某、陈某某实际已经与被告人宫某某合作开展业务，即便其提供的委托书并不真实，也只可能存在民事上的欺诈行为，而非刑事诈骗行为

委托书并非开展业务的必要条件。陈某某首先发起制作真人秀节目的项目构想，且已商定由被告人宫某某及其公司承办。随后，宫某某开始联系投资人、编剧，联系电视台排档期，为项目做了诸多工作。即使尚未正式签订合同、授予委托书，但双方的实际行为表明口头协议已处于实际履行的状态，双方在共同推动项目的进行。

被告人宫某某在收取张某30万元时，真人秀项目已经在进展过程中，30万元的资金亦在启动项目的合理范围内，且用于差旅等方面，并非宫某某恶意占有。因此即使委托书不存在或不真实，也不能完全否认宫某某与陈某某的合作关系。在这种情形下，被告人宫某某所提供的委托书，只可能导致合同相对人张某在签订合同或在履行合同过程中作出有利于自己的行为，对合同标的的真

实性而言，则无实质影响。

因此，本案中的这种情况属于典型的民事欺诈，是为了帮助行为人顺利签订合同，而不能认定行为人通过欺诈手段非法占有了相对方的财物。

（三）在本案的处理中，须正确把握合同诈骗罪和合同纠纷的法律界分

合同诈骗与合同纠纷均由签订、履行合同而起，一个是刑事犯罪，另一个是民事纠纷，那么二者的界限究竟在哪里？辩护人认为，关键还应当从行为人是否具有非法占有的目的以及立法精神方面严格判定。

1.在准确把握行为的实质和效果的基础上，强化对行为人非法占有目的的认定分析

最高人民法院《关于贯彻执行〈中华人民共和国民法通则〉若干问题的意见（试行）》（已废止）第六十八条规定："一方当事人故意告知对方虚假情况，或者故意隐瞒真实情况，诱使对方当事人作出错误意思表示的，可以认定为欺诈行为。"而我国《刑法》中对合同诈骗犯罪的表述以行为人具有非法占有目的，使用诈骗方式等为要件。由此可以看出，我国民法所界定的欺诈行为系采取对客观行为描述性的定义方式，而刑法对诈骗犯罪的界定采取的是主客观相统一的定义方式，二者间的主要区别在于刑法增加了对行为人实施欺诈行为的目的进行考量的要求，即只有在行为人具有非法占有目的时，才可作为刑事诈骗予以认定，否则只能以民事欺诈作出罪处理。

为避免将民事欺诈行为泛化为刑事诈骗犯罪，必须对行为人涉嫌欺诈行为的实质和效果进行分析，以此为基础来认定行为人是否具有非法占有的目的，以充分厘清刑事诈骗与民事欺诈的界限。在涉嫌合同诈骗案件中，所谓行为的实质，就是指行为对相对人是否构成实质性欺诈；所谓行为的效果，就是指行为是否仅系为了帮助行为人牟利。

在本案中，尤其是在有关张某30万元的事实中，被告人宫某某的行为明显不属于构成实质性欺诈效果的行为，进而也就不能认定其具有非法占有的目的。

2.准确领会刑事、民事立法精神是正确把握刑事诈骗与民事欺诈界限的核心

在社会主义市场经济条件下，刑法、民法均承担着调整、保护市场主体人身利益、财产权利和公共利益的职能。在办理涉刑事诈骗与民事欺诈案件过程中，必须准确领会刑事、民事相关立法精神，正确认识刑民立法和程序在调处相关社会关系方面的职责分工，平衡好公权与私权、公益与私益的关系。

具体而言，在案件的办理过程中，要注重分析案件通过民事程序化解纷争的现实可能性，在所谓的被害方可以通过民事诉讼程序实际挽回损失，受损社会关系和法益能够得到及时修补的情况下，应秉持刑法的谦抑性，坚持民事优先，避免刑事手段的不当介入。合同诈骗罪属于扰乱市场秩序的典型犯罪行为，面对刑事诈骗和合同纠纷容易混淆的现实情形，要善于将案件置于相应的经济和社会环境中进行全面分析和判断，依法审慎认定案件事实，同时还要坚持证据裁判原则和主客观相统一原则，正确理解立法本意，避免僵化适用法律条文和客观归罪，从而确保案件刑民界限清晰以及法律效果和社会效果的有机统一。

本案中所涉项目均为影视文化、传媒娱乐业务，本身具有一定的特殊性，受原国家新闻出版广播电影电视总局相关政策的影响比较大，因此，对于类似的纠纷，必须结合当时特殊的经济环境和行业现状进行综合考察、评判。

3.一系列刑事司法政策性文件的规定为本案的正确处理提供了现实的指导意义

最高人民法院发布《关于充分发挥审判职能作用切实加强产权司法保护的意见》第六条明确规定："严格区分经济纠纷与刑事犯罪，坚决防止把经济纠纷当作犯罪处理。充分考虑非公有制经济特点，严格把握刑事犯罪的认定标准，严格区分正当融资与非法集资、合同纠纷与合同诈骗、民营企业参与国有企业兼并重组中涉及的经济纠纷与恶意侵占国有资产等的界限，坚决防止把经济纠纷认定为刑事犯罪，坚决防止利用刑事手段干预经济纠纷。对于各类经济纠纷，特别是民营企业与国有企业之间的纠纷，不论实际损失多大，都要始终坚持依法办案，排除各种干扰，确保公正审判。"

在2017年1月12日召开的中央政法工作会议上，时任中共中央政治局委员、中央政法委书记孟建柱谈到依法保护产权时，提出“谦抑理念、审慎理念、善意理念”三个新的理念，要求：“我们要在严格依法办事前提下，树立谦抑理念，对通过民事、行政法律手段就能妥善处理的经济案件，不使用强制手段，努力以较小成本取得较好效果。树立审慎理念，严格区分经济纠纷与经济犯罪、企业正当融资与非法集资等界限，准确把握经济违法行为入刑标准，严防刑事执法介入经济纠纷；对涉嫌违法的企业和人员，依法慎重决定是否采取拘留、逮捕和查封、扣押、冻结等强制措施。树立善意理念，确实需要查封、扣押、冻结财产的，要严格依法进行，防止超标的、超范围，最大限度减少对企业正常生产经营的不利影响；对已经查封、扣押、冻结的涉案财产，要严格区分违法所得与合法财产，对违法所得依法予以追缴、上交国库，对合法财产依法尽快返还。”①

2017年12月29日最高人民法院发布《关于充分发挥审判职能作用为企业家创新创业营造良好法治环境的通知》，其中第二条明确规定：“依法保护企业家的人身自由和财产权利。严格执行刑事法律和司法解释，坚决防止利用刑事手段干预经济纠纷。坚持罪刑法定原则，对企业家在生产、经营、融资活动中的创新创业行为，只要不违反刑事法律的规定，不得以犯罪论处。严格非法经营罪、合同诈骗罪的构成要件，防止随意扩大适用。对于在合同签订、履行过程中产生的民事争议，如无确实充分的证据证明符合犯罪构成的，不得作为刑事案件处理……”

由此可见，一系列刑事司法政策性规定和意见都在强调，公安机关、司法机关在处理经济纠纷案件时应当积极贯彻“严防刑事执法介入经济纠纷”的刑事政策精神。

综上所述，被告人宫某某作为民营企业家，从事正常的经营活动，没有合同诈骗的主观目的和客观行为，完全不具备合同诈骗罪的主观、客观构成要

① 孟建柱：《要用谦抑、审慎、善意理念依法保护产权》，载中国长安网2017年1月13日，http://www.chinapeace.gov.cn。

件。根据查明的基本事实来看，本案完全是一起典型的民事法律纠纷，不应作为刑事案件处理。公平正义是司法的永恒主题，而司法又是维护社会公平正义的最后一道防线。

四、办案过程

在接受当事人的委托后，辩护律师积极开展工作，多次会见被告人宫某某。审查起诉阶段，辩护律师在充分了解和分析案件的具体情况，提出被告人宫某某没有利用合同诈骗的手段骗取财物的意图，客观上也并不存在虚构事实的实质行为，不应当被认定为合同诈骗罪。

其间，辩护律师为了更加有力地支撑自己的辩护观点，亲自前往原国家新闻出版广播电影电视总局收集了相关证据，同时调取了袁某和张某的微信记录和出入境记录等证据。该案于2017年4月24日由北京市朝阳区人民检察院向北京市朝阳区人民法院提起公诉。

2017年7月13日，朝阳区人民法院适用普通程序公开开庭审理此案。在庭审中，审判人员充分听取控辩双方发表的意见。本案辩护律师在庭审中向被告人宫某某充分发问并提出：本案中现有证据难以证明宫某某主观上具有非法占有合同款项的犯罪目的，客观上没有诈骗行为，未对市场经济秩序的稳定性造成损害，不构成合同诈骗罪，仅构成普通民事纠纷案件，请求法院依据《刑事诉讼法》(2018年修正)第二百条第(三)项的规定，对被告人宫某某依法作出无罪判决。2017年8月15日，辩护律师又向法院提交了补充证据材料。2018年1月16日，在北京市朝阳区人民法院进行了第二次开庭审理，本案律师依旧坚持法院应当对宫某某进行无罪判决的辩护意见。2018年1月25日，辩护律师再次向法庭提交了补充证据的材料。2018年4月24日，北京市朝阳区人民法院进行了第三次开庭审理。审理期间，北京市朝阳区人民检察院以庭审期间证据发生变化，认定被告人宫某某构成犯罪的证据不足为由，要求撤回起诉。2018年6月14日，北京市朝阳区人民法院认为北京市朝阳区人民检察院要求撤回起诉符合法律规定，裁定准许其撤回起诉。2018年7月5日，北京市朝阳区人民检察院作出不起诉决定。

五、办案心得

刑辩律师在为当事人辩护的过程中，应当明确分辨“罪与非罪”的界限，帮助当事人准确判断自己的行为是构成合同纠纷还是涉嫌合同诈骗犯罪，依法维护当事人的人身自由和财产权利，同时为当事人正常地开展生产、经营和融资行为提供保障。帮助当事人规避法律风险、维护当事人合法权益是律师存在的价值。作为一名刑辩律师，亦应当揭示企业刑事风险预防、企业家犯罪现状及预防和有效辩护，关注企业家成长环境，助推企业风险防范，从而使企业健康有序的发展。企业家在生产经营的过程中，应当树立法律意识，具备刑事风险防控方面的意识，时刻约束自己的行为，变事后补救为事前预防。

本案检察机关最终作出不起诉决定，是司法机关在处理涉嫌经济犯罪案件的过程中，严格区分经济纠纷与刑事犯罪，严格把握刑事犯罪的认定标准，坚决防止利用刑事手段干预经济纠纷的理念和精神的体现；同时，辩护律师利用自己的专业技能和辩护经验，维护了当事人的合法权益，也展现了一名优秀律师的职业风采。无疑，该案是控辩审三方在严格贯彻罪刑法定原则，维护法律权威，维护社会公平正义面前共同努力的典型案例。

六、专家点评

点评人：许兰亭（法学博士生、硕士生导师，中华全国律师协会刑事业务委员会副主任，北京市律师协会监事）

刑事案件涉及当事人的财产、自由甚至生命，可谓事关重大。而企业家一旦涉嫌犯罪，负面影响往往超出企业家自身，还会波及企业发展、员工生计甚至更多利益。本案中，官某某作为一家传媒公司的法定代表人，被指控在签订、履行合同的过程中骗取他人钱财230万元，涉嫌合同诈骗罪，量刑建议超过10年。在辩护律师的努力之下，检察院最终撤回起诉，宫某某被无罪释放，辩护取得了良好效果。本案可谓是一起成功的无罪辩护案例，同时也是一起典型的企业产权保护无罪案例。

刑法讲求透过现象看本质，诈骗犯罪的本质特征是行为人具有非法占有他人财物的目的。诈骗犯罪与经济纠纷的本质区别也在于行为人主观上是否具有非法占有目的，客观上是否实施了虚构事实、隐瞒真相的行为。本案中，辩护律师就是仅仅抓住宫某某不具有非法占有目的这一核心辩点，结合合同项目真实存在、宫某某具备履约能力、实际实施了履约行为等客观情形，综合论证宫某某不构成合同诈骗罪。从检察院以证据不足、不符合起诉条件为由对宫某某撤回起诉的结果来看，辩护律师的辩护策略无疑是成功的。

刑辩律师不仅应当具备娴熟的辩护技巧、丰富的辩护经验，还应当有勇气、有担当。对于有调查取证必要的案件，律师要敢于依法调查取证；对于不构成犯罪的案件，律师要坚决进行无罪辩护。本案中，辩护律师充分调查取证，先后两次向办案机关提交证据，并坚持为宫某某作无罪辩护，体现了刑辩律师的勇气和担当。

证据裁判原则是认定犯罪事实的基本原则。坚持法定证明标准，坚持疑罪从无原则，是坚持证据裁判原则的必然要求。在宫某某案中，办案机关能够坚持证据裁判、疑罪从无原则，严格区分民事纠纷与犯罪案件，作出不起诉决定，维护了法律权威，体现了公平正义。

闫某平被控合同诈骗罪案

王殿学*

一、案情简介

闫某平是吕梁市某矿业有限责任公司和某岩铁矿有限公司（以下将两家公司合并简称某矿业公司）的原法定代表人，2012年4月，闫某平经人介绍以3.6亿元的价格将某矿业公司80%的股权卖给了李某虎。李某虎是文水某钢铁有限公司（以下简称某钢铁公司）的实际控制人，在吕梁钢铁界也是知名人物。为了回避交税，双方签订了名为合作协议实为股权转让的《合作经营协议》。

2012年5月1日，某钢铁公司正式接手某矿业公司，闫某平将采矿许可证、吕梁国土部门的储量探测证明等资料一并移交给对方。2012年，正是铁矿值钱的时候。随后，铁精粉的价格开始急剧下降。到了2015年，其市价只有2012年的1/3。

2015年年初，某钢铁公司向文水县公安局报案称，闫某平涉嫌合同诈骗犯罪。2015年4月3日，文水县公安局以涉嫌合同诈骗罪对闫某平进行讯问，经侦查发现不构成合同诈骗罪。随后，山西省公安厅介入，闫某平涉嫌的罪名由合同诈骗罪改为职务侵占罪，后再次改为挪用资金罪。2016年3月1日，文水县公安局以涉嫌挪用资金罪为由对闫某平进行刑事拘留。2016年4月8日，文水县

* 王殿学：北京市京师律师事务所刑事专业委员会副主任兼秘书长、金融犯罪研究中心主任。

人民检察院以涉嫌诈骗罪为由对闫某平批准逮捕。在本案侦查终结后，文水县公安局以闫某平涉嫌诈骗罪移送文水县人民检察院审查起诉。2016年10月11日，文水县人民检察院报送吕梁市人民检察院。

因事实不清、证据不足，吕梁市人民检察院于2016年11月26日、2017年1月23日两次退回文水县公安局补充侦查，2017年2月27日文水县公安局补充侦查完毕，重报吕梁市人民检察院。2017年5月3日、4日，山西省高级人民法院、山西省人民检察院分别指定长治市中级人民法院、长治市人民检察院管辖。2017年5月10日，吕梁市人民检察院将本案移送给长治市人民检察院。2017年6月22日，长治市人民检察院以犯罪事实不清、证据不足，不符合起诉条件为由，最终决定对闫某平不起诉。

二、争议焦点

本案涉案金额极其庞大，其中关系到诈骗罪是否成立的一个核心问题在于，闫某平在将矿业公司的股权转让给李某虎时，是否虚构了矿藏的实际储量？对此，侦查机关、检察院认定闫某平是否属于诈骗的关键证据是一份《磁测报告》，那么该报告是在什么背景下作出来的，是否能够证实闫某平虚构矿藏的储量？交易对方李某虎是否因此陷入认识错误，并据此决定以3.6亿元的价格和闫某平达成交易？李某虎所遭受的损失产生的原因是什么？

除了实体上的问题之外，本案程序上也存在重大问题，本案原由文水县人民检察院审查起诉，文水县人民检察院后将本案报送至吕梁市人民检察院，吕梁市人民检察院在两次退回侦查后审查起诉达半年之久，又径直将案件退回文水县人民检察院，再改变由吕梁市人民检察院管辖，该行为是否违法？

三、辩护思路

辩护人在接受委托后，认真查阅了公安机关提交的全部案件材料，并多次会见犯罪嫌疑人闫某平。根据现有证据情况，辩护人认为，闫某平的行为不构成诈骗罪，在卷的《磁测报告》根本不足以说明闫某平虚增铁矿的实际储量。李某虎也根本不是依据这份《磁测报告》才决定以3.6亿元和闫某平进行交易。证据显示，两公司在签订合同之前，李某虎曾请专家多次考察，其本人作为多年经营的老矿主，对《磁测报告》的意义及相关储量的情况是十分清楚的。客观证据显示，根据交易当时的行情，涉案矿产的估算价值高达6亿元，因此，3.6亿元的交易价格完全符合市场行情。本案之所以存在损失结果，一方面有李某虎决策失误的原因，另一方面是因为铁矿市场行情低迷、价格严重下跌所导致。本案完全是由民事纠纷所引发的“刑事案件”，属于典型的以刑事手段插手民事纠纷，而且从本案中的程序问题来看，该案在当地存在严重的干扰，因此，本案要想取得良好的结果，必须想办法排除案外因素的干扰。

（一）关于事实认定问题

1.起诉意见书认定的闫某平犯罪行为与事实不符

（1）《起诉意见书》认定报备主体错误，且打架事件与停产无关

《起诉意见书》认定，“经依法侦查查明，2006年3月，犯罪嫌疑人闫某平、赵某某在山西省国土厅将方山县某岩矿备案，备案储量为103.47万吨，同年9月15日，因某岩矿业公司人员与交城县庞泉沟郭某某等工作人员发生冲突。至此某岩矿山一直处于停产状况”。

对于此事实的认定所存在的问题如下：

一是根据2005年12月吕梁市国土资源局吕国土资字〔2005〕第337号文，有关申请备案的主体并非闫某平、赵某某，而是原吕梁市国土资源局，而当时申请的储量也不是103.47万吨，而是94.19万吨。

二是方山县某岩铁矿有限公司工商资料显示，截至2006年3月，该公司法定代表人为张某某，并非闫某平。即使闫某平代理公司办理相关手续，也不是其个人行为，而是公司行为。据此，申请备案主体为原吕梁市国土资源局与公司，而不是闫某平、赵某某的个人行为。

三是2012年5月28日由山西省地质矿产科技评审中心出具的《〈山西省方山县某岩铁矿有限公司铁矿资源储量核实报告〉(供资源整合用)评审意见书》中，有关资源储量变化情况说明有这样的描述，即“以往备案‘普查报告’与本次同范围相比划出0.309km^2，划出部分无矿体赋存，故同范围内以往备案资源量103.47万吨，本次相比减少4.42万吨，减少的原因是新增的采矿工程揭露1号矿体厚度变小，矿体规模变小”。由此说明，某岩矿并非在2006年9月15日后没有生产。综上，该项事实认定存在主体认定错误，也不能证明因发生打架事件而停产。而相关林地占用手续表明，该矿虽然地处自然保护区范围，但占用林地采矿也是经过林业部门批准的，并不是影响生产的主要原因。

《起诉意见书》认定："2009年10月，犯罪嫌疑人闫某平将方山县某某矿在山西省国土资源厅备案，备案储量为73.8万吨。”对此，根据案卷材料，该结论有关备案主体的认定，也存在以上的错误。

(2)《起诉意见书》认定闫某平、赵某某以王某出具的《磁测报告》夸张储量进行诈骗与事实不符

《起诉意见书》认定："在明知方山县某矿和某岩铁矿实际储量的情况下，2009年10月，犯罪嫌疑人闫某平、赵某某花钱雇佣王某，以陕西省地质矿产勘查开发局二物化探大队矿产勘查开发处名义对方山县肉牛厂—某岩铁矿进行勘查，事后又针对方山县肉牛厂—某岩铁矿出具没有效力的高精度磁测报告，并在报告上加盖已经撤销的陕西省地质矿产勘查开发局二物化探大队矿产勘查开发处的公章，在出具报告时赵某某专门授意王某在报告中夸大储量。”对此，笔者认为存在下列问题：

①2009年10月的《磁测报告》主要是针对矿产资源整合准备的，并非有否定政府确定储量的意思，只是想作为整合的参考，且考虑了对两矿连接部分资源储量的评价，因而其结论必然会大于政府分别对两矿储量的评价结论。

②对既有矿产开展地面磁测工作具有合理性，并非弄虚作假。2012年5月28日，由山西省地质矿产科技评审中心出具的《〈山西省方山县某岩铁矿有限公司铁矿资源储量核实报告〉(供资源整合用)评审意见书》中有关开展地面磁

测工作有明确的专家建议，即“建议开展地面磁测工作，以查明资源储量前景，发现新矿体，扩大资源量”。由此说明，矿山储量是一个动态的概念，其存在潜在的储量问题，因此，对既有矿产开展地面磁测工作，具有合理性，并非弄虚作假。

③《磁测报告》并非由闫某平交给李某虎一方。对于该项磁测工作，系由赵某某负责联系，但王某只给闫某平公司提供了几张图纸，为此，闫某平公司一直没有付清磁测费用，也没有拿到其《磁测报告》。后续费用是由赵某某付给王某的。因此，对闫某平公司而言，该报告并没有起到什么作用。另外，即使闫某平向李某虎及其公司移交时出现过这个报告，也是与其他能够证明其储量的资料一并移交的。案发后，公安机关无视能够证明储量的其他资料，却选择地围绕《磁测报告》予以说明，显然不能反映事实的全貌，不能令人信服。

④《磁测报告》是否伪造公章与闫某平无关。经过公安机关调查，《磁测报告》存在继续使用撤销单位公章的事实，但该事实与闫某平无关。第一，其责任在于王某单位及王某本人，而不是闫某平。第二，存在公章问题不等于《磁测报告》所表述的内容完全伪造。第三，把储量尽量提得高一些，没有闫某平的授意，与闫某平无关。

⑤李某虎购买闫某平股份并非仅依据《磁测报告》。李某虎之所以要出3.6亿元买闫某平的矿（或80%的股权），并非依据此报告作出的判断。作为一个买矿者，李某虎是在亲自赴矿区考察，并结合与之前他到内蒙古考察其他矿的比较和当时市场行情以及未来矿产资源可能潜在的资源或其他因素综合作出的判断，不能在控告闫某平时仅以《磁测报告》为依据，这是不符合事实的。

(3)《起诉意见书》对于“分赃”一说与事实不符

《起诉意见书》认定：“2012年3月……闫某平收到3亿元后分赃给赵某某700万元。”在此段事实描述中，存在与事实不符之处。

一是《起诉意见书》认定，“闫某平、赵某某两人通过王某某获知李某虎要购买铁矿的事实。”但案卷情况表明，闫某平否认认识王某某其人。并且，闫某平卖矿给李某虎及其公司，是在赵某某陪李某虎在内蒙古买矿不成后，通过赵某某介绍才接触李某虎的，根本与王某某无关。

二是《起诉意见书》称“闫某平、赵某某二人隐瞒……”而实际情况是，李某虎之所以买矿，是综合各种因素判断的结果，并非仅仅凭《磁测报告》，闫某平向李某虎提供的移交资料也不仅仅是一份《磁测报告》。

三是李某虎派人查看某岩矿时，有关闫某平、赵某某故意安排杜某某拖延时间的证词，仅有李某虎一方证人的说辞，不足为信。

四是有关张某某等人向李某虎反映问题后，并没有反馈李某虎有被骗的意思，说明李某虎心中有数，经营近3年后才说受骗不能成立。

五是闫某平收到3亿元后分赃给赵某某700万元的事实认定有误。事实是，200万元系闫某平对赵某某的奖励，其余500万元则属于借款关系。

（4）《起诉意见书》认定闫某平在李某虎“发现被骗后”采取“回避”态度与事实不符

《起诉意见书》认定：“李某虎发现受骗后，多次联系闫某平处理此事，闫某平一直回避。”事实是，在整个交易过程中，闫某平依约履行了交付经营管理和全部资产的义务，而李某虎则欠其买矿款（股权）6000万元、借款1000万元、3年股权分红6000万元，共计1.3亿元，闫某平索要不成，李某虎则以市场行情不好为由想免掉这些款项，双方协商不成，李某虎才以诈骗为由控告于公安部门。

（5）文水县价格认证中心的价格建议不能作为证据使用

首先，该认证中心不具备价格鉴定资质，该价格认证不具合法性；其次，该价格建议结论中明确说明，“价格小组在认定过程中已经发现可能影响价格认定结论的因素，但非本专业所能涉及，设定本次价格未考虑上述因素”。由此说明，该价格建议者没有专业鉴定能力，因此，其得出的结论不能作为定案的依据。

2.公安机关经过二次补充侦查所调取的证据仍不能证明闫某平实施了犯罪行为

（1）补充侦查后证据进一步证实闫某平并未故意隐瞒事实

补充侦查卷中李某虎笔录称“具体还有什么资料就不清楚了”。证实闫某平方提供的不仅仅是王某出的《磁测报告》和图纸。李某虎的陈述中意欲称闫某平、赵某某以《磁测报告》和图纸进行欺骗，但对于该份报告是否系由闫某平提交，仅有李某虎一方陈述，赵某某与闫某平供述一致，均称尚欠王某钱款，且赵某某告诉过武某华只能作为参考，不作为储量的准确标志。这些证词进一步证实闫某平没有隐瞒真相的主观故意与行为。关于交接材料，李某虎称移交资料的情况不清楚。其陈述没有见过是否有移交手续。故对于移交手续没有查清也不能证实闫某平没有移交给李某虎一方。而闫某平家属向检察机关提交的证据表明，在李某虎一方正式接受矿山经营后，闫某平已经全面地移交了包括储量资料在内的矿山资料，在当时，李某虎一方也已经全面掌握了矿山的情况，接手经营，并未提出欺骗的事，说明其已经对矿山情况予以接受或默认。据此，3年后再说欺骗是不成立的。

（2）补充侦查后的证据进一步证实李某虎没有被骗的可能

案卷事实表明，李某虎曾在内蒙古为了买矿进行考察，因为感觉几个矿储量不行而未谈成交易。由此证实，李某虎对于买矿一事是非常专业而谨慎的，李某虎在内蒙古买矿非常谨慎，而单单到了与闫某平谈判就全然不顾任何其他客观情况，不顾自己的考察，既不查询政府资料也不顾公司内部反对，仅凭一份模糊的《磁测报告》便一意孤行向闫某平买矿？这样的结论之所以荒谬就是因为他罔顾事实，实为欲加之罪。

（3）关于磁测报告的相关问题仍然没有查清

该份《磁测报告》是否为闫某平所移交没有查清。闫某平称未见过此报告，赵某某的供述在细节上也与闫某平所述能够吻合。李某虎称从闫某平处拿到此报告，双方各执一词，没有其他证据能够证实该报告为闫某平所提供。所以，对于此事没有查清。另外，该报告本身标明了测矿面积，无论该报告以何种方式到达李某虎手中，不影响该份报告的内容。同时，交接时有其他资料，李某虎称其基于“省委赵秘书介绍，其次是闫某平提供的陕西专家出的磁测报告，再有是闫某平、赵某某告诉我该矿的储量在4000多万吨，闫某平承诺我如果挖不出矿再原价收回”。李某虎一方面如此信任与草率地要购买闫某平的股份，另一方面却专门组织公司副总召开会议，且在李某奇明确提出不同意买矿的情况下仍然与闫某平实施交易难以自圆其说。且李某虎自己的陈述中说道："我怕失去这两个矿，就先给打款了，后来才签的协议。"这更证实了李某虎完全是自愿购买。

（4）武某某关于储量的证言并无相关证据进行佐证

武某某称安排律师去山西省原国土资源厅调取了两个矿的储量备案，总和是170多万吨。对于储量的相关证据检察机关在两次补充侦查提纲中均要求公安机关调取，但未有相关证据进行佐证。

以上论证说明，《起诉意见书》认定闫某平的所谓"犯罪事实"，与实际情况不符，属于有选择地认定证据，且存在明显的错误，系罗织事实、有罪推定的结果。

（二）关于法律适用问题

《起诉意见书》以闫某平触犯《刑法》（1997年）第二百六十六条，涉嫌诈骗移送起诉。综合全案证据，无论是从主观方面，还是从客观方面分析，闫某平并不构成诈骗罪。本案是非常明显的民事纠纷，李某虎希望通过公权力的介入转嫁经营风险。

1.闫某平主观上没有非法占有他人财物的故意，也没有虚构隐瞒事实的行为

无论是诈骗罪还是合同诈骗罪，均要求以非法占有为目的，采取虚构事实、隐瞒真相的方式使对方陷入认识错误，并基于认识错误处分财产，进而遭受财产损失。然而，在卷证据充分显示，李某虎对交易的背景情况是十分清楚了解的，并不存在认识错误的问题，在卷的《磁测报告》和交易的关联性并不大，不能据此认定闫某平存在夸大矿藏实际储量的行为。从实际情况来看，根据交易时的市场价值，3.6亿元的交易价格符合市场行情。

首先，双方意思表示真实。两公司在签订合同之前，李某虎请专家多次考查，且作为多年经营的老矿主，如果说李某虎对原国土资源局出具的储备材料视而不见，却选择听信交易对方的"一面之词"，一方面带专家去现场多次观

察，另一方面又草率签订协议，显然有悖常理，匪夷所思。根据现有证据可以看出，李某虎在交易时已经清楚并认可了交易的一切条件。

其次，合同标的真实。山西省原国土资源厅颁发的C140000200912213005××××号、C140000200912213005××××号采矿许可证可以证实方山县某矿业有限责任公司、方山县某岩铁矿有限公司依法具有开采权，合同标的真实。采矿许可证上标明了面积，并附有矿山图纸。原吕梁市国土资源局的储量核算上标明了储量，上述材料均移交报案人李某虎的公司，且均系国土局官网公开内容，任何人均可查阅，不存在隐瞒事实。

关于《磁测报告》，如上所述，系闫某平于2009年为了扩大自己的矿山范围，委托王某对自己矿山周边的铁矿情况进行了检测。检测的结论是在委托的面积上，推断总储量是544.4万吨。该测试附带的图纸在面积上明显超出了闫某平的两个矿山，图纸上也对两矿山的面积进行了标注。该检测是2009年作出，而与报案人李某虎的公司是2012年发生买矿关系。为此，闫某平在2009年时即能够预测出将在3年之后与他人发生买矿关系，并提前准备出一份检测报告用以诈骗，显然违背常理。补充侦查报告的证据中有赵某某供述该报告仅作参考，但无论李某虎如何取得该份报告，显然该报告也无法误导李某虎，故而也不能通过此报告认定闫某平具有虚构和隐瞒事实的行为。该报告是闫某平自己委托的推断检测，不能够替代原吕梁市国土资源局等官方机构检测出来的具体的储量，且该机构并不在山西省具有检测资质的机构名单之中，具有多年经营经验的李某虎如果弃采矿许可证、相关政府部门的权威检测于不顾，而仅仅依据一个没有资质的民间机构作出的估算就轻易与闫某平发生买矿关系，并将3亿元的款项交付给闫某平，令人难以置信。

最后，交易价格符合市场价格。在双方交易的2012年4月，铁精粉的价格是每吨1200元左右。两矿山在移交材料上显示的储量是150余万吨，根据3吨铁矿石出1吨铁精粉的比例，价值6亿元，因此，两矿山以3.6亿元价格转让，符合市场价格，不存在欺骗行为，同时此交易价格系两矿山对价，不存在非法占有。闫某平的行为不构成诈骗罪。

2.从客观上分析，闫某平处置3亿元买矿款，具有正当性，不存在对李某虎及其公司利益的侵害

综合本案事实，笔者认为，李某虎付给闫某平的3亿元的款项，虽然在打条时写的是“投资款”（仅涉及2.5亿元），实际上该笔款项就是李某虎及其公司购买闫某平公司80%股权的款项，因此，闫某平完全有自主的支配权，不存在对李某虎公司利益的侵害。所谓李某虎及其公司的“巨大损害”，一是缘于其投资决策失误所致；二是缘于铁矿市场行情的下滑所致。因此，其损失完全是自己造成的。如果从民事角度分析，李某虎及其公司不仅不能追究闫某平的责任，反而应依照约定，偿还闫某平至今所欠的1.3亿元的债务。

根据以上论述可以看出，闫某平没有非法占有的故意，更没有合同诈骗犯罪所涉及的五种情形，闫某平的行为也不构成合同诈骗罪。有关李某虎及其公司与闫某平之间的纠纷，只有通过民事诉讼途径解决，才符合法律的规定。

值得说明的是，在本案公安材料未交由检察机关之前，我们曾委托江平等知名法学专家对此案进行了分析论证，专家认为，该案纠纷系股权转让的民事纠纷。而在获得案卷材料后，我们又委托我国刑法学专家赵秉志、陈兴良、卢建平教授进行了论证。根据现有案卷材料，我们认为闫某平构不成诈骗罪。

（三）关于本案的程序问题

本案中，文水县人民检察院已经将案件报送吕梁市人民检察院审查起诉，吕梁市人民检察院在经过两次退回补充侦查，审查起诉已达半年后，又径直将案件退回文水县人民检察院，再改变交由吕梁市人民检察院管辖的行为存在违反诉讼程序、拖延诉讼的问题。现山西省人民检察院指定长治市人民检察院对本案审查起诉。

《人民检察院刑事诉讼规则（试行）》（2012年修订，已废止）第三百六十二条第二款及第三款规定：“认为属于上级人民法院管辖的第一审案件的，应当报送上一级人民检察院，同时通知移送审查起诉的公安机关；认为属于同级其他人民法院管辖的第一审案件的，应当移送有管辖权的人民检察院或者报送共

同的上级人民检察院指定管辖，同时通知移送审查起诉的公安机关。上级人民检察院受理同级公安机关移送审查起诉案件，认为属于下级人民法院管辖的，可以交下级人民检察院审查，由下级人民检察院向同级人民法院提起公诉，同时通知移送审查起诉的公安机关。”

由此可知，《人民检察院刑事诉讼规则（试行）》（2012年修订，已废止）对移转管辖权的规范要旨：移送均以1次为限，且对案件管辖权的争议应当在同级公安机关移送之时经过审查一次性解决。本案中，吕梁市人民检察院在接到文水县人民检察院的报送时并无异议，在案件经过审查起诉且已经退回补充侦查两次之后，自不存在重新指定文水县人民检察院重新审查起诉的依据，而文水县人民检察院在管辖10日之后，再次改变管辖到吕梁市人民检察院，这一举措严重违反《刑事诉讼法》和《人民检察院刑事诉讼规则（试行）》（2012年修订，已废止）的规定。

闫某平案经过公安机关侦查、检察机关审查起诉，经过公安机关多次延长侦查期限、检察院退回公安机关补充侦查两次。在案件经过了一年有余的时间后，穷尽侦查手段调取的各类证据仍然未能得出闫某平有罪的结论，而且根据现有证据能够充分地证明该案就是一起典型的民事纠纷。

不仅如此，在侦查阶段公安机关内部就存在争议，吕梁市人民检察院对该案的审查也存在严重的分歧意见，现该案审查起诉期限届满，因吕梁市人民检察院的变更管辖，本来已经届满的审查起诉期限又将重新计算，这将使闫某平的羁押期限变相延长，严重侵害其人身自由。

综上所述，该案是一起涉及矿山买卖的专业性较强的民事经济纠纷，根据现有案卷材料，闫某平的卖矿、卖股权行为不构成诈骗罪。公安机关《起诉意见书》中认定的事实有误，适用法律不当，《起诉意见书》中认定闫某平有诈骗故意的关键证据——《磁测报告》、价格鉴定、交接手续均未查证属实，同时存在大量证据能够证实李某虎基于平等自愿，且经过充分考察后与闫某平进行交易，证实该案系一起普通的民事纠纷而非刑事案件。

四、办案过程

2015年年末，闫某平的家属到北京市京师律师事务所找到笔者，希望笔者能够为闫某平一案提供辩护，使闫某平早日恢复自由。

笔者接受委托后，通过对案情的认真分析后认为，本案属于民事纠纷，闫某平不构成刑事犯罪。

在侦查阶段，笔者向公安机关提出了无罪辩护的意见；在案件侦查至审查起诉期间，笔者先后向办案机关提交了多份取保候审申请、羁押必要性审查申请。

在与公安机关的交流中，他们表达了希望闫某平与李某虎和解的意愿，但遭到闫某平的拒绝。之后，此案历经公安机关延长侦查期限、检察机关两次将该案退回公安机关补充侦查后，相关部门仍然无法作出决定。

一起普通的民事经济纠纷，却历经合同诈骗、职务侵占、挪用资金等罪名的不断变换。在冗长的诉讼进程中，闫某平的人身自由和合法财产权益每时每刻都在遭受严重侵害。案件多拖延一日，对闫某平的人身和精神上的侵害就加重一分。

为了辩护需要，笔者会见闫某平超过30次，向各级机关提交的法律文书也超过100份。

阅卷后，笔者发现公安机关指控闫某平诈骗的主要证据是闫某平于2009年委托陕西的一家鉴定机构所做的鉴定意见。该鉴定意见认定，涉案矿产的总储量为540余万吨。公安机关认为这份证据误导和欺骗了李某虎。

整个审查起诉阶段，笔者围绕这份关键证据展开工作。笔者及时和承办案件的检察官就这份证据中存在的问题进行了有效沟通，并结合全案证据提出了具体意见。

在意见中，笔者阐明该鉴定意见载明了鉴定区域包括当地某矿业公司之外的区域，明显不是某矿业公司所属矿产的储量，李某虎对此是明知的；闫某平移交的采矿证上有具体面积，移交的原国土局每年的储量报告上有明确储量，仅凭这两项事实足以证实不可能对李某虎产生误导；据当时的铁精粉价格，炼出的铁精粉价值已超过 4 亿元，况且闫某平转让了整座办公大楼以及尾矿库等，而股权转让的价格低至3.6亿元，李某虎不存在财产损失；李某虎长期混迹钢铁冶炼行业，其对铁矿的行情非常了解，当时，其购买铁矿是为了给自己的炼铁厂提供原料，不可能仅凭一份鉴定意见作出购买决定，证据显示，李某虎在交易之前还曾多次请专家进行实地考察，这进一步说明其并非因一份鉴定意见而作出决定。

最终，检察机关认可了笔者提出的意见及理由，认为不能将这份鉴定意见作为认定闫某平构成犯罪的关键证据。

为了深入研究此案，笔者邀请赵秉志、陈兴良、卢建平三位著名法学专家对本案进行专业、细致的专家论证。三位专家的论证意见认为，依据本案的证据材料和相关的案卷材料，闫某平与李某虎之间的交易是名为合作经营实为矿山买卖的股权转让行为。没有确实、充分的证据证明闫某平存在诈骗事实，即在矿山买卖的过程中闫某平实施了虚构事实、隐瞒真相的行为并导致李某虎陷入错误认识，促成涉案金额3亿多元的虚假矿权交易。故而认为，根据现有证据，不能认定闫某平的行为构成诈骗罪。对于这份专家论证意见，检察机关非常重视。

案件在由吕梁市人民检察院退回文水县人民检察院继续审查起诉后，笔者立即向山西省人民检察院进行了书面的情况反映，指出这是审查起诉期限届满后，国内罕见的在没有法律依据的情况下，超越职权指定审查起诉的案例，要求山西省人民检察院发挥检察机关的监督职能，予以纠正。

经过多次反复的沟通、协商和争取，2017年6月22日长治市人民检察院对闫某平正式作出不起诉的决定。当日22时，被羁押16个月之久的知名民营企业家闫某平走出了某县看守所的大门，重获了自由。

五、办案心得

本案是保护民营企业家的典型案例。近年来，人们开始关注民营企业家的刑事法律风险问题。在刑事诉讼中，保护民营企业家的合法权益，为企业家的人身自由乃至合法财产进行辩护，日渐成为刑事辩护律师的一项使命。

在实践中，民营企业家面临的一些刑事案件往往是由民事纠纷引起或转化的，有的是为了动用刑事手段加速民事纠纷的解决，而有的则是在民事途径走不通的情况下转而动用刑事手段。一般而言，企业家犯罪案件存在两个显著的特点：一是这类案件经常会牵扯到大量的民商事法律关系，而这些民商事法律关系同时构成了刑事案件定性的前提。二是这类案件往往涉及巨大的经济利益，因此，背后通常存在多重案外因素的干扰。在这种情况下，如何有效排除干扰，既是此类案件的重点难点，同时也是其他工作得以有效开展的前提。

在办理闫某平这起案件时，笔者深刻地体会到，案件办理是一个全方位的过程。我们要能够“钻进去”，牢牢把握案件事实和法律规定两根支柱，保持谨慎细致的耐心，抽丝剥茧、一步一个脚印，最终吃透案件材料和专业问题，对案件中的事实问题和法律问题均能有深刻的理解与把握。在此基础上，我们和办案人员之间的沟通才能更加有理、有据、有效。比如，在办理闫某平案时，笔者反复、仔细研究了指控诈骗的关键证据——《磁测报告》，最终发现《磁测报告》和交易的关联性并不大，根本无法证实闫某平以此误导了李某虎，更不能证实李某虎是因为这份《磁测报告》才决定和闫某平以3.6亿元达成交易。此外，在办理这类案件时，一定要特别注意相关领域的商业常识和交易惯例，这种隐形的背景往往暗藏了案件的破解之法。又如，本案中《磁测报告》的意义、矿藏量探测的方法及局限性、铁矿市场的行情、交易对手的背景经历等，为认定闫某平是否虚构事实、李某虎是否陷入认识错误进而作出交易决定及李某虎的损失发生的原因等事实发挥了重要作用。

除此之外，我们也要能够从案件中“跳出来”，站在案件之上，了解案件发生的前因后果，进而对症下药，努力排除各方面的阻碍，最终使案件取得良好的结果。在辩护方法上，一定要坚持实体辩护和程序辩护相结合，对办案机关的办案程序是否规范、职权行使是否合法进行监督，同时合法利用各种救济手段，排除案外干扰。本案涉案金额高达3.6亿元，背后存在巨大的经济利益，从本案数易罪名、改变管辖、反复补充侦查等异常办案情况中就能侧面反映出，该案在当地遭受到了严重的干扰。当时，文水县人民检察院将案件报送吕梁市人民检察院，吕梁市人民检察院在两次退回补充侦查后审查起诉长达半年，最后又将案件退回文水县人民检察院，并由文水县人民检察院重新报送吕梁市人民检察院，这一做法明显缺乏法律依据。针对这一情况，笔者及时向办案机关明确表示反对，并向各级部门反映本案办理过程中存在的严重违法情况，最终引起了山西省人民检察院的重视，最终促使本案改变了管辖，专门指定由长治市人民检察院进行管辖。在改变管辖后，长治市人民检察院也专门约见了律师，听取了律师的意见，没过多久，长治市人民检察院对闫某平作出了不起诉的决定。可以说，本案改变管辖为排除干扰、最终取得良好结果奠定了基础。

六、专家点评

点评人：李奋飞（中国人民大学法学院教授、博士生导师）

看到闫某平案后，心里还是沉甸甸的。一桩原本正常的买卖，被公安机关当作刑事案件进入“程序”了。此案的不同寻常之处是，办案机关在一年多的追诉过程中，竟4次对其更改罪名。从这个角度而言，闫某平是不幸的。但是，应该说，其也是“幸运”的。毕竟，在辩护律师努力下，其最终被作出不起诉处理，即获得了“无罪”的好结果。

当然，法律关注个案，从来都是为走出个案。我们期盼，闫某平的“幸运”能够在其他原本只是经济纠纷，却被当作经济犯罪予以追究的案件中得以复制。只有这样，才能切实保护民营企业家的合法权益，真正地贯彻落实我国保护民营经济的大政方针，避免上演民营企业家“不在监狱就在去监狱的路上”的悲剧。

优化营商环境，是党中央、国务院作出的重大部署，而法治被认为是最好的营商环境。不过，法治不仅是法律之治，也是司法之治。目前的司法状况和司法能力尚不能满足人们对法治化营商环境的期待。司法机关应严格执法、公正司法，为优化营商环境提供优质的司法服务和有力的司法保障，助力我国经济高质量的发展。

与盗窃、强奸、抢劫等赤裸裸的自然犯相比，作为法定犯的经济犯罪时常被蒙上了迷雾一般的面纱，无法通过“善”与“恶”来评价，否则就可能导致错误的追诉，甚至酿成错案，给犯罪嫌疑人、被告人或者涉案企业造成严重的后果。

因此，必须充分发挥《刑事诉讼法》的人权保障功能，有效地约束和限制国家的刑事司法权力。作为“宪法的适用法”，也作为“宪法的测振仪”，《刑事诉讼法》不仅是保障《刑法》实现的法律，更是人权保障法。然而，《刑事诉讼法》要完成此任务，并不容易。

《刑事诉讼法》需要在程序设计上贯彻和落实谦抑性和比例性原则，尽可能减弱刑事诉讼的“殃及效果”。具体而言，就是要做到：对民营企业家涉及经济问题，能用其他手段解决的，就尽量不要启动刑事诉讼；已经启动了刑事诉讼的，如果不采取强制措施也可以保障诉讼顺利进行，就尽量不要采用；如果能用较为轻缓的强制措施，就不要采用更为严厉的强制措施；尤其是能不采用未决羁押这种最为严厉的强制手段的，就尽可能不采用；在决定是否对其采取未决羁押措施时，要认真考察民营企业家的企业状况并将之作为是否可以对其予以保释的因素；如果非要对其采取那些可能将长期剥夺或者限制人身自由的强制措施（如羁押措施），应在尽可能短的时间内把采取强制措施的原因和地点通知其近亲属，并且要尽可能保障其与近亲属的会见和通信；在采取某种较为严厉的强制措施之后，还要根据其本人或者近亲属的申请，或者直接依照职权，对维持这种强制措施的必要性进行审查，以决定是否需要变更或者解除等。

林某等被控职务侵占罪案

陈　琦　贾保民*

一、案情简介

林某为中国人民大学硕士研究生，新能源领域的专业性人才，自2014年开始，在我国非常有影响力的某新能源公司任项目开发经理。2015年年底，新能源公司下属子公司某光伏公司在河南省某县进行光伏发电项目的投资开发，林某担任该项目的负责人，杨某担任项目主管。为更好地推动项目开发，经当地政府领导推荐，当地人师某以非公司工作人员的身份协助林某、杨某共同开展工作，其职责主要是帮助林某寻找符合项目要求的土地，以及与当地政府、村委会、村民进行沟通协调。后经师某协调，某光伏公司与当地村委成功签订《土地租赁协议》，约定某光伏公司向村委支付第一年的租金及土地补偿等费用共计51万元，但协议中没有明确这51万元的补偿款中实际包含需要支付给师某的27万元"协调费"。村委会收到补偿款后，师某从村委会领取了27万元"协调费"，并出具了收条。

在林某离职一年多后，某新能源公司控告林某在任职期间伙同他人骗取公司27万元钱款，涉嫌职务侵占罪。当地公安机关接到举报后立即进行立案调查，并对林某、杨某和师某采取了刑事拘留的强制措施。后在审查批捕阶段，

* 陈琦：北京市京师律师事务所高级合伙人、刑事专业委员会常务副主任；贾保民：北京市京师律师事务所刑事专业委员会理事、证券期货犯罪研究中心研究员。

检察机关采纳辩护律师的法律意见，作出不予批捕的决定，林某因此被变更强制措施为取保候审。取保候审期间，公安机关多次通知身在外地的林某到公安机关接受讯问取证，并先后三次向检察机关移送审查起诉，均未获受理。取保候审期满后，公安机关将林某的强制措施变更为监视居住，同时再次向检察机关移送审查起诉，检察机关受理后两次将案件退回公安机关补充侦查，最终检察机关以证据不足为由对林某作出不起诉决定，林某终获自由。

那么，这27万元到底是怎么回事呢？

师某在接受公安机关讯问时称，其在领取27万元“协调费”后，将其中21万元以现金方式给了林某。林某则否认收到师某给的21万元，对指控也不予认可。林某称，首先向中间人支付费用是行业规则，师某作为当地人在土地寻找、沟通协调等方面具有相应的优势，向师某支付费用，系因为在项目开发过程中师某向其公司提供了帮助，“协调费”实际系向其支付的劳务费或中间费。师某在协助林某工作期间并没有任何工资或其他报酬，在工作时师某需要开自己的车，加油等一切费用需要自理，而师某之所以愿意免费提供帮助，林某称师某是希望将来可以承包该光伏项目后期的施工工程，据此可以获取巨大利益，林某认为师某通过提供免费帮助，能够建立和保持与公司和林某的联系，为其将来承揽工程提供便利。当然，这仅仅是师某个人的想法。林某为了能向师某支付报酬或劳务费，曾尝试将师某发展为公司员工，但师某不符合公司录用标准，而且这种操作的成本会高很多，因此未能实现。最终双方商定，在将来支付土地补偿金时，公司想办法给师某一定的补偿，也就是后来师某从支付给村委的补偿款中支取的27万元“协调费”。对于此事，林某称公司领导杨某知情，而且在向师某支付钱款之前，林某还曾电话请示过杨某，但案发时杨某也已经离职。其次林某称其没有拿过师某任何费用，师某的证言是虚假的。林某认为公司的内部人事斗争和他的辞职才是这个案件案发的真正原因，特别是其跳槽到的新公司是其老东家的竞争对手，很有可能招致了老东家的不满，企图通过控告林某实现对竞争对手进行打击的目的。

林某的解释与师某供述之间的矛盾，使整个案件变得越发复杂和扑朔迷离。

二、争议焦点

通过向林某了解案件情况并对案卷内容汇总分析，辩护律师认为本案的争议焦点有两个：第一，对于师某的身份和以土地补偿费等方式向师某支付“协调费”的过程中，被害公司是否知情或有没有被骗？第二，现有证据对于认定林某具有非法占有被害公司财产的行为和目的，是否达到了确实、充分的程度？

三、辩护思路

辩护律师基于本案办案机关的特点，在保持与公安机关沟通的同时，重点向检察机关在审查批捕和审查起诉两个阶段集中发表辩护意见，而审查批捕阶段的成功辩护无疑为整个案件的走向奠定了基础。在审查批捕阶段，由于无法阅卷，辩护律师基于与林某的会见内容，结合多年辩护经验，综合多角度从主客观方面进行了初步分析。从客观方面看，辩护律师认为仅以师某的供述无法证实林某有获得21万元“赃款”的事实，虽然师某供述称将21万元给了林某这一说法的动机尚不清楚，但师某参与项目是为了追求巨大经济利益，在实际获得利益出现巨大落差的情况下，同样无法解释师某向林某“分赃”的动机和目的，而且根据与林某的会见内容，林某还称在公安机关与师某当面对质时，师某关于“分赃”的地点前后也不一致，相互矛盾。从主观方面，没有证据证明林某与师某之间具有犯意联络的事实，双方之前曾就师某待遇问题有过协商，向师某支付时也已经向领导电话汇报，林某不具有非法占有的目的，光伏公司没有被骗的事实，同时基于补偿标准的公开性，光伏公司也不具有被骗的可能等方面进行了分析，形成了“不符合逮捕条件”的书面意见并提交检察机关，该意见获得采纳为全案不起诉奠定了基础。

在案件进入审查起诉阶段并经两次补充侦查后，辩护律师根据与林某会见、沟通的内容并经仔细查阅全部案卷，针对本案形成了“事实不清，证据不足，不符合起诉条件”的整体意见，并依法向检察机关提交了审查起诉阶段的书面法律意见，申请检察机关作出不起诉决定。法律意见主要从以下几个方面展开：

（一）在向师某支付协调费一事上，被害公司并未被骗，林某系代表公司履行支付义务

1.被害公司对师某作为中间人的身份，以及支付协调费一事知情且同意

一方面，关于师某的身份被害公司是知情的。林某和师某均称师某是涉案项目所在地镇领导介绍给林某帮忙的，林某作为被害公司的高级经理以及涉案项目的具体负责人，同意师某在项目上帮忙应属于其职权范围之内的事情。同时，对于师某是否参与项目的问题上，林某的上级领导、被害公司区域总监杨某，实际上也予以认可。在公安机关补充侦查时，杨某在接受公安机关电话询问时称在涉案项目寻找合适的租赁土地的过程中，“找了几块地都被否定了，中间人是政府给我们推荐的，我们就将我们租地的要求和价格说了”。虽然作为公司领导和林某上司的杨某一直没有正面回应是否知道“师某”及其身份，但杨某的证言也充分说明在项目开展过程中，中间人是真实存在的，而且是政府推荐的，这与师某参与项目的过程完全一致，充分说明公司对此是知情的。另一方面，被害公司对于向师某支付协调费一事是知情且同意的。杨某明确表示“中间人肯定需要拿钱，毕竟他帮我们跑工作了”。说明被害公司对于向中间人支付费用的态度是肯定和同意的。林某称曾就向师某支付27万元协调费一事向杨某进行过汇报，杨某的笔录实际也印证了这一事实，其在回复公安机关关于“现在向您询问就是想了解，当时林某是否向您汇报过给中间人这个钱”的问题时称“这个事情肯定是有”，都充分证明被害公司在向中间人支付协调费一事上并非基于错误认识，没有受骗。

2.需要向师某支付的费用额度，都包含在被害公司的项目预算中，被害公司不负责计算分配

辩护人认为，任何企业的任何项目投资都会有预算控制，林某也称就涉案项目有报过预算，其关于这一事实的供述符合常理和公司运营要求，应该属实。同时，对于批准的项目预算额度，必然是按照一定的标准进行了测算，并

经过了公司领导层的讨论决策和审批，仅凭林某个人权限肯定无法实现。因此，被害公司对于支出的总额是清楚明知的，而且公司最终实际支出的额度肯定没有超过经公司领导层审批同意的预算额度。那么，被害公司对于预算进行审批的依据和要求是什么呢？杨某的证言进行了说明："只要他们上报的这个费用符合公司的收益率，满足公司的测算条件，公司是不会问这些细节的，至于中间人挣多少钱，我们公司是不会管的。"这说明了对林某上报预算的核心要求就是要符合被害公司的收益率要求，同时也说明对于这一预算额度范围内费用如何分配，被害公司并不主动干预，甚至可以说公司将这一权限放给了项目负责人，这样也更有助于项目的灵活开展，符合常理。杨某关于公司对费用的规定或要求的证言与林某关于"协调费"数额确定的过程的供述是一致的，林某称向师某支付的协调费的数额，并不是林某预先单独计算出来之后加入土地补偿费等费用里的，而是在被害公司批准的总的预算额度内，扣掉与村委会人员谈妥的土地租赁及补偿等费用后，被动计算出来的，林某供称的这一方式与杨某证言一致，且不违反被害公司的要求。

3. 为了保证公司经营的合法性，被害公司支付的协调费等中间人费用必须变换为其他合法方式支出

杨某作为被害公司领导，称中间人肯定是需要支付费用的，只是称公司并不会直接向中间人支付费用，这不符合公司规定。这就很好地说明了公司为何不直接"光明正大"地向师某支付费用，而必须通过土地补偿费等费用的方式支出后，再由师某另行领取的原因，因为这一运作模式不符合公司规定，甚至涉嫌违法。无论是林某的供述还是杨某的证言，都是在说两个问题，一是被害公司确实有中间人费用这一项支出，二是支出时不能以公司名义直接支付，必须转换成合法合规的方式。二人对于这一事实的描述，或者公司对这一方式的要求很容易理解，一个合法合规的公司也不可能有允许向中间人支付协调费这样的明文规定，从公司财务管理的角度讲，更无法实现。因此，我们有理由相信，林某和杨某对这一事实的描述是真实的，也就解释了林某在供述中曾称，直接以协调费的名义报给公司肯定是批不下来的原因，不是因为公司不同意支

付该笔费用，而是支付的方式不符合公司要求。而师某正是按照被害公司认可的支付方式获得的“协调费”，被害公司在预算额度内把费用支付给村委会，师某则从村委会收到的费用中另行领取，表面上看就是政府与中间人师某之间利益的分配，与公司无关，从形式上可以确保公司按照合法合规的模式经营。公安机关在电话通话中向杨某称师某正是通过上述方式拿到钱后，杨某跟着确认称“应该就是这种方式”。因此，师某获得“协调费”的方式实际上正是被害公司默认的方式。

因此，被害公司对于师某的身份、需要支付中间人费用或协调费的事实以及方式是清楚明知且同意的，故林某协调向师某支付协调费一事，实际系在履行公司的支付义务，并非侵占公司财产。

（二）现有证据不能证明林某有非法占有的目的

辩护人特别强调，师某虽然将自己领取的费用描述为“协调费”，但本案中的协调费其实就是一个名称而已，与劳务费并无实质性的差异，师某之所以能获得该费用，根本原因还是基于其提供的劳动及发挥的作用。

1.向师某支付费用，是因为师某确实协助被害公司做了很多工作。无论林某供述，还是被害公司领导杨某、被租用土地所在村村主任和其他经办人的证言，均认可或证实师某作为中间人的作用，师某在被害公司与村委会签订土地租赁合同过程中，为推动成功签订租赁合同发挥了重要作用，因此，向其支付费用是基于师某实际付出的劳动，而非林某侵占公司财产的目的。

2.向师某支付费用并不是临时起意，而且曾尝试通过被害公司正常发放。师某供述中称“从2014年11月林某跟我说过让我跟着他，连人带车一个月给我1万元，我当时也同意他的说法”，说明在向师某支付费用这一问题上，双方从开始合作就有相应的决定或约定。为了履行这一约定，在项目刚开始时，林某也曾尝试将师某发展为被害公司员工，以便通过正常渠道向其支付劳务费用，但由于师某不符合条件未能成为被害公司员工，师某也称“这个事情公司没有聘请我”。这一过程说明，林某最后之所以采用以土地补偿费等方式向师某支付费用，并不是为了侵占公司财产作出的主动选择，而是为了履行向师某支付其应获得的劳务费用的约定。

3.没有证据证明林某与师某有犯意联络，27万元协调费的受益主体是师某个人。虽然师某在一开始的笔录中称其并不知道27万元是干什么的，但其供述与其他多人的证言相矛盾。被租用土地村委会干部丁某、张某的证言均可以证实，在签订土地租赁合同时，师某就已经知道了其中有27万元是给他的，师某在后来的笔录中也承认，27万元协调费是支付给他的协调、租车及两年来的吃喝费。辩护人也特别注意到案卷中师某银行账户交易明细，师某在收到27万元协调费后一周，即通过银行取现的方式，从银行账户中取走216，291.98元，账户余额仅5万余元。从取款的数额上看，有零有整，这些钱的去向或用途虽然未查明，但师某认可该笔取款并不是给了林某，这充分说明其没有与林某分配27万元的意图，师某本人是这27万元的受益主体，其与林某之间没有侵占公司财产的共同故意。

（三）现有证据不能认定林某有非法侵占被害公司财物的行为

辩护人注意到，作为唯一能直接证明林某分得部分协调费的证据——师某的供述存在诸多问题和疑点。首先，师某没有向林某返还21万元的动机、目的或理由。师某在笔录中称自己和林某在一起并帮他两年，是因为他希望拿到光伏安装的活儿，这个活儿干下来净利润都有100多万元，还称："我现在为了他们被害公司和某村签了1万元的欠条，到现在他们公司没有给我一分钱，也没有让我承接他们安装光伏发电的活儿。"这说明师某在项目开发过程中确实提供了帮助，同时也说明师某未能拿到光伏安装施工项目，巨大经济利益未能实现，在这种情况下，师某对于仅获得的27万元本身就充满不满，师某将获得的劳务费又主动分给林某，完全不合常理。其次，师某关于与林某分配27万元的时间和过程前后矛盾。师某在之前的笔录中称领到钱之后一个星期左右交给了林某，称林某说有急用，就把27万元给了林某。而实际上根据师某银行账户交易明细，其在领款后一个星期，大部分钱已经被师某花完，而且师某认可取现的21万余元并没有支付给林某。之后的笔录中师某又称是5月底给的林某，因为林某有急用，就把27万元都给了林某，林某又返还给师某6万元。之后，师某关于这一过程的描述再次发生变化，其称"（林某）问我这27万元用不用，我说暂时不用，他说有急用，让我给他21万元算是他借我的"，即林某直接要的是21万元，并不存在返还6万元一事，师某供述不断变化且前后明显矛盾。最后，师某所称27万元现金是否存在以及来源充满疑问。虽然师某与白某（师某亲家）均称师某有向白某借款25万元的事实，但鉴于二人是亲家的特殊关系，二人所述是否属实存在以下疑点：一是白某的职业是什么，其是否有足够的出借能力？二是白某为何会将大量现金存放于家中。三是按照师某最后两次笔录，一次称给了林某27万元，林某又返还给师某6万元，还有一次称林某向其只"借"21万元，那如果前一次供述属实，为何师某只向白某借25万元，剩余2万元的来源是什么？如果后一次属实，既然林某只借21万元，师某为何要向白某借25万元。特别是师某在向白某借钱时，是否已经决定给林某多少钱或已经知道林某欲向其"借款"的金额，师某并未说明。但无论师某是否已经作出给林某多少钱的决定或是否知道林某欲向其"借款"的金额，其与白某的借款金额与其历次所称给付林某的金额不一致。四是师某所借25万元是否已经归还，如果已经归还，其方式和来源是什么？辩护人认为，以上这些问题直接影响着对师某供述真实性的判断。

除针对师某的供述提出上述疑义外，辩护人认为，除师某供述外，没有能证明林某有非法侵占被害公司财物行为的直接证据，而师某的供述既无其他证据可以印证，自身又疑点重重，仅依据其供述不能认定林某有非法侵占被害公司财物的行为。

四、办案过程

本案案发后，林某家属迅速委托了北京市京师律师事务所陈琦、贾保民两名律师作为辩护人，辩护律师也在林某被采取强制措施后，第一时间介入案件。

1.律师会见犯罪嫌疑人后对本案的初步判断

通过会见，辩护律师对案件有了初步的判断，认为案件存在三方面的疑点：其一，师某参与项目就是为了经济利益，但其所得27万元补偿款与预期收益相差甚远，其没有再将钱返还给林某的动机。如果没有返还，师某说谎的原因是什么呢？是因为没有承包到工程泄愤吗？或者顾虑事发后还钱的责任分担？其二，作为公司，知道师某的存在，知道支出钱款事出有因，为什么还要进行控告，是不是真的如林某所说是因为人事斗争等问题。其三，作为公安机关，有没有调取关键证人杨某证言，如果调取了，就不应该对林某等三人立案并且采取强制措施；如果没调取，如此立案过于草率，背后一定有其他因素。据此，辩护律师推断，公安机关很有可能会加快办案节奏，有可能在7日内就向检察机关提请批捕。

经过分析，辩护律师随即调整时间安排，在1周内连续4次会见了林某。从案件事实到案发背景，从项目情况到公司架构管理制度，在最短的时间内多层次全方位地了解案情。后来案件的进展也验证了辩护律师的预判，公安机关在拘留的第7天即向检察机关提请逮捕。虽然侦查阶段无法了解案卷内容，辩护律师根据向林某了解的情况，在完整地重构整个案件事实的基础上，认为被害公司不存在被骗的情形，而且认定林某存在侵占行为的证据不足，不符合逮捕条件，并形成了书面的法律意见提交给了检察院，建议不予批捕。

2.首战告捷，检察机关作出不批捕决定

在等待检察机关审查批捕期间，公安机关要求各犯罪嫌疑人尽快向被害人退还赃款取得谅解，由于对事实的不同态度，各犯罪嫌疑人家属也陷入各自的矛盾之中，师某家属积极主张退赔争取公司谅解，而林某由于对事实不认可且不愿认罪，但在公安机关提出退赔，师某家属主张积极退赔的情形下，其也开始纠结。除此之外，双方还在退还资金数额分配上无法达成一致，师某家属认为其中21万元应由林某一方出。

面对这一问题，辩护律师及时将相关情况如实向林某进行了通告，并再次与林某沟通了辩护意见。基于对事实的态度和认罪后对自身发展造成的较大影响，林某同意继续支持辩护律师的意见，对于退款一事，辩护律师也提供了一些具体建议。

随着时间的推移，已经到了检察机关审查批捕的最后期限，师某家属同意由其退款，而此时，作为被害人的公司一方却迟迟联系不上或者以需要请示为名“玩失踪”。由于被害人的不配合，虽然退款一事未能完成，但庆幸的是检察机关却传来了好消息，他们采纳了辩护律师的意见，以事实不清、证据不足为由，对包括林某在内的三人作出了不批捕的决定，三人同日被取保候审。

3.抽丝剥茧找真相，被害公司无被骗事实

检察机关以证据不足为由作出不批捕的决定后，公安机关并未终止侦查，在林某被取保候审和监视居住期间，公安机关不断进行调查，经多次讯问并三次移诉后，检察机关终于受理。辩护律师第一时间进行阅卷。通过阅卷我们发现，被害公司控告称其与师某之间没有任何协议，也未委托师某任何事情，林某等三人以土地补偿费的名义骗取公司27万元。同时，辩护律师发现对于本案关键事实之一，即林某曾向其上司杨某请示的事实，公安机关并未调查核实。辩护律师认为，杨某既是林某直接领导，同时也是被害公司大区域总监，其职位身份可以代表公司，结合案卷中其他问题，我们向检察机关再次提出了相应的法律意见后，案件被第一次退回补充侦查。

在案件补充侦查期间，林某充满了焦虑，一方面，对于公安机关是否会向杨某调查取证无法确定；另一方面，按照其本人分析，即便公安机关找到杨某调查取证，其出于各方面原因，也有可能不会配合。

拿到补充侦查案卷后辩护律师喜忧参半，一方面，公安机关通过电话询问的方式确实向杨某进行了调查；另一方面，林某的担心也确实应验了，杨某在其证言中对于对林某有利的内容闪烁其词，没有予以正面回答，能够明显反映出其不愿过多涉入此案的心态。

在这种情况下，寄希望于通过再次向杨某取证获取更多信息的可能性和可行性均微乎其微，故必须充分利用目前现有的信息。于是，辩护律师对杨某的证言采用分类分析法：对于涉及案件根本性问题的内容，如对于师某的身份其是否知情以及支付费用时是否汇报过等，不纠缠于杨某含糊其词的回答方式和细节，简化为“是”或“否”的判断法，从整体上进行分析并合理推理。

辩护人分析认为，杨某知道中间人一事，并认可中间人是需要给钱的，其虽然没有正面直接回应“师某”身份，但其对这两个关键问题，都可以得出“是”的结论；对于一些具体问题，利用杨某“蜻蜓点水”般的陈述，捕捉有效的证据线索，同时寻找与林某供述、项目洽谈过程中参与谈判的村委工作人员的证言中可以印证的或者通过合理推理可以印证的部分，从而发现被害公司在项目选择、预算和效益管理方法、支付审批流程等方面的运作规则。

经过深入分析，辩护律师认为可以得出以下结论。在项目开发过程中，被害公司其实只关注预算及效益能否达到其要求，在符合要求的情况下，对于预算的具体分配不做过多干涉，而是由利益相关方自行谈判处理，他们只负责依法支付。本案中项目开发也是这样的模式，在51万元的整体预算控制之下，公司并不干涉如何分配，只是后期村民阻挠施工公司才介入。而导致土地补偿不到位的因素，不是向师某支付的27万元，而是村干部私留的10万元造成的，因为通过土地补偿费的形式，把应付给师某的27万元支出，是在与村委会谈判过程中已经商定的。综合以上两点，可以证实公司在项目开发过程中，并不存在被骗的情形。

4.证据之间存在矛盾，师某供述真实性存疑，林某没有侵占行为

对于林某是否有侵占的客观行为，也就是究竟有没有获得过师某的“分赃款”，师某和林某究竟谁的供述属实？对这一问题，除了师某供述属于孤证的意见外，辩护律师还从师某介入项目的目的、师某对协调费的供述与其他证言的矛盾之处、师某收到协调费后资金流转情况、师某称给林某21万元资金的来源的真实性与可能性（自称向亲家借的现金）等角度，结合项目预算及协调费形成过程、以土地补偿费名义进行支付的客观合理性进行了全面分析，充分利用矛盾的基础上，对师某供述的真实性提出诸多质疑，从而认为林某分得“赃款”的事实无法得到认定，且林某没有非法占有的目的。

5.小插曲化解全部疑问，检察机关作出不起诉决定

所谓的小插曲发生在审查起诉期间，检察机关受理之后需要对犯罪嫌疑人进行讯问，辩护律师陪同林某前往检察机关时偶遇师某，因为师某并没有委托辩护律师，于是向辩护律师咨询，称自己想改口供，称并没有将钱给林某，是因为没有拿到工程生气才这么说的，想听听辩护律师的意见。听完师某的话，辩护律师回应“因为你们是同案被告人，我们现在是林某辩护人，再给你提供意见不合规定，但建议您应实事求是地回答检察机关的问题”，此时案件的全部疑问似乎也得到了解答。

虽经二次补充侦查，但检察机关最终还是采纳了我们的意见，作出了不起诉的决定，林某终获自由。

五、办案心得

1.准确把握案情、奠定良好基础

辩护律师自林某被采取强制措施后第一时间介入本案，通过多次会见当事人并同办案机关密切沟通，充分了解了案情，发现公安机关在缺乏关键性证据的情况下，仅凭师某的供述就对林某采取强制措施。辩护律师敏锐地把握了这一关键点作为突破口，在坚定对案件事实判断的基础上，在审查批捕的关键时间节点提出法律意见，检察机关最终采纳辩护律师的意见，作出不予批捕的决定，为全案成功辩护奠定了基础。

2.辩护前移

刑事辩护前移是近两年刑事辩护律师业务的新变化，特别对于事实或性质认定争议比较大的案件，辩护律师要及早介入，加强与办案单位的意见沟通，摒弃“战场在法庭”的传统思维模式。

3.法律职业共同体的责任与使命

庆幸辩护律师遇到了愿意相信法律和律师的当事人，也庆幸遇见了严谨负责的承办检察官，在二次补充侦查结束阅卷时，承办检察官也曾用流行的话表

达对这个案件的看法——“我们办的不是案子，而是别人的人生”。

六、专家点评

点评人：李立众（中国人民大学教授）

在林某等被控职务侵占罪案中，正确预判案件性质，精准把握案件焦点，承办律师精彩地展示了辩护前移刑辩案件的成功之道。

承办律师对案件定性的预估质量，直接决定案件的走向。在审查批捕阶段，无法阅卷，承办律师必须根据会见犯罪嫌疑人的情况，对案件定性作出精准预估，否则将无法制定出应对得当的辩护策略。本案承办律师凭借数年的办案经验，与公安机关进行了争分夺秒的时间赛跑，在1周内连续会见林某4次，对案件事实有了深入、全面的了解。在公安机关于7日内向检察机关提请批捕时，承办律师作出了“新能源公司没有被骗，认定林某存在侵占行为的证据不足，建议检察院不予批捕”的高质量辩护，从而取得了检察机关作出不批捕决定的首战告捷的结果。若非承办律师对案件定性的正确预估，犯罪嫌疑人林某完全可能面临另外一种命运。

删繁就简，抓住焦点，在主战场决战，是高效刑辩的精髓所在。既然新能源公司控告林某在任职期间伙同他人骗取公司27万元钱款，涉嫌职务侵占罪，那么，犯罪嫌疑人是否以骗取手段非法占有本单位财物就是本案的关键，而这一问题又取决于新能源公司对相关支出是否知情：如果新能源公司对此毫不知情，就属于新能源公司基于认识错误交付财物，林某即属于骗取单位财物，涉嫌职务侵占罪；反之，林某就不存在骗取单位财物的问题，没有构成职务侵占罪的余地。承办律师准确地找出了本案“七寸”所在，要求公安机关调查林某的上级领导、新能源公司区域总监杨某是否知情师某参与项目、是否同意支付师某相关费用。正是在承办律师的坚持下，公安机关对杨某进行了调查取证。作为新能源公司的成员，杨某虽然没有正面、直接回答相关问题，但是，其“中间人是政府给我们推荐的，我们就将我们租地的要求和价格说了”，“中间人肯定需要拿钱，毕竟他帮我们跑工作了”，给中间人钱“这个事情肯定是有”的陈述，与犯罪嫌疑人林某的供述（公司领导杨某知情，向师某支付钱款一事曾电话请示过杨某）相互印证。现有证据足以表明，对于相关支出新能源公司完全知情，因此，所谓林某利用职务上的便利骗取单位财物的指控不攻自破。检察院最终作出不起诉决定，与承办律师对本案的合理引导密不可分。

林某等被控职务侵占罪案是刑法工具化（故意用刑法处理非刑法问题）的典型案例。在承办律师两年如一日的坚持下，最终不但挽救了年轻人林某的个人命运，而且维护了人们对法治的信任与刑法的尊严，故本案的成功辩护是值得称道的。

齐某仁被控合同诈骗罪案

王发旭　田　耘*

一、案情简介

2014年12月，许某华、许某业承揽了某小区项目工程，需交工程押金150万元。银行工作人员蒋某召入股参与工程，并促成许某业从郝某龙、付某鹏开设的投资担保贷款公司处借贷80万元，从付某鹏处借贷70万元，担保人为齐某仁、蒋某召。后来，因许某业在约定期限内未能及时还钱，付某鹏向法院提起诉讼。2017年8月9日，法院判决齐某仁因担保期间已过不承担还款责任。2018年1月31日，许某业、齐某仁因涉嫌诈骗罪被刑事拘留，随后被检察院以合同诈骗罪起诉至法院。2019年10月29日，永城市人民法院一审判决齐某仁、许某业无罪。2020年2月13日，商丘市中级人民法院终审裁定：原判决认定事实、适用法律、判决结果正确。

二、争议焦点

本案的争议焦点是：行为人在签订和履行合同过程中的部分行为具有一定的欺骗性，但其主观上不具有以欺骗的手段非法占有他人财物的目的，客观上具备一定的履约能力，也有积极履行合同的诚意和行动，并不是企图骗取对方

* 王发旭：北京市京师律师事务所刑事专业委员会名誉主任、刑事法律事务部主任；田耘：北京市京师律师事务所刑事专业委员会理事、北京市京师（聊城）律师事务所名誉主任。

的财物，此种行为是否构成合同诈骗罪？

三、辩护思路

（一）被告人齐某仁之行为属于合法的民事借贷担保行为，不构成合同诈骗罪

永城市人民检察院起诉书指控齐某仁、许某业、蒋某召三人明知生意失败无经济能力的情况下，以银行过桥资金为名，向郝某龙借款80万元，到期拒不偿还借款。在上述款项未偿还情况下，又以干夏邑钢结构工程为由向付某鹏借款70万元，借款到期后三人拒不偿还。这是起诉的重点。那么，这一起诉是否能够成立？这要结合我国《刑法》对合同诈骗罪的规定加以考量。

我国《刑法》明确规定，所谓合同诈骗罪是指以非法占有为目的，在签订、履行合同过程中采用虚构事实、隐瞒真相等欺骗手段，骗取对方当事人财物，数额较大的行为。其中的“以非法占有为目的”是合同诈骗罪与其他采用欺骗手段实施的犯罪及民事欺诈行为的根本区别，这关系到罪与非罪的界限。行为人在签订和履行合同过程中的一些行为具有一定的欺骗性，但其主观上不具备以欺骗的手段非法占有对方公私财产的目的，客观上具备一定的履约能力，也有积极履行合同的诚意和行动，并未企图骗取对方的公私财物，不属于“明知自己没有履行合同的能力而采取欺骗手段骗取他人财物”的情形，不构成合同诈骗罪。

通过法庭查明及起诉书查明，2014年12月14日，被告人许某业、齐某仁、已经去世的蒋某召与许某华签订了合作协议，共同承建永城市新城区“风尚国际”小区5、6、7、8号楼工程项目。工程内容包括土建、水、电、暖、消防通风、智能与信息等。被告人作为合伙人为推动项目进行，自行筹措资金，是对该项目作了认真评估及市场分析后作出的决定。合同双方四人大多有投资经验，理应为建设项目预期有过客观分析，因而为建设项目筹措资金合理合法。起诉书指控被告人明知生意失败，无经济能力，明显带有主观性，没有任何证据加以支持。众所周知，房地产项目具有营利性，即使是垫资建设，也有利润空间，

所以才会出现房地产工程如火如荼的场面。况且，在签订协议前，许某华宣称自己在多地有工程、有回款，2000万元很快到位，否则被告人齐某仁不会与他合伙。即使许某业、蒋某召个人没有经济实力，也不排除齐某仁有经济能力和社会信誉可以筹措社会资金。起诉书主观上认为，被告人明知生意失败，无经济能力，导致资金无法返还，是为具有诈骗故意。辩护人认为这种认识是错误的，所谓生意失败是指以往投资失败，并不代表以后投资都失败，即使在明知生意失败无经济能力的情况下借入资金，试图改善经营状态，获取更多的利润，也是多数经营者的惯常思维。这种行为本身不具有任何犯罪意图，没有社会危害性可言，将其定性为诈骗有违公平正义。要求经营者在经营亏损的情况下不作任何努力，坐以待毙，显然也是强人所难。在经营亏损的情况下借入资金继续经营的情况在经济生活中非常普遍，其中也不乏成功案例。我国法律、司法解释没有规定这种情形可以认定为具有非法目的，显然不是立法者的疏漏，而是经过慎重考虑，认为不宜将这种行为入罪。将这种行为定性为合同诈骗罪，显然不利于鼓励创业创新，对经济发展不利。如果经营者在经营亏损的情况下，借入资金并携款逃匿、挥霍，则可以认定为诈骗。但是，认定这种情形具有非法占有目的，是因为行为人携款逃匿、挥霍，而不是因为其在经营亏损的情况下借入资金。本案中，对被告人而言，能够争取承建“风尚国际”小区建设项目，是人生经济活动中的一大契机，一旦投资成功，意味着较大的经济利益。事实上被告人也确实取得了该项目的承建权。

起诉书指控被告人以需要过桥资金为名借贷担保，实际上是意图指控被告人改变了借款用途。在本案侦查阶段，侦查人员就存在认识误区，认为以过桥资金为名实际用于建设工地或其他开支，就是说谎，就是欺骗，主观上就有诈骗故意，认为过桥资金归还有把握，用于建设项目上归还无望。实际上任何投资都有风险，过桥资金也存在风险，一旦新贷款批不下来，过桥资金就真正转变为偿还银行贷款资金，归还困难。而且，随着银行贷款政策的不断变化，贷款审批把关严格，“借新还旧”往往难以实现，倒不如工程押金有把握。因为根据押金的属性，到期是要归还的。包括国有及商业银行贷款，为什么要预留拨备金，目的只有一个，就是针对贷款收不来，对可能产生的不良资产的一种风险防控措施。从借款用途上来说，无论是借款人还是担保人都明确借款是用在他们参与合作建设的永城“风尚国际”小区项目，并且他们是签订合作协议在先，借款行为在后，其用途合法并且有盈利可能。因此，偿还借款理论上没有障碍，这里的借款主要用途即款项的大部分流向都是用在了建设工地。除此之外，被告人还投入另外几百万元资金。因此，借款用途合法性证据材料能够证明被告人在借款时并未使用诈骗手段。至于本案中涉及的许某业在夏邑有工地，这是最初从许某华处获知的信息，被告人信以为真。许某业是被告人的表亲等说法，只是存在一般的民事上的欺诈，只能属于民事瑕疵行为，最多属于夸大了自己的诚信度。但这种行为对借款的最终归还不具有实质的影响，或者说这种欺诈行为与事后发生的不能归还的结果之间不具有合同诈骗罪的手段和结果之间的因果关系，属于借款后的诚信瑕疵行为。

从行为人的还款能力上讲，本案中许某华、许某业、齐某仁、蒋某召四人合作项目，只要资金到位，完全是可盈利项目。只是在合作期间，许某华资金迟迟不到位，仅凭被告人齐某仁一人投钱维持，最终项目被建设方收回。但前期投资建设费用肯定是要结算的，而且被告人是本地人，且在市环保部门①任环保所长，属事业单位工作人员，家人也在本市工作、居住，有一定的经济基础，从没有躲避过高利贷的追债，更没有携款潜逃外地。因此，借贷行为只是普通的民事纠纷，不具有诈骗的属性。

（二）起诉书指控被告人借款到期后拒不偿还，与事实不符

因为被告人是作为担保人身份，二审判决已过担保期间，担保人不承担担保责任。被告人不归还借款具备法定事由。

本案中，被害人付某鹏、郝某龙以民间借贷担保为由双双起诉到人民法院。人民法院经审查，担保期间已过，判定被告人齐某仁不承担还款责任，被

① 2018年机构改革后为生态环境部门。

告人以及涉案当事人都应当遵守法院判决。因此，法定理由存在，公安机关更无权推翻法院的生效判决。即使如此，被告人齐某仁多次表示，在许某业还不上的情况下他愿意承担还款责任。至于被告人许某业称是齐某仁安排他换手机号，并且不接郝某龙、付某鹏的电话，只是其单方面说辞，与事实不符，没有其他证据加以佐证。被告人齐某仁从未恶意阻断债权人行使追偿权，从未恶意逃债。作为一个完全民事行为人，有自己独立的判断及行为，齐某仁不可能控制其思想及行动。因此，这种为推卸责任，将自己装扮成无知受害人的辩解，得不到法庭的支持。

本案中公诉机关以借款资金的去向没有全部用于项目建设，部分用于偿还个人借款，指控其具有诈骗故意与事实不符。付某鹏的70万元借款，实际只到账52万元，除了扣除当月利息外，其余15万元是付某鹏与蒋某召之间的个人借款。民事判决书也支持这一观点，认定实际借款52万元。因此，起诉书仍然指控被告人借款70万元，明显事实错误。被告人齐某仁掌管合伙人共同借款实际资金132万元，除去付给郝某龙15天利息24，000元，尚有近130万元。交工程押金50万元，还郝某坤原工程押金借款20万元，共计付工程押金70万元，其余的付曹某的钢筋款等。除蒋某召谎称支付钢筋款安排齐某仁打款外，基本都用于建设工地项目，被告人齐某仁个人没有挥霍。另外，辩护人提交的工程项目资金平衡表及资产负债表显示，无论是郝某龙的80万元借款，还是付某鹏的70万元借款，工地项目账簿上都有体现。这是以合伙人许某业名义借款形成的债务，视为许某业投资，也认可为共同债务。至于债权人民事起诉时一审判决蒋某召已过担保期不承担担保责任，齐某仁认为同为担保人理应承担相同结果，所以才提起上诉，最终法院判决其不承担担保责任。

（三）普通民事纠纷的法院判决已经生效，针对同一纠纷当事人却又被立案侦查

法庭查明的基本事实，涉及付某鹏出借的70万元，已经由河南省永城市人民法院、商丘市中级人民法院两级审判机关以民事案件立案并审结，商丘市中级人民法院（2017）豫14民终4141号民事判决书已显示被告人齐某仁因担保期间已过，不承担担保责任。涉及郝某龙的80万元借款，早在永城市人民法院有关民事案件审理过程中，原告郝某龙主动撤回对被告人齐某仁的起诉，永城市人民法院作出了（2017）豫1481民初502号民事判决。如此普通的民间借贷纠纷已经由人民法院经过两审终审作出了生效判决。然而公安机关却对同一民事行为，以诈骗罪立案追究被告人的刑事责任。检察院更是批准逮捕并起诉了被告人齐某仁。无疑，本案至少在程序方面存在非常严重的问题，至少可以从程序的角度找到对被告人齐某仁有利的切入点。

民事案件审理过程及判决书以及刑事侦查材料显示，涉案两起民间借贷都是高利贷，利息6分。无论是郝某龙还是付某鹏，对外借款都是发放高利贷。而高利贷本应是公安机关严厉打击的对象，早在1989年3月15日，公安部下发《关于公安机关不得非法越权干预经济纠纷案件处理的通知》，1995年下发《关于严禁越权干预经济纠纷的通知》，1992年下发《关于严禁公安机关插手经济纠纷违法抓人的通知》。特别是2018年4月16日，中国银保监会会同公安部、中国人民银行等部门联合出台了银保监发〔2018〕10号通知第四条明确指出，民间借贷发生纠纷，应当按照最高人民法院《关于审理民间借贷案件适用法律若干问题的规定》（法释〔2015〕18号）处理。本案中，法院判决已明确齐某仁不承担还款责任，公安机关应当尊重法院判决。就程序角度而言，公安机关不应当对已经有明确法律结果的民事纠纷案件重新进行立案侦查。

四、办案过程

据家属介绍，本案被告人齐某仁原系永城市园林局环卫所所长，因一起事实非常清楚的民间借贷案，在商丘市中级人民法院终审判决齐某仁不承担保证责任后，永城市公安局却以涉嫌诈骗罪将齐某仁予以刑事拘留。拘留期间，公安机关给他换了很多看守所，也多次进行刑讯逼供。尤某某为了能救齐某仁，也多次找到付某林和付某鹏，请求他们高抬贵手，放过齐某仁。付某鹏和付某林都极其嚣张地告诉她："齐某仁不是要告我吗？他不是很能吗？不是说要判我几年吗？我就是不要钱也不会让他出来！"付某林也说过："齐某仁原本要判他七八年，把房子拿过来，就判个四五年。"听到这里，笔者对这起由民事纠纷引起的刑事案件产生了浓厚的兴趣。从专业角度深审思考，笔者认为这起案件存在很大的无罪可能性。虽然笔者也清楚，越是看似简单的案件，其背后的博弈力量越是有可能难以逾越，但拗不过当事人家属的信任和坚持，最终笔者还是依法接受了当事人家属的委托，依法为齐某仁提供法律帮助和辩护。

2018年4月8日签订委托合同后，笔者和田耘律师就赶往太康县看守所会见了齐某仁。在2个多小时的会见中，笔者和齐某仁就案情进行了详细的探讨。齐某仁跟笔者说，狱警曾跟他说过："付某林的弟弟付某鹏，对外借款放高利贷，利息均很高，还上钱，没啥说的，还不上钱的，那么就利用这个刑事手段，将欠付某鹏钱的人抓进看守所，说你诈骗，大多数的人因为害怕，都砸锅卖铁把本钱及其高额利息都还上了，还完了就取保候审，不了了之。据这个看守所统计呢，有名有姓的就有12个人。"

笔者在听到这个消息之后，真是喜忧参半，喜的是案件本身很简单，而且破绽明显；忧的是，如此多的人因类案身陷囹圄已经证明案外影响因素很可能是本案顺利推进的最大阻力。

在笔者接受委托的时候，该案已经是审查起诉阶段了。会见完以后，笔者就马上到永城市人民检察院找到了本案的主办检察官，在见到办案人以后，笔者就开门见山地表示："这个案子，我明确跟你说肯定不构成诈骗。"这位女科长当时也表示愿意听取我们的意见，也会认真地研究，并且想让我们给她写一份法律意见。这次沟通完以后，笔者回去将案件仔细剖析，把关于诈骗罪的构成、法理以及相关案例整理成意见书提交给了主办检察官。主办检察官在收到意见书后也表示这个案子不起诉处理的可能性挺大，希望以后大家对这个案子常沟通，交流意见。但后期再联系，主办检察官的语气就变了。为什么突然改变笔者一时也搞不太懂了，只能在公堂之上"决一胜负"。在此期间笔者本人或田耘律师也多次会见齐某仁，除了探讨案情，也很注意关注他的心理变化，时常要给予他鼓励，让他要坚持住，不能委曲求全，成为另一个牺牲品。好在齐某仁也坚信自己无罪，愿意配合律师工作，这无疑为日后能得到一个好的结果有所帮助。2018年9月14日，案件起诉至永城市人民法院。在收到起诉书后，笔者和田耘律师又赶往太康县看守所，就起诉书内容和齐某仁进行沟通。沟通完后，我俩的一致意见是：满纸荒唐！经过约10天，案件分配到法官手中。在通过电话与法官联系好时间后，我俩来到永城县人民法院。在第一眼看到这个法官时感觉还很有正气，也就心生希冀，盼望着这位法官能够表里如一。在法院的会见室里，我俩与法官交流这个案子，也包括案件背后的故事。但这位法官明确说："故事你们不管，你们就看案子本身。"这句话当时可真是掷地有声，笔者也对法官的态度表示敬佩。在与法官第一次见面后，齐某仁的爱人也找到笔者，想了解笔者对下一阶段的看法。笔者也根据目前案件的进程向她陈述了笔者的看法，以及与法官交流案件的感受等。于是，她向笔者询问是否可以借助媒体让齐某仁的案件浮出水面。笔者也表达了自己的看法，首先让司法运行在阳光下，一直是我俩以及国家坚持的法治理念，也是对司法最有力的监督。但笔者作为律师不会作出违背法律的事情。例如，笔者在案件结束前肯定不会接受采访，更不会向媒体透露案情，如果媒体仅仅对事实进行报道，这是媒体的权利，笔者也很希望能够有媒体通过法定程序来参加庭审，监督审判。于是，他们家人就找到了媒体关注本案。应当说媒体的介入对法院最后的公正处理起到了积极的促进作用。

最主要的是，笔者在阅卷的过程中，通过预审卷宗发现，付某林的弟弟付某鹏从好多人手里借了好几千万元用于放高利贷。当时笔者就认为该行为可能涉嫌非法吸收公众存款。于是笔者马上整理材料，让齐某仁的儿子去公安局控告付某鹏非法吸收公众存款。也许是前期媒体报道起到了效果，永城相关司法机关的行为有所改变，付某鹏很快就被抓起来刑事立案了。结果犯罪行为、涉案资金初步已经查实，移送检察院后，检察院再次"顶住了压力"，作出不起诉决定。笔者再次表示对该地司法环境的无奈。2018年11月28日，齐某仁诈骗案迎来第一次开庭审理。但不幸的是，第三被告蒋某召在开庭前突然病亡。原本就是通过公安、检察院联合利用强迫手段制造的案件，缺少一个被告当庭答辩的情况无疑会对还原整个案件事实产生不利影响。但庭审还要继续，第一被告当庭认罪，承认一起罪行，仅剩笔者代理的第二被告在苦苦支撑。但假的终究是假的，仅有制造出来的假笔录是无法定罪的。笔者和田耘律师在庭审中向法庭仔细剖析了整个案件，从事实到法律依据，并当庭提交了律师调查取证得到的可以佐证齐某仁无罪的相关证据，齐某仁也当庭向法院陈述了其在侦查阶段遭到胁迫等情况。我们的坚持得到了回报，法庭决定择日再进行第二次开庭。第一次开庭结束后笔者和田耘律师都更加有信心，齐某仁也因能当庭说出实话而更加振奋。在回北京的途中，笔者和田耘律师还开玩笑说，要是第一被告也能敢于说出实话，这样庭审就更精彩了，不承想真的出现了笔者想要的结果。2019年1月4日第二次庭审，第一被告许某业当庭翻供，讲出自己被欺骗、诱供的情况。在一切真相都大白于天下之后，我们都乐观地认为应该很快会收到齐某仁无罪的判决，但这份判决却迟迟未下。在等待的日子里虽然有信心，但依旧难熬。笔者多次问法官为何迟迟不下判决，法官说检察院可能要撤诉。于是，笔者又赶往永城市人民检察院，再次见到主办案件的检察官，笔者坚决地表示，检察院如果要撤诉就赶快撤诉，之后我们提出国家赔偿；要么就不要再拖延时间，不要让齐某仁继续承受牢狱之冤。但笔者其实是不希望检察院撤诉。这个案子我们应拿到一份无罪判决！

2019年10月19日，在第二次开庭结束近8个月后，意料之中的无罪判决终于出炉。本应就此结束的一场闹剧，但某些人仍不想就此作罢。2019年11月7日，永城市人民检察院以永城市人民法院“明显地认定事实错误”为由向商丘市中级人民法院提起抗诉，抗诉就抗诉，也没有超乎预料，如此明显的无罪案件，笔者始终坚信二审会维持原判。

二审如期地顺利开庭，法庭上辩护律师充分表达了意见。就案件本身来说，二审法官也确实提出了几点比较好的问题，笔者也就法官的问题，明确给出了相应的解释，整个庭审更像在研讨一个案件。过了一段时间，二审法院表示检察院撤回了抗诉。至此，该案在笔者负责的阶段算是已经顺利且完美地结束了。

五、办案心得

本案主要涉及民事欺诈行为与合同诈骗罪的区分。王发旭、田耘两位辩护律师指出，“以非法占有为目的”是二者的根本区别，但不能径直地以经营亏损结果来认定被告人具有非法占有目的。王发旭律师、田耘律师分别从合同签订时被告人的财产状况、工程未能最终结算的原因、建筑工程押金的合理性等多个方面论证被告人不具有非法占有目的。为支持相关论点，两位辩护人还进行了调查取证并向法庭提交了5份证据。经过两位辩护律师多次提交律师意见书，阐述自己的观点和依据，据理力争，永城市人民法院最终明辨了案情事实，依法对被告人作出无罪判决。

将本质上是民事、经济领域的纠纷进行刑事立案，甚至定罪处罚的现象在司法实践中并不鲜见，本案就是一个典型。从本案中可以看出，执法机关以及司法机关应当严格区分普通民事、经济纠纷与犯罪行为，这不仅是树立执法公信力和司法权威不可或缺的前提条件，更是依法维护当事人合法权益的重要基础。齐某仁案这件“孤案”的胜利除了律师和当事人的共同努力，运气也占有一定成分。在该案中，我们有幸能遇见正直的法官，有幸能调取到有利的证据，还有幸可以感染到其他被告，使之敢于说出实话。现在我们身边不缺乏认真负责的律师，但有时幸运这东西却缥缈于千里之外。如果每个案件都去乞求幸运的怜悯，那将是多么可悲。值得欣慰的是，我们国家绝大多数地方的法治环境都是很先进、优秀的。与人民群众直接接触的一线执法和司法工作者所共同努力构筑的良善的司法环境，才是人民群众能够真正在每个案件中感受到公平正义的基石。

六、专家点评

点评人：阮齐林（中国政法大学刑法学教授、博士生导师）

行为人在签订借款合同时，编造虚假的借款理由或用途获得借款，但不能归还的，司法实务中不能以涉嫌合同诈骗罪起诉。律师委托代理此类案件时，需要准确把握合同诈骗罪的构成要件，结合个案具体情况妥善认定行为的性质。对于这类案件，一般从“欺骗行为”和“非法占有目的”两个角度切入。具体到本案，就是根据被告人即该借款担保人齐某仁是否实施了“诈骗行为”和其是否具有“非法占有目的”这两方面展开辩护。

其一，根据办案律师的陈述，不能证明齐某仁实施了诈骗行为。一方面，没有证据表明齐某仁就借款用途对被害人进行了欺骗。在本案中，齐某仁是该笔借款的担保人而非借款人，没有事实证据表明担保人对于借款用途虚假知情，也没有证据表明其就借款的用途对被害人进行虚假陈述，即不能证实其对被害人就借款用途有隐瞒真相、虚构事实的欺骗行为。另一方面，齐某仁也未就自己的保证能力欺骗被害人。考虑齐某仁在行为时的职业和经济条件，以及公安机关案发后冻结和扣押的齐某仁的财产，齐某仁在保证期间内完全有能力承担保证责任，故其并未就自己的保证能力进行欺骗。此外，在本案中齐某仁之所以事后未承担保证责任，也不是因为其不具有保证能力，而是因为保证期间届满，无须再承担保证责任，故也不能从其未承担保证责任的事实反推其就自己的保证能力实行欺骗。

其二，退一步而言，即使认为齐某仁基于其与借款人的合伙关系以及担保债务履行的民事保证关系具有告知借款真实用途的义务，其未告知被害人借款的真实用途属于不作为的欺骗，其行为也因缺少非法占有目的而不构成合同诈骗罪。非法占有目的是指，排除权利人占有，将他人的财产作为自己的财产进行支配、并遵从财产的用途加以利用和处分的意思。2001年1月21日，最高人民法院《全国法院审理金融犯罪案件工作座谈会纪要》指出：“在司法实践中，认定是否具有非法占有为目的，应当坚持主客观相一致的原则……根据案件具体情况具体分析。根据司法实践，对于行为人通过诈骗的方法非法获取资金，造成数额较大资金不能归还，并具有下列情形之一的，可以认定为具有非法占有的目的：(1)明知没有归还能力而大量骗取资金的；(2)非法获取资金后逃跑的；(3)肆意挥霍骗取资金的；(4)使用骗取的资金进行违法犯罪活动的;(5)抽逃、转移资金、隐匿财产,以逃避返还资金的;(6)隐匿、销毁账目,或者搞假破产、假倒闭,以逃避返还资金的;(7)其他非法占有资金、拒不返还的行为。"2010年12月13日,最高人民法院《关于审理非法集资刑事案件具体应用法律若干问题的解释》(法释〔2010〕18号,已被修改)第四条、2017年6月2日最高人民检察院《关于办理涉互联网金融犯罪案件有关问题座谈会纪要》第十四条至第十六条亦体现出了与此相似的主旨。根据这些司法文件的精神,本案中难以认定齐某仁主观上具有非法占有目的。根据本案相关证据,在实际得到借款之后,齐某仁并未将其据为己有,而是将之作为合伙人(借款人)许某业的投资,用于交纳工程押金,购买工程材料,归还之前因交付工程押金所产生的借款等经营活动。而且,齐某仁还归还了被害人15天借款利息24,000元。这些客观事实都反映出,其主观具有归还借款的意思,而不是想要排除权利人对财产的占有,不具有非法占有目的。

律师准确把握合同诈骗罪的构成要件和本案法律适用的要点,从不能证实被告人客观上对被害人有欺骗行为,主观上不具有非法占有目的的角度进行无罪辩护,其辩护思路正确且有效。但需要注意的是,仅仅主张被告人的行为属于民事欺诈,并不能有效排除合同诈骗罪。因此,对于办案律师,不如直截了当根据是否具备合同诈骗罪的构成要件进行辩护,无须围绕是否为民事欺诈展开辩护。

陶某某等被控故意毁坏财物罪案

陈 琦 刘 凌*

一、案情简介

2013年，犯罪嫌疑人陶某某的父亲老陶出于照顾和接济的目的，曾将自家看护房暂借给曲某某居住。2016年，陶某某的父亲去世，陶某某与曲某某协商要求曲某某腾退房屋，双方最终达成一致协议，陶某某补偿曲某某15万元，曲某某承诺在1个月内腾退房屋，如果违约陶某某可以强行拆除该房屋。后陶某某依约支付给曲某某15万元，但曲某某出尔反尔，拒绝腾退房屋。在反复沟通未果的情况下，陶某某雇人将房顶的两个屋角掀开，并停掉房屋的电力供应，意图逼走曲某某。但是，曲某某为达到强占房屋的目的，向当地公安机关控告陶某某涉嫌犯罪，公安机关随即展开立案调查。经过近一年的侦查，公安机关最终以故意毁坏财物罪将案件移送审查起诉，并将本案定为"涉黑涉恶"案件。而陶某某作为一名"女黑老大"被依法打击的消息在当地迅速蔓延，引起了极大的反响和广泛的关注，但随着辩护工作的开展，案件真相逐渐浮出水面。

---

* 陈琦：北京市京师律师事务所高级合伙人、刑事专业委员会常务副主任；刘凌：北京市京师律师事务所刑事专业委员会副秘书长、证券期货犯罪研究中心主任。

二、争议焦点

在办理本案的过程中，核心的争议焦点如下：

1.犯罪嫌疑人和控告人对案件事实的陈述差异巨大，认定陶某某等构成犯罪的证据是否达到确实、充分的程度，得出构成犯罪的结论是否具有唯一性？

2.陶某某等的行为是否“涉黑涉恶”？

三、辩护思路

（一）侦查阶段的辩护思路

1.案件在侦查阶段存在的问题

在侦查阶段接受陶某某委托后，由于还不能阅卷，辩护人只能根据当事人的陈述来了解案件情况。经过了解，辩护人认为在侦查阶段案件主要存在以下问题：

（1）犯罪嫌疑人和控告人对案件事实的陈述差异巨大，案发当时究竟发生了什么，真伪不明。

（2）公安机关经过初步侦查认为已经有犯罪事实发生，犯罪行为就是在案的犯罪嫌疑人实施的；检察机关虽然不同意公安机关的罪名认定，但是也认为有犯罪事实发生。

（3）案件性质是否属于“涉黑涉恶”，公安机关没有正面答复，需要看到《起诉意见书》才能得知，但是根据抓捕的情况和两个涉嫌罪名看，侦查机关极有可能将案件认定为“黑恶案件”。

（4）虽然犯罪嫌疑人一再坚持称当天行为只针对房屋，没有涉及人和家具、家电，但是根据立案罪名，辩护人认为控告人控告的内容可能并不仅仅限于房屋，极有可能包括人身和家具等财物。同时，侦查机关不会按照犯罪嫌疑人的供述和辩解展开侦查，辩护人判断公安机关的侦查思路是按照控告内容并坚持深挖彻查、串案、并案来进行的。

2.对上述问题的分析

为了做到内心确认，辩护人反复和犯罪嫌疑人交谈了十几个小时，不放过每一个案情细节，提示她回忆价格鉴定书的内容，但她声称侦查人员没有让其看鉴定书的原文。

同时，在犯罪嫌疑人的协助下，辩护人调看了案发当日的录像，走访了萌某村的村干部。通过调看录像，辩护人确认了案发当日犯罪嫌疑人和控告人没有任何肢体接触。通过对村干部的走访，辩护人了解到“看护房”确为老陶所建，土地和房屋的权属没有争议。了解了房屋结构形式、建筑材料性质，通过和录像对比，结合犯罪嫌疑人陈述，辩护人判断掀房角的行为不会造成房屋内家具和家电的毁坏。

3.侦查阶段基本辩护观点和开展的工作

基于以上认识，辩护人初步得出结论：犯罪嫌疑人的行为是一种正常的自力救济维权行为，不是犯罪。本案之所以发生极有可能是控告人不实举报和“扫黑除恶”任务压力混合作用的结果，当然也不能排除案外因素存在的可能。

为了依法维护当事人的合法权益，辩护人在侦查阶段做了以下工作：

（1）给犯罪嫌疑人及其家属普及法律知识，从实体法到程序法，让他们知道与正在发生的刑事诉讼相关的规定。

（2）破除错误思想，树立正确思想。

侦查阶段，由于侦查工作的封闭运行和当事人、律师的有限参与，使案件的全貌在这个阶段并不为当事人和辩护人所知，加之存在于当事人家属周围的各种真假难辨的信息，当事人和家属特别容易产生错误判断。引导当事人和家属相信法律，这既是案件成功办理的基础，也是律师在办案中普法的光荣使命。

（3）作为反制，辩护人建议当事人启动刑事自诉程序，控告曲某某涉嫌“侵占罪”的刑事责任。辩护人认为这时启动刑事自诉，首先，可以通过刑事手段依法保护合法权益；其次，如果侦查机关没有就这一事实展开侦查，后期辩护人可以向司法机关提供“侵占”案自诉材料，作为“故意毁坏财物”案的相关证据，一举两得。

（二）审查起诉阶段的辩护思路

在等待“侵占”案刑事自诉立案的过程中，“故意毁坏财物”案侦查机关完成了侦查工作，并将案件移送给了振兴区人民检察院进行审查起诉。得到案件移送的信息后，辩护团队迅速和检察机关取得联系，在得到可以阅卷的肯定答复后，又一次奔赴丹东。

1.卷宗反映的案件事实

拿到卷宗材料后，在保守案件秘密的原则下辩护团队成员全部参与了阅卷，采用了“背对背阅卷，面对面讨论”的工作方法，全部看完卷宗材料后，大家都觉得很沉重，根据案卷材料和起诉意见书的描述可知：

（1）本案被定性成“涉黑涉恶”案件，罪名为故意毁坏财物罪；

（2）认定的财产损失不仅仅包括房屋被损坏，还包括了房屋内的家具和家电，有现场的照片和损失鉴定报告；

（3）控告人控告时曾指控犯罪嫌疑人殴打了控告人，并且造成其母亲断了三根肋骨，伤情鉴定为轻伤二级，同时控告人一方提供了多名证人证明案发的过程和损失的情况；

（4）犯罪嫌疑人提供的案发时的录像没有在移送的卷宗中；

（5）被网上追逃的陶家二女婿曾经有过前科，案发时正在缓刑考验期之内；

（6）侦查机关在侦查过程中没有涉及“看护房”的房屋建设、产权归属、房屋结构和建材性质等相关情况。

2.案件存在的疑点

通过阅卷，结合侦查阶段了解的案情和调查取证情况，笔者发现案件存在诸多疑点：

（1）明明从录像上看双方没有身体接触，控告人为什么要控告犯罪嫌疑人殴打了他们？为什么会出现控告人母亲轻伤的伤情？她的肋骨是谁打断的？

（2）犯罪嫌疑人明明没有进入房间，为什么家具、家电会出现被打砸后呈现的情形？

（3）侦查机关为什么不移送案发当时的现场录像？

（4）侦查员为什么再三要求犯罪嫌疑人写重新鉴定申请书？

（5）既然已经定性为“涉黑涉恶”案件，为什么仅指控了一个罪名？

带着这些问题辩护人陷入了沉思。难道是控告人用的“苦肉计”？为了将“看护房”据为己有，置天理人伦于不顾将自己的亲生母亲打伤，将家具、家电砸坏然后嫁祸于他人？不会！从一般情理来考虑，不至于如此的道德沦丧。可如果不是“苦肉计”，那控告人母亲的伤情从何而来？毁坏的家具、家电如何形成？

我国《刑事诉讼法》明确规定，公安机关侦查刑事案件过程中既要调取用于指控犯罪嫌疑人犯罪的证据，也要调取能够证明犯罪嫌疑人无罪和罪轻的证据，但是本案的侦查机关为什么不移送对犯罪嫌疑人有利的现场录像？是工作疏忽还是有意为之？

3.审查起诉阶段的辩护思路

为了查明案件事实，维护当事人的合法权益，围绕案卷材料，结合法律规定，辩护团队多次开会，最后制定了“积极进取、攻守兼备”的辩护方针，并提交了相应的申请和辩护意见：

（1）申请公诉部门核实相关事实与证据，补充侦查时要求公安机关提交案发现场录像；请求公安机关向控告人收集关于被损坏家具、家电在房屋中摆放位置的相关证据。

（2）提交辩护人调取的涉及“看护房”的房屋建设、产权归属、房屋结构和建材性质等相关情况的证据并申请进行侦查实验，以验证钢结构房顶被掀开两个角会不会造成房屋内家具、家电损坏。

（3）基于目前证据情况，提交正式的书面辩护意见。

（三）辩护意见

辩护人的基本辩护观点是：毁坏房屋、大门等不动产设施的行为系陶某某处分本人所有财物的行为，不构成故意毁坏财物罪；其他被毁坏的财物不能证实系陶某某的行为造成的，因此，陶某某的行为不构成故意毁坏财物罪。

1.对房屋、大门等不动产的毁坏不构成故意毁坏财物罪

（1）房屋、大门等不动产不属于上述法律规定中的“公私财物”

第一，故意毁坏公私财物罪规定在我国《刑法》第二编第五章“侵犯财产罪”中。顾名思义，侵犯财产罪侵犯的对象应当是公共财产或者他人所有的财产。本案中被损毁的房屋、大门等不动产系陶某某及其家人所有，不在故意毁坏财物罪规定的“公私财物”之列。根据刑事侦查卷的相关证据，笔者知道该房屋是陶某某之父老陶所建，老陶是汤某镇萌某村萌芽二组的村民，通过集体经济组织内部转包的土地流转程序从同村的四户群众手中获得土地使用权，获得土地使用权后，老陶陆续在土地上修建了鱼塘，种植了苗木等作物。2011年5月，老陶又出资并雇佣工人在该土地上建造苗圃看护房（涉案房屋），房屋建成后，老陶对房屋进行了装修，使其达到居住条件。因此，从房屋建成之日起，老陶就获得了所建房屋的物权。对于涉案房屋归老陶所有，汤某镇村委会出具证明、汤某镇众多村民也出具证言均予以证实，因建房所用资金是家庭财产，因此，该房屋应当属于夫妻共有或家庭共有财产。

第二，通过阅卷辩护人注意到，证人邢某鹏、孙某强证实老陶生前曾表示要将涉案房屋赠与曲某某所有。对于上述二人的证言，辩护人认为并不能产生所有权转移的法律效果，理由如下：

首先，证言真实性无法验证，卷宗材料中除了该两份证人证言之外，没有任何书证、物证等客观证据相佐证，没有其他共有权人的相关证言相佐证，证实老陶生前确实曾有过该处分行为；

其次，假设老陶确实曾有过这样的说法，辩护人认为该说法是无权处分，老陶无权处分夫妻共同财产或家庭共同财产，除非得到其他共有权人的追认，否则该处分行为无效；

最后，赠与合同是实践性合同而非诺成性合同，不能仅仅因为有过口头表达而产生物权转移的法律效果，因此，就物权法角度而言，无论老陶是否表达

过将房屋给曲某某养老的意思，均不能产生物权转移的法律效果。

第三，陶某某2017年6月17日拆除房屋的行为是对所有权中处分权能的行使，该行为不是犯罪。根据以上分析可知，在老陶去世之后，陶某某兄妹通过法定继承取得了本案标的房屋所有权，在2017年5月17日与曲某某达成协议支付相关费用并在约定到期之日，陶某某对该房屋所有权即占有、使用、收益、处分四项权能的行使已毫无瑕疵，因此，2017年6月17日陶某某的行为不侵犯任何人的合法权益，不应在刑法上被评价为犯罪行为。

综上，陶某某对自己所有的房屋、大门等不动产进行部分毁损，实际上是在实施对自己所有财物的处分行为，对自己所有财物实施处分行为符合法律规定，此时处分的财物不属于故意毁坏财物罪中规定的“公私财物”。

（2）陶某某的行为不属于故意毁坏财物的犯罪行为

首先，陶某某实施毁损行为是对自己所有财产的处分行为，不是故意毁坏财物的犯罪行为。

如前所述，上述房屋在老陶去世后，由陶某某等法定继承人依法继承，陶某某对房屋享有所有权，其对房屋的处置是行使处分权的行为，不是故意毁坏财物的犯罪行为。

其次，陶某某实施的毁坏行为是对曲某某前期将房屋非法占有而引发的被迫维权行为，不是故意毁坏财物的犯罪行为。

2017年5月17日，曲某某曾明确表示自己将在6月17日前搬离该房屋，并收下了陶家给其的15万元补偿款。但是在搬离期限届满时，其却出尔反尔，拒不搬离。在此情况下，为了迫使其搬离，陶某某实施了本案中毁损房屋、大门的行为。

从实施毁损的对象看，该行为既不针对曲某某的人身，也不针对曲某某个人的财产，仅针对陶家所有的财产；从实施毁损的原因看，对大门的破坏是因为曲某某紧闭大门，不让人进入，对房屋的毁损仅限于两个屋角和窗户，只是想让该房屋不具备居住条件，迫使曲某某离开。因此，无论从毁损客观对象还是从毁损主观原因都不难看出，陶某某实施上述行为是一种不得已而为之的维权行为，是对自己所有权的主张。上述行为既没有侵害他人身体健康权的故意，也没有损害他人合法财产权的故意，不构成故意毁坏财物罪。

最后，陶某某实施的毁坏行为是在曲某某同意下实施的授权行为，不是故意毁坏财物的犯罪行为。

曲某某在2017年5月17日写给陶家的收条中明确表示："……如到期之日不搬离，陶方有权强拆汤某镇萌某二组涉事土地和所有建筑物归付款人陶家继承人所有。"从法律层面上讲，上述房屋本来系陶家所有，曲某某承诺对方可以强拆，实际属于无权处分行为，但是无论有权无权，其上述表态至少明确表达了允许对方实施强拆行为的意思表示，其对于对方实施强拆行为是认可和同意的。

在这样明确的意思表示下，陶家人实施上述行为实际上并不违背曲某某的主观意愿，反而是经过其书面明确同意的。从陶某某的角度出发，一方面，自己对该房屋享有所有权，有处分的权利；另一方面，曲某某也同意陶家人行使该权利，那么自己的行为完全是正当合法行为，不可能是故意毁坏财物的犯罪行为。

综上所述，对房屋、大门等不动产的毁坏不构成故意毁坏财物罪。

2.现有证据不能证实床、电器等家具、家电的毁坏是陶某某的行为造成的，不能证实危害后果与陶某某实施的行为具有刑法上的因果关系

（1）陶某某未对床、电器等家具、家电实施直接毁坏行为

根据陶某某、陶某野、黄某、陶某供述，马某、张某平等现场人员证言，现场录像资料等证据证实，案发当日，陶某某等仅在院内停留，未进入房间对房屋内的财物实施直接毁坏行为。

（2）现有证据不能证实床、电器等家具、家电的毁坏是由于房屋被毁坏间接造成的

①从客观上看，本案中的家具、家电不可能遭到毁坏

首先，本案的房屋屋顶是整体彩钢结构的，屋顶是在房屋建造完成后整体搭建在房屋主体之上的，铲车掀开房屋屋角，仅可能导致屋角部分的彩钢结构

发生变形，不会引发屋顶塌陷、屋顶设施脱落、墙体遭到破坏等情形，也不会因为屋顶塌陷、脱落、墙体破坏造成屋内家具、家电被毁坏的情况。

其次，从本案房屋的构造看，对窗户的破坏也不会导致屋内家具遭受毁坏。本案中，被毁坏的两个窗户在两侧的卧室内，两个窗户均紧挨着两侧卧室的入户门，从进入房门的方便性考虑，窗户之下是不会摆放床的。根据陶某某供述，其曾在案发前多次进入过该房屋，在毁坏的两侧房角和窗户下面没有任何家具、家电的摆放，因此，对窗户的破坏不会导致卧室内的家具、家电遭到毁坏。

最后，本案未针对客厅实施任何毁损行为，客厅内家具、家电的毁损与陶某某的行为无关。现场视频录像可以证实，本案中对房屋实施毁坏的部分仅针对两侧的卧室，客厅到卧室有一定的距离，对两侧卧室屋顶和窗户的毁坏不会导致位于客厅内的家具、家电遭到任何损坏。

②从证据上看，不能证实毁坏的家具、家电是房屋被毁坏引发的

首先，本案案发后，侦查机关并未对房屋和屋内设施毁坏情况第一时间进行现场勘验检查。本案中房屋的布局、房屋在案发时被毁坏的部位、家具与家电摆放的位置、家具与家电是否因为房屋部分被毁坏而遭到损坏、家具与家电被损坏的情况等重要情节在案发当时并未予以确定。本案中被毁坏的家具、家电是否是案发当时因为房屋毁坏造成的，实际上并无证据证实。

其次，曲某某在2017年6月19日报案时明确表示房屋被毁坏的情况如下："房盖被铲车抓坏了，主体墙坏了，窗户都被弄坏了，家里的监控器还有一个办公桌被砸坏了。"其证言中也并未提到家具、家电被毁坏的情况。

最后，曲某某夫妇的朋友林某证言证实："……客厅地上全是石头，客厅右边墙上的液晶电视掉在地上屏幕碎了，主卧里天棚的吊灯掉下来砸在卧室里的桌上……"虽然从其证言反映，屋内家具、家电被毁坏，但是对于其证言无论是在客观性，还是真实性方面，辩护人均持怀疑态度。其一，林某与曲某某夫妇是非常亲密的朋友，林某的母亲孟某云是张某的干妈，林某的证言不具备客观、真实性；其二，林某本身并非在第一时间出现在案发现场，而是案发后第二

天中午去的涉案现场，在此期间，房屋和屋内财物设施存在被曲某某故意二次破坏的可能性。

③从曲某某的惯常行为看，不排除屋内家具、家电是其本人故意毁坏的合理怀疑

首先，本案案发后的2017年6月19日，曲某某在向公安机关报案时表示，其本人、母亲被陶某某等恶意殴打，并且在之后的多份笔录中详细描述了二人被殴打时的情形，其对于被殴打细节的描述非常具体，包括被何人殴打、殴打的部位等，但当公安机关拿出案发当时现场的录像资料，证实其本人和母亲并不存在被人殴打情形时，曲某某仍称："我印象中是有人打我，但是看完现场录像我发现确实没有人打我……我不知道，我也不知道我印象中的情况为什么跟现场录像中的情况不一样。"上述证据足以证实曲某某的证言并不可信。

其次，本案案发前的2017年5月17日，曲某某在陶家自愿收取了15万元现金，在收条上签字承诺6月17日前搬离涉事房屋。在此过程中，陶家人未对曲某某实施任何殴打、辱骂等行为，双方完全是在友好协商的过程中达成了协议，但曲某某出了陶家的大门，便向派出所报案称自己被殴打、被强迫签字，但其身上没有任何伤痕，公安机关也未对相关事件做进一步的处理。此外，辩护人还向检察机关提供相关视频资料证实，在双方谈判过程中，曲某某的行动是自由的，其还多次拨打电话与他人联系，并且在拿到15万元钱款后自行离开。上述情况亦可以证实曲某某的证言并不可信。

综上，现有证据不能证实床、电器等家具、家电的毁坏是陶某某的行为造成的。

3.本案的两份价格鉴定意见不能作为定案依据

本案案发后，汤池镇派出所先后委托丹东市价格认证中心和丹东辽东资产评估司法鉴定所对本案中被毁坏的财物进行了价格鉴定，但是上述鉴定意见不能作为定案依据。

首先，从两次鉴定的时间看，分别是在2017年9月25日和2018年3月6日，上

述两个时间距离案发已经间隔数月。在此期间，一方面，公安机关未对案发时现场进行勘验，锁定财物在案发时的状况；另一方面，案发后曲某某夫妇仍然居住在上述房屋内，作为鉴定对象的涉案财物是否遭到人为的二次破坏无证据证实，即本案中被鉴定财物的来源、真实性存在重大疑问。

其次，虽然在2018年3月6日丹东辽东资产评估司法鉴定所的鉴定意见后面附有现场照片，但是该组照片模糊不清，且照片系何人拍摄、在什么时间拍摄、如何拍摄形成并无证据证实，即照片来源不明，无法作为本案的鉴定依据。

最后，鉴定意见中作为鉴定对象的房屋、大门、入户门等设施是陶某某所有的财物，该部分财产不能成为故意毁坏财物罪的犯罪对象。

4.案发当天召集多人前往现场的行为具备合理性

考虑到曲某某的一贯行为，案发当天，陶某某姐妹召集多人一同前往，该行为是在当时状况下的合理选择。

首先，该行为是一种自我保护行为，陶家姐妹是两个女孩，在维护自己权益的时候必然不能贸然前往，召集多人前往一方面能够保护自身不受伤害，另一方面也能让对方不敢贸然实施过激行为，召集多人前往是一种自我保护。

其次，曲某某夫妇豢养凶犬藏獒，平日里藏獒就散养在院内，藏獒系烈性犬，对人的攻击性极强，召集多人前往也是为了保护自身安全。

最后，陶家姐妹在召集他人前往案发现场的时候明确表示，不能伤害对方的身体，即便在自己遭到对方攻击的时候也不能还手。从实际情况看，当时绝大部分人员也并未靠近涉案房屋和曲某某一方，双方未发生肢体冲突。因此，召集多人前往并不是为了实施违法行为，仅仅是一种自力救济行为。

5.曲某某的行为构成侵占罪和诬告陷害罪，建议司法机关依法启动追诉程序，追究其刑事责任

（1）曲某某和张某的行为构成侵占罪

《刑法》第二百七十条第一款规定："将代为保管的他人财物非法占为己有，数额较大，拒不退还的，处二年以下有期徒刑、拘役或者罚金；数额巨大或者有其他严重情节的，处二年以上五年以下有期徒刑，并处罚金。"涉案房屋系

老陶所有，曲某某和张某只是代为保管和看护。老陶去世后，陶某某及老陶的其他子女基于继承取得了该房屋的所有权，此后，陶某某作为房屋的所有权人要求曲某某返还代为保管的房屋，曲某某表面假装同意，实际上却在收受了15万元钱款后立刻翻脸，拒不返还，并且对外谎称老陶已经将房屋赠与自己。此外，在陶某某迫于无奈采取破坏房屋、撤电等过激行为的情况下，仍然不肯搬离，非法占有房屋的主观故意十分明显。

故曲某某和张某的行为构成侵占罪，应当依法追究二人侵占罪的刑事责任。

（2）曲某某的行为构成诬告陷害罪

《刑法》第二百四十三条第一款规定："捏造事实诬告陷害他人，意图使他人受刑事追究，情节严重的，处三年以下有期徒刑、拘役或者管制；造成严重后果的，处三年以上十年以下有期徒刑。"

首先，曲某某实施了诬告陷害行为，其捏造了财产被陶某某等人故意毁坏、母亲被陶某某等恶意殴打的事实，无中生有，并伪造财产损失、人员受伤的证据，向公安机关提出虚假控告，实施了诬告陷害的行为。

其次，曲某某有诬告陷害的主观故意，其实施上述诬告陷害行为是向公安机关提出刑事控告，其提出控告的事实是其捏造的，其主观上就是要让陶某某等受到刑事追究，具备明显诬告陷害的主观故意。

最后，曲某某诬告陷害行为情节严重，其诬告陷害行为造成本案四人的正当、合法行为被错误地以故意毁坏财物罪立案，并被错误地羁押，以致案件目前仍在侦查过程，给当事人造成极其严重的影响，诬告陷害行为情节严重。

综上，曲某某的行为构成诬告陷害罪，应当依法追究其诬告陷害罪的刑事责任。

综合全案，辩护人认为陶某某的行为不构成故意毁坏财物罪，应当依法对其作出不起诉决定。此外，曲某某的行为构成侵占罪和诬告陷害罪，应当依法追究其刑事责任。

在提交上述申请和辩护意见后，虽然笔者极力推动的侦查实验和对控告人母亲被伤害案的深挖彻查没有任何进展，但是案发现场录像和辩方调取的证据在退回补充侦查期间被装订进入补充侦查卷。此外，案件在二次退回补充侦查期间，民事诉讼进行了宣判，人民法院支持了陶家人的诉讼请求，确认“看护房”的所有权属于陶家，责令曲某某排除妨碍、腾退房屋。

基于上述新的证据材料，笔者又写了一份《补充辩护意见》，重点强调了房屋结构，组合型的房屋结构其钢结构房顶的房角弯曲变形不会引起房顶其他构件的脱落，结合录像显示，房屋的墙并没有倒塌和墙体脱落，因此，犯罪嫌疑人的行为不会造成房屋内家具、家电的损坏，控告人的家具、家电财物损坏另有原因。

意见提交后是漫长而煎熬的等待，在等了近40天，检察机关“三延两退”即将结束时传来胜利的消息，丹东市振兴区人民检察院振检公诉刑不诉（2019）1号不起诉决定书下发，检察机关认为：“现有证据事实不清、证据不足，被不起诉人陶某某的行为不符合《中华人民共和国刑法》第二百七十五条关于故意毁坏财物罪的规定，认定本案事实的证据没有达到确实、充分的标准，不符合起诉条件，依照《中华人民共和国刑事诉讼法》第一百七十五条第四款的规定，决定对陶某某作不起诉处理。”

四、办案过程

在此案的办理过程中，由于基本事实不清，对辩护工作造成了很多的障碍。为此，辩护人多次前往丹东，仔细分析案情，主动出击调取证据，为案件不起诉奠定了良好的基础。

1.案件侦查和审查起诉阶段，辩护人第一时间详细查阅了全部案件材料，与当事人进行了多次沟通，在代理案件期间，从北京往返丹东十余次。

2.先后三次联系公证机关，与公证人员共同调取近二十名证人的证言，证实陶某某的行为不构成犯罪。

3.调取相关视听资料，证实案发当时现场的情况，证实陶某某的行为不构成犯罪。

4.多次与检察官沟通，并两次递交书面的《辩护意见》及《补充辩护意见》，详细论证了本案不构成犯罪的意见。

此外，在案件办理过程中，当事人的情绪亦曾出现过反复，在等待补充侦查时心情一直处于极度焦虑状态。在诉讼过程中，辩护人还曾接到电话，对方声称是犯罪嫌疑人的亲戚，并认为这个案件无罪是不可能了，他托关系联系了公安机关的领导，领导告诉他能够争取缓刑处理，但是必须以认罪为前提。他问辩护人什么意见？相信律师同行都遇到过这种问题，乱了方寸的当事人事无巨细都要求律师帮忙拿主意。遇到这种情况怎么处理呢？依法依规是我们唯一的答案。

为了坚定犯罪嫌疑人的信心，笔者也向犯罪嫌疑人本人表明了我们的态度，辩护人依法进行辩护，根据本案的事实和证据，笔者认为不符合起诉条件，对于最终的胜利我们充满了信心，但是我们不能就案件结果做任何承诺。经过我们耐心细致的劝说，犯罪嫌疑人最终选择了相信法律，也最终迎来了不起诉的结果。

五、办案心得

回首陶某某案件的办案经历，作为本案的辩护人，我们有以下几点心得：

一是“勇”字。以往“不取证”是所有律师办理刑事案件奉为圭臬的金科玉律，有的律师认为，办理刑事案件调取证据是一切灾难的源头。我们对此有不同看法，调查取证是法律赋予律师作为辩护人的神圣职责，是还原案件全貌，探究事实真相的重要手段，如果大家都因为担心风险而放弃这一权利的行使，那“有效辩护”岂不沦为一句空话。为了查明案件事实，维护当事人的合法权益，刑事律师应当在保护好自己的前提下调查取证。本案中，辩护律师申请公证机构配合，共同调取证人证言，一方面规避了刑事风险，另一方面增强了证据的证明力。

二是“诚”字。笔者认为，“诚”既是一个做人的标准、处世的道理，同时也是一种工作方法。有人总结辩护是一门艺术，其核心要义是“说服”，即说服司法官采纳自己的法律意见。而要说服别人，第一位的就是要说服自己，也就是要形成“内心确认”，只有自己内心确认才能去说服别人。很难想象一个律师提交自己都不相信的“辩护意见”能够被司法官采纳，从而取得好的辩护效果。想当年曾文正公与李少荃谈为官与处世之道时，就强调一个“诚”字。

三是“信”字。相信法律，有法治信仰是本案成功的关键，尤其是在关键的时候，是相信法律还是向世俗低头？这考验着当事人和辩护人。律师是法律的最大消费者，对于律师而言除了法律我们没有任何其他武器。全国人大代表、著名律师迟夙生是改革开放后第一代律师，她曾经讲过：“通过三十多年的执业观察，那些搞关系搞邪门歪道的虽然有的也能当红一时，但是终究是昙花一现不能持久，反而是那些老老实实做人、本本分分做事，依法依规的律师可以长久。”

四是“勤”字。办理刑事案件不能怕麻烦，尤其是外地案件，既要跑得勤，也要多思考，腿勤、脑勤，才能达到好的辩护效果。本案中，我们作为陶某某的辩护人，在侦查阶段、审查起诉阶段均多次与承办人沟通，尤其在审查起诉阶段，公诉人认真听取了辩护意见，最终取得了不起诉的处理结果。

六、专家点评

点评人：李立众（中国人民大学教授）

陶某某等被控故意毁坏财物罪一案令人唏嘘，因为案件事实如此清楚，侦查机关竟然认定陶某某构成犯罪，还扣上“黑恶犯罪”的帽子。本案承办律师制订了持久战的辩护策略，以房屋产权归属及案发现场录像为抓手，最终赢得了检察院不起诉处理的胜果。本案能够取得理想的辩护效果，与做到如下三点密切相关：

首先，辩护策略得当，与犯罪嫌疑人耐心沟通，是本案获胜的前提。案件已被媒体炒作为“黑恶犯罪”，且办案机关扫黑除恶的动力十足，此时犯罪嫌疑人想速战速决是不切实际的。但是，被破坏房屋的产权清晰，案发时有现场录像，本案完全可以进行无罪辩护，因此，持久战是应对本案的不二策略。然而，仅有得当的辩护策略还不够，能否稳住处于崩溃状态的犯罪嫌疑人，使其接受持久战的辩护策略，是本案能否成功的重要前提。如果陶某某认为已无指望，不信任承办律师，甚至中途更换律师，或者自暴自弃，在办案机关调查案件时胡言乱语，本案就完全可能是另外一副模样。所以，如何说服犯罪嫌疑人并与其建立起信赖、合作关系，是刑辩律师能否顺利办理刑事案件的首要一步。承办律师应对本案的策略得当，沟通有效，为刑辩成功提供了坚实的基础。

其次，找准案件焦点，“一剑封喉”，是本案获胜的关键。能否找准案件的焦点，是刑辩律师业务能力的直接体现。本案承办律师成功地抓住了房屋产权归属及现场录像这一关键。本案被破坏房屋的产权明确（有村委会的证明以及后来的法院判决），仅此一点即可直接否定故意毁坏财物罪的成立。这是因为，成立故意毁坏财物罪，要求行为人毁坏了他人的财物，侵犯了他人的公私财产所有权，而在本案中，陶某某通过继承合法获得了房屋的所有权，其毁坏的是本人的房屋，并未侵犯曲某某的公私财产所有权，故陶某某破坏房屋的行为不可能构成故意毁坏财物罪。虽然屋内家具为曲某某所有，但是，屋顶是一个整体，掀开两个屋角不会砸坏曲某某的家具，陶某某也未进入室内，公安机关亦未对案发时现场家具摆放情况进行勘验，因此，现有证据不足以证明陶某某毁坏了曲某某的家具，不能认定陶某某的行为构成故意毁坏财物罪。此外，案发时的现场录像表明陶某某与曲某某并无肢体接触，办案机关也无法提供陶某某伤害曲某某的其他证据，因此，陶某某也不构成故意伤害罪。既然陶某某的行为属于合法的民事维权行为，自然就不存在“黑恶犯罪”之说。

最后，承办律师不辞辛劳，多次往返，勇于担当，积极调查取证，也是本案刑辩成功的重要保证。

河北某公司董事长刘某被控合同诈骗罪案

孙建章*

一、案情简介

2008年，王某出资以江西某公司名义与中铁十四局集团有限公司（以下简称中铁十四局）联合投标并中标“向莆铁路福建段第三标段工程”。后因中铁十四局没有遵守将中标工程的40%交给江西该公司承建的约定，王某到济南和北京，想通过找关系的方式解决与中铁十四局的合作纠纷。在此过程中，通过中间人，陆续认识了阮某（受害人陈某的亲戚）、蒋某、李某、包某等人。后经包某介绍，又认识了河北某公司董事长，即本案的被告人刘某，希望刘某从中帮忙把工程要回来。

王某为该工程前期已经花费了很多资金，再无力出资，而刘某运作也需要资金。在这种情况下，王某表示谁愿意承担“要回工程”的运作费用，由其承包该工程的一半。

2009年2月16日，受害人陈某通过其亲戚阮某获知了该工程的基本情况，又通过阮某认识了蒋某、王某、包某、李某和被告人刘某，同时通过王某获得了工程的相关资料。

* 孙建章：北京市京师律师事务所刑事专业委员会副主任、无罪研究中心副主任。

2009年2月19日，刘某领着王某、包某和受害人陈某等人，找到中铁十四局的上级主管单位中国铁道建筑总公司（以下简称中铁建）办公室原主任吴某并一起吃饭。吃饭当天，受害人陈某通过王某给了被告人刘某人民币10万元。在饭桌上，吴某表达了“如果工程、材料都是真实的，可以帮助协调要回工程”。

2009年3月18日，以被告人刘某的公司为甲方，以王某、受害人陈某为乙方，签订了居间《协议书》，约定一个星期内把工程要回来，乙方支付刘某居间费人民币300万元。

一个星期后，因没有完成约定事项，被告人刘某与受害人陈某又单独签订了《补充协议》，将约定事项的完成时间延长至2009年4月30日。不久，被告人刘某又和王某单独签订了内容为“王某保证资料真实，否则不予退款”的《补充协议》。

吴某介入后，引起了中铁十四局的重视，经内部调查后给吴某回复：有关“向莆铁路福建段第三标段工程”的全部资料都是假的，并出具了相关证明。至此，由于王某所述事实及相关资料虚假，被告人刘某根本无法完成居间事项，故受害人陈某要求刘某退还全部费用，而刘某认为：（1）《协议书》是和王某、陈某一起签订的，退款事宜也应当与王某协商，陈某无权单方要求其退款；（2）不能全部退款，要扣除相关办事费用。

2010年8月20日，受害人陈某以“刘某借揽工程为名实施诈骗”为由向北京市公安局东城分局报案。后又以“王某、刘某借揽工程为名实施诈骗”向公安机关补充了对王某的举报。但经审查，北京市东城区人民检察院对王某作出了《不予批准逮捕决定书》。

2012年8月31日，北京市东城区人民法院一审以合同诈骗罪，犯罪数额310万元，判处刘某有期徒刑13年。刘某不服上诉。2013年4月26日，北京市第二中级人民法院以“事实不清，证据不足”为由，撤销一审判决，发回重审。

2014年3月19日，北京市东城区人民法院作出一审判决，仍然认为刘某的行为构成合同诈骗罪，只是数额由原来的310万元变成了300万元，刑期由原来的13年变成了11年6个月。

刘某仍然不服继续上诉。经北京市第二中级人民法院书面审理，以“一审法院在审理过程中，存在违反法定诉讼程序的情形，可能会影响到案件的公正审理”为由，再一次撤销一审判决，发回北京市东城区人民法院重审。

2014年9月24日，北京市东城区人民检察院以“基本犯罪事实不清，证据不足，不符合起诉条件”为由，决定对刘某不起诉。

二、争议焦点

一是刘某主观上是否存在“非法占有财物的目的”，包括：(1)刘某以公司名义与王某、陈某签订的居间《协议书》、与陈某签订的延长办理期限的《补充协议》、与王某签订的保证资料真实的《补充协议》的真实目的、背景及性质；(2)陈某的亲戚阮某，以及王某、包某等人在本案中的作用；(3)陈某出资的法律性质等。

二是客观上刘某是否采用了“虚构事实或隐瞒真相”的欺骗手段，包括：(1)刘某的老乡、中铁十四局的上级主管单位中铁建办公室原主任吴某是否有能力要回工程；(2)有关“向莆铁路福建段第三标段工程”是否真实，如果是虚假，责任应该由王某承担还是刘某承担，抑或共同承担；(3)陈某基于对工程真实性的判断而愿意出资310万元是基于王某的原因，还是刘某的原因等。

三、辩护思路

基于对案件的了解，结合合同诈骗罪的犯罪构成。笔者认为，第一，刘某的行为不构成合同诈骗罪，包括主观上不存在“非法占有”的目的，客观上没有实施诈骗行为；第二，本案是典型的经济纠纷案件。具体辩护理由如下：

（一）刘某主观上没有非法占有的故意，不构成合同诈骗罪的主观要件

分析刘某主观上是否具有非法占有陈某钱款的故意，要查清以下问题：

第一，2009年3月18日，被告人刘某与受害人陈某、王某签订的《协议书》

是在什么背景下签订的?

根据法庭调查以及相关证据,王某一方因借用中铁十四局资质投标“向莆铁路福建段第三标段工程”并中标后,中铁十四局没有按照约定将其中的40%工程量交给王某一方,故王某到北京和济南找关系以要回这部分工程。在此过程中,王某陆续认识了蒋某、阮某、包某,后经包某介绍,认识了被告人刘某,是包某多次提出让刘某协调要回工程,并提出让王某支付一些费用。而陈某则是通过其亲属阮某获知该工程。对此,陈某在2012年6月18日北京市东城区人民检察院的《询问笔录》中作了详细陈述:“2009年2月16日,我妻子远房弟弟阮某给我打电话说,姐夫,现在有一个隧道工程是江西向塘到福建莆田,问我做不做。阮某说这个工程已经跟了很长时间,应该没有问题。2月18日,我坐飞机到北京,下飞机打车到一个咖啡屋见到了阮某,当时在场的有王某、蒋某、包某等人。这是我第一次认识王某,王某向我介绍了工程情况。晚上8点多,刘某来了,并说要回工程没有问题。我就提了几个条件,要求签一个合同。2009年2月19日上午,我和刘某、王某、包某一起去(指去见中铁十四局的上级主管单位中铁建办公室原主任吴某),在车上我试探了一下王某,说办这个事要花多少钱,王某说大概要花300万元,刘某拿下工程后分给我一半。”上述内容结合陈某的其他《询问笔录》可知:(1)300万元的数额是王某定的;(2)陈某出资后,王某承诺要回工程后给陈某一半;(3)刘某为了证明自己办事的诚意和能力,领着王某、陈某等人去见吴某。正是因为见到了吴某,刘某、陈某、王某才于2009年3月18日签订了《协议书》,约定由刘某出面,向有关领导报告,合理地处理好各种不良因素、矛盾和问题,签订承包施工合同。

这说明,刘某与陈某、王某签订《协议书》的目的确实是想将属于王某的工程要回来,陈某支付费用,是王某提出的,和刘某无关。对刘某而言,不管费用由谁支付,都是为王某办事。

第二,刘某为什么在2009年5月12日又与王某签订了《补充协议》?

根据吴某的证言:中铁十四局的法定代表人、董事长韩某亲自到北京当面向他介绍工程情况,表示不认可王某所说工程的事,吴某将此信息告知刘某。

后刘某又找到其他领导，在有关领导及朋友的安排下，刘某找到了北京A咨询有限公司的沈某，在沈某的提醒下，与王某于2009年5月12日签订了《补充协议》，主要内容是王某保证所提供资料的真实性、可靠性，没有虚假，否则，所交的预付款归刘某的香河某公司所有。并于2009年5月28日，以江西省B投资有限公司为甲方，与北京A咨询有限公司签订了《咨询合同》，该合同的第二条约定了咨询的目的，即通过沈某与中铁十四局的关系把工程要回来并签订法律文件。但中铁十四局对王某所说的工程并不认可，并于2009年7月13日向该公司下设的中国市场调查研究中心出具了《回复函》，称王某提供的全部资料都是假的。

第三，刘某为什么没有将310万元退还给陈某？原因是什么？

首先，刘某从来没有拒绝退款，刘某不同意的是全额退款。从《合同法》（已废止）的角度讲，刘某与陈某、王某签订的《协议书》属于居间合同，刘某的行为属于居间行为。按照《合同法》（已废止）第四百二十七条的规定，“居间人未促成合同成立的，不得要求支付报酬，但可以要求委托人支付从事居间活动支出的必要费用”。刘某要求扣除前期花掉的费用是合理的。

其次，根据刘某与王某达成的《补充协议》，刘某也有权不予退款。由于王某所说的工程及相关资料不真实，按照这份《补充协议》，刘某不退款的行为也是合情合理的。

最后，与刘某签订协议书的一方不仅有陈某，还包括王某，而签订协议的真实目的是给王某要回工程。从《合同法》（已废止）的角度讲，刘某可以将钱退给陈某，也可以退给王某。

通过上述分析说明，刘某为了履行协议的约定，不仅找了吴某，还通过相关领导找到了北京A咨询有限公司的沈某。这些行为，都说明刘某主观上没有非法占有陈某款项的目的和故意，而是实实在在地履行协议的约定。

（二）客观方面，刘某收取陈某的310万元，并没有采用《刑法》规定的诈骗情形

按照《刑法》第二百二十四条的规定，合同诈骗罪的方法主要有5种：

(1)以虚构的单位或者冒用他人名义签订合同的;(2)以伪造、变造、作废的票据或者其他虚假的产权证明作担保的;(3)没有实际履行能力,以先履行小额合同或者部分履行合同的方法,诱骗对方当事人继续签订和履行合同的;(4)收受对方当事人给付的货物、货款、预付款或者担保财产后逃匿的;(5)其他方法。

公诉机关提供的全部证据,没有一份能够证明刘某采用了《刑法》规定的前四种方法,那么,刘某是否采用了其他方法实施诈骗呢?

辩护人认为:刘某与陈某、王某签订的协议内容是真实的,没有任何虚构,更没有任何隐瞒。这包括两个方面的事实:

第一,工程及相关资料是真实的。

根据王某、包某、李某的证言,王某为了证明所述工程的真实性,提供了以下资料:

2008年6月12日,以中铁十四局为甲方,江西省B投资公司、中铁隧道公司为乙方,内容是有关对向莆铁路福建段第三标段工程共同投标及中标后如何分配等内容的《内部协议书》。

2008年6月30日和2008年7月11日,中铁十四局分别向向莆客运专线铁路指挥部出具的、盖有“中铁十四局集团有限公司”公章的介绍信和证明,内容是“韦某系该公司员工,以及有权办理向莆客运专线项目”等。

2008年7月15日,盖有“中铁十四局集团有限公司”公章和法定代表人名章的委托书,内容是“韦某系该公司员工,授权办理向莆客运专线项目”。

2008年7月20日,以中铁十四局为甲方,江西省B投资有限公司为乙方,内容是有关对向莆铁路福建段第三标段工程共同投标及中标后重新分配工程的《内部协议书》。

2008年9月16日,韦某委托王某作为向莆铁路福建段第三标段工程全权代理人的委托书。

2008年10月20日,由王某等人共同签署的《关于强烈要求将中铁十四局所中向莆铁路福建段第三标段交由我方承包施工的报告》。

陈某在2011年4月25日第二次对王某、刘某共同诈骗的举报材料中陈述:

“当晚吃饭时，王某介绍有一个大项目叫向莆专项高铁工程，系他与中铁十四局联合投标中标，大约有36亿元的工程量，按他与中铁十四局协议约定可分到18亿元的工程量，大部分为隧道工程，并出示了‘协议’。由于围标该项目花了大量资金，现在再没有资金‘公关’，所以中铁十四局这一半的工程量还没给他。如果有人肯出一部分资金，这18亿元工程收回来是没有任何问题。”

在2012年6月18日北京市东城区人民检察院对陈某的询问笔录中，陈某的陈述也是说王某提供了工程信息。

在2011年4月21日公安机关对王某的讯问笔录中，王某明确承认，最初向莆铁路福建段第三标段工程这件事的信息是他提供的。

这说明，刘某从一开始就没有向陈某虚构任何有关工程的事实，所有工程信息及相关资料，均由王某提供给陈某。无论这些资料的真与假，都不能归罪于刘某。

第二，刘某没有虚构认识中铁建领导的事实。

在2010年8月20日第一次举报后的询问笔录中，陈某的陈述是：其间，刘某、王某、包某称：如果有人愿意拿出300万元资金，刘某就能通过中铁建公司的相关领导将属于王某的工程要回来。

通过在案其他证人证言也可以证实，刘某确实认识中铁建的领导。

那么客观事实是不是如此呢？

吴某在其证言中证实：刘某确实找过他，当时同去的还有好几个人。陈某在2011年4月25日第二次的举报材料和12月2日的询问笔录中也承认，刘某领着他去见了一位姓吴的中铁建领导，还一起吃了饭。

经查，吴某原来是中铁建的办公室主任。吴某也证实，中铁十四局的法定代表人韩某亲自到北京向其说明工程事宜。这说明吴某还是有相当的能力，称其为领导一点不为过。

通过上述事实证明：刘某没有任何诈骗陈某的客观行为。

（三）公诉机关以“帮助陈某承揽中铁十四局中标的向莆铁路福建段第三标段的工程”作为指控刘某涉嫌犯罪的理由，是受陈某的误导，有意回避《协议书》的真实目的以及王某在本案中的作用

陈某在2010年8月20日的询问笔录、2012年6月18日北京市东城区人民检察院的询问笔录以及两份举报材料中，陈述的都是把王某的工程要回来。而王某在其笔录中也证实：借用中铁十四局的资质中标后，中铁十四局不讲信用，没有按照约定把40%的工程量给他们，所以，他到济南和北京找人，想把工程要回来。

从上述证据可以知道：刘某的工作是把本应属于王某的工程要回来，而不是为了让陈某承揽中铁十四局中标的工程。对此，陈某在2012年6月18日北京市东城区人民检察院的询问笔录也作了非常明确的说明，即在请吴某吃饭时，陈某对吴某说：王某这个事情，能不能通过你跟中铁建公司协调，我愿意出一些费用，分到一部分工程。知情人包某也说得非常清楚：“协议以刘某和王某为主，是为了要回工程，只是王某没钱了，陈某替王某出资，所以，才有陈某的名。”

依据王某提供的资料，替王某向中铁十四局“要回”工程，才是刘某签订《协议书》的根本目的。

那么，为什么公诉机关会以“帮助陈某承揽中铁十四局中标的工程”为由指控刘某呢？

辩护人注意到：“承揽”一词源于陈某的两份举报材料的名称，第一份是“对刘某借揽工程为名实施诈骗的举报”，第二份是“对王某、刘某借揽工程为名实施诈骗的举报”。显然，公诉机关受到了陈某的误导。

同时，公诉机关以刘某“帮助陈某承揽工程”作为指控刘某涉嫌犯罪的理由，而不是以刘某“帮助陈某、王某承揽工程”作为指控刘某涉嫌犯罪的理由，目的就是回避王某在本案中的作用。

没有王某所说的工程，陈某不会出资；没有王某对工程及资料真实性的保证，刘某也不会去协调；王某如果不想要回工程，也就不会在《协议书》中签字，这三个前提条件，是刘某与陈某、王某签订《协议书》的原因。如果陈某认为刘某的行为是诈骗，则必然出现两种可能情况，一种可能是刘某同时对王某和陈某实施诈骗；另一种可能就是刘某和王某共同对陈某实施诈骗。如果是第一种，就会出现一个矛盾，即资料是王某提供的，如果是假的，王某向刘某提供假资料的目的是什么？正如包某说的，“如果是假的，有什么意义”？从常理来讲，如果工程及资料是假的，则王某的目的应该是诈骗他人，包括诈骗刘某，但显然，这种可能与本案事实相矛盾。那么，是不是第二种可能呢？辩护人也注意到，陈某在第二次举报中就认为刘某和王某共同对其实施诈骗。但事实是，王某的行为已由北京市东城区人民检察院于2011年5月20日，以“证据不足”为由不予批准逮捕，王某被取保候审。我国《刑事诉讼法》规定，取保候审的最长期限为12个月，在取保候审期间，不得中断对案件的侦查、起诉和审理，对于发现不应当追究刑事责任或者取保候审期限届满的，应当及时解除取保候审。由于公诉机关没有提供王某被追究刑事责任的证据，故辩护人有理由认为王某根本不涉嫌与刘某共同诈骗陈某。

从本案的因果关系来讲，如果刘某涉嫌犯罪，则王某一定涉嫌犯罪，而公诉机关以刘某“帮助陈某承揽工程”作为指控理由，恰恰回避了王某在本案中的作用。

（四）公安机关对本案的调查取证，有违全面、客观收集、调取证据材料的要求

2012年《刑事诉讼法》第五十条规定，“……侦查人员必须依照法定程序，收集能够证实犯罪嫌疑人、被告人有罪或者无罪、犯罪情节轻重的各种证据……必须保证一切与案件有关或者了解案情的公民，有客观地充分地提供证据的条件”。《刑事诉讼法》第六十条第一款规定，“凡是知道案件情况的人，都有作证的义务”。2012年修订的《公安机关办理刑事案件程序规定》第一百八十七条规定，“公安机关对已经立案的刑事案件，应当及时进行侦查，全面、客观地收集、调取犯罪嫌疑人有罪或者无罪、罪轻或者罪重的证据材料”。

上述法律条款，全面系统地规定了公安机关在侦查刑事案件时应全面收集犯罪嫌疑人有罪、无罪的证据，包括向知道案情的人了解情况。这样规定的目的，就是体现司法公正。但本案中，公安机关的侦查活动，却有违上述规定，有违司法公正。

1.选择性地对本案证人调查了解案情

本案对刘某所谓“犯罪事实”知情的人包括陈某、刘某、王某、包某、蒋某、阮某、张某、吴某等人。其中，王某在陈某第一次举报刘某涉嫌合同诈骗后的2010年12月15日被列为犯罪涉嫌人，并网上追逃，后于2011年3月11日抓捕归案，2011年4月21日押解回京。故除去举报人陈某及犯罪嫌疑人刘某、王某外，证人应当包括包某、蒋某、阮某、张某、吴某等人。但公安机关仅对阮某、张某、吴某三人作了调查。

（1）阮某是举报人陈某老婆的堂兄，与陈某是亲属关系。从证据证明力角度讲，阮某的证言效力是最低的，在没有其他证据相佐证的情况下，阮某的证言应予以排除。

（2）张某是刘某公司的会计，2009年3月18日，刘某与陈某、王某签订《协议书》时在场，知道《协议书》签订的相关情况。但公安机关并没有对此进行调查，而是向张某调查刘某公司的经营情况及资金流向。显然，公安机关的做法，是有意回避案件事实。

（3）公安机关虽然对吴某进行了调查取证，但吴某并没有参与中间环节，对中间发生的细节一无所知。

（4）除阮某外，另有包某、蒋某等人参与事情的全过程，应是本案最重要的证人，但在本案卷宗材料中，却没有他们的只言片语。

2.刘某公司的经营状况以及资金流向与本案没有任何关系

按照刑法的规定，合同诈骗罪的构成是以犯罪嫌疑人的行为为标准，而不是以现金流向和企业经营的好坏为标准。但本案的侦查机关却花费了大量精力，调查刘某所收款项的流向和公司的经营状况。难道刘某所收取的310万元，花与不花，怎么花，以及刘某公司的经营状况，也能证明刘某是否涉嫌犯罪吗？

3.没有调查各知情人以及王某在本案中的作用

陈某在其举报材料及《询问笔录》中称：（1）其亲属阮某让他到北京了解工程的具体情况，并说跟了很长时间，应该没有问题。（2）王某向陈某介绍了工程情况，出示“协议”，并称如果有人出资，能把工程收回来。（3）刘某、王某、包某称：如果有人愿意拿出300万元运作资金，刘某就能通过国资委、中铁建公司甚至国务院副秘书长的关系将属于王某的工程要回来。特别是在2012年6月18日北京市东城区人民检察院对陈某的询问笔录中，陈某的陈述是：“我当时还是有怀疑的，我就跟王某讲，你们说自己有关系，能不能说一说，晾出来。王某说没关系，今天晚上我们一起吃饭时，有一个人会露面跟你说这个情况。王某、包某都说晚上会有一个人来，这个人很牛，和许多领导有关系。大概晚上8点多，刘某来了。在吃饭时，刘某说他去问了中铁建的领导，找了国务院副秘书长李某，以及国资委的领导，都说这个工程没有问题。”

按照陈某的举报，这就是一个诈骗团伙。2012年《公安机关办理刑事案件程序规定》第六十五条规定：“需要查明的案件事实包括：（一）犯罪行为是否存在；（二）实施犯罪行为的时间、地点、手段、后果以及其他情节；（三）犯罪行为是否为犯罪嫌疑人实施；（四）犯罪嫌疑人的身份；（五）犯罪嫌疑人实施犯罪行为的动机、目的；（六）犯罪嫌疑人的责任以及与其他同案人的关系；（七）犯罪嫌疑人有无法定从重、从轻、减轻处罚以及免除处罚的情节；（八）其他与案件有关的事实。”根据上述规定，公安机关就应该查明王某、刘某、阮某、包某以及蒋某在本案中的关系和作用。可事实是，公安机关不仅没有调查阮某、包某、蒋某在本案中的作用，即使王某，最终也因证据不足予以释放，为什么单单认定刘某涉嫌犯罪？没有王某的工程及相关资料，没有蒋某、阮某、包某的推波助澜，陈某能替王某出资，把310万元交给刘某吗？别人无罪，刘某有罪，不要说法律上站不住脚，即使从情理上，也是站不住脚的。

（五）刘某与陈某的纠纷，是典型的经济纠纷

刘某与陈某、王某签订的《协议书》，本质上属于居间合同，通过刘某的居间行为，要回属于王某的工程。王某因无力出资继续工程的后期运作，所以，希望陈某替自己承担这部分费用，并承诺工程要回后，给陈某一部分让其承包。

刘某没有退款，并不是主观上想非法占有款项，而是不同意全部返还。按照《合同法》（已废止）的规定，刘某有权扣除因居间活动支出的必要费用。特别是，根据刘某与王某的约定，如果资料不真实，有虚假，刘某可以不退还款项。所以，刘某没有将钱退给陈某，是典型的经济纠纷。如果协商不成，也应由法院以民商事纠纷予以管辖，由法院认定是否退，退给谁，退多少。

至此，事实已经非常清楚，刘某与陈某之间的纠纷，是典型的经济纠纷，属民商法调整范畴。这一观点，不仅是辩护人的观点，也是本案知情人的观点：一是办案人员李某于2010年8月24日出具的电话记录，记载的内容是陈某的亲属阮某也出资100万元，但阮某却以种种理由拒绝报案。从常理上讲，阮某作为一个正常的人，如果他也认为自己被骗了100万元，那么，阮某一定会选择报案，没有报案的唯一解释就是阮某并不认为自己被骗。二是包某、吴某对刘某行为的评价。

综上所述，刘某的行为不构成犯罪。

四、办案过程

合同诈骗罪，是指以非法占有为目的，在合同签订、履行过程中，骗取对方当事人财物，数额较大的行为。该罪是典型的目的犯，必须以行为人具有非法占有目的为构成要件。在办案过程中，必须根据案件事实、证据进行综合分析，以确定行为人是否具有非法占有之目的。一般而言，对行为人是否具有非法占有之目的，可以结合以下几方面进行分析：（1）行为人是否具有签订、履

行合同的条件；（2）行为人在签订合同时有无履约能力；（3）行为人在签订、履行合同过程中有无诈骗行为；（4）行为人在签订合同后有无履行合同的实际行为；（5）行为人对取得财物的处置情况，是否有挥霍、挪用及携款潜逃行为。本案涉及三份协议，其中，2009年3月18日刘某与陈某、王某签订《协议书》的主要目的是通过自己的人脉关系将属于王某的工程要回来，2009年5月12日刘某与王某签订《补充协议书》的目的是确保工程资料的真实性。在协议履行过程中，刘某不仅找了中铁建办公室原主任吴某，还通过相关领导找了沈某，其一直在积极履行协议，导致协议最终未能履行的原因是中铁十四局反馈王某提供的工程资料是虚假的。在协议未能履行的情况下，刘某并未拒绝退款，而是要求扣除前期支出的必要费用，其自始至终不具有非法占有他人财物的目的。

另外，行为人是否采用了刑法规定的诈骗手段是认定其能否构成合同诈骗罪的关键。根据《刑法》第二百二十四条的规定，合同诈骗罪有五种情形：（1）以虚构的单位或者冒用他人名义签订合同的；（2）以伪造、变造、作废的票据或者其他虚假的产权证明作担保的；（3）没有实际履行能力，以先履行小额合同或者部分履行合同的方法，诱骗对方当事人继续签订和履行合同的；（4）收受对方当事人给付的货物、货款、预付款或者担保财产后逃匿的；（5）以其他方法骗取对方当事人财物的。本案办案过程中，辩护律师对案件涉及的人物在案件中的作用进行了具体分析说明：（1）工程的资料是王某提供，故王某应对资料的真实性负责；（2）陈某介入本案的目的是为王某提供资金以帮助王某要回工程；（3）陈某的介入是其亲戚阮某介绍，而阮某也证实其认为工程是真实的，极力鼓动陈某介入等；（4）本案的关键人物吴某系原中国铁道建筑总公司办公室主任，其证实刘某确实找过他，且表示如果工程真实，以其个人能力，能够帮忙要回工程，并愿意出庭作证。由此可见，刘某自始没有向陈某虚构有关工程的事实，也没有虚构自己认识中铁建公司领导的事实，其一直在积极履行与王某、陈某签订的协议，不存在任何诈骗行为。

在本案中，辩护律师紧紧围绕合同诈骗罪的犯罪构成，结合案件事实、证据进行全面分析，并结合调查取证情况，运用反向论证等方式，充分阐述了刘某不构成犯罪，本案属于典型的经济纠纷。

五、办案心得

第一，律师办理刑事案件，必须紧紧围绕犯罪构成、结合案件的相关证据展开分析论证。

第二，辩护律师要敢于依法调查取证，并说服证人出庭作证。

第三，本案的法律关系和人物关系都非常复杂，必须从刑事和民事两个方面将本案存在的法律关系阐述清楚，从而为无罪辩护打下坚实的基础。

第四，本案除了几份书证外，其他都是言词证据，必须充分地利用逻辑将这些言词证据有效地连接起来进行本证和反证，才会大大提升辩护效果。

六、专家点评

点评人：王刚（清华大学法学院党委副书记、副教授、博士生导师）

根据我国《刑法》规定和刑法学理，认定合同诈骗罪以行为人实施了欺骗行为并具有非法占有目的为前提。本案办案律师准确地结合合同诈骗罪的这两个成立要件，指出本案证据不能证明合同诈骗罪的成立：

其一，现有证据无法证明刘某实施了欺骗陈某的行为。一方面，无法证实刘某就工程及相关材料的真实性进行欺骗。根据陈某的被害人陈述和王某的证人证言，与工程相关的信息和材料系由王某提供给陈某，刘某并未向陈某提供与工程相关的信息和材料，也未就工程的有关情况向其作虚假的陈述。而且，刘某与王某在2009年5月12日签订的《补充协议》可以证明，刘某并不知晓工程信息和材料是否具有真实性，就更不可能就此对陈某进行欺骗。另一方面，也无法证明刘某就其是否有能力完成居间事项进行欺骗。根据陈某的被害人陈述和王某、吴某的证人证言，为了完成居间事项，刘某确实将陈某和王某等人介绍给吴某认识，并且吴某也答应给予帮助。在吴某的协调之下，中铁十四局也就工程相关问题做了说明。这些都证明刘某的确有能力完成居间事项，并且也积极地去完成居间事项，并未就能否完成居间事项欺骗陈某。

其二，现有证据无法证明刘某主观上具有非法占有目的。非法占有目的是认定合同诈骗罪不可或缺的主观要件，也经常是在诈骗类犯罪中进行有效辩护的切入点。在个案中必须结合具体的外在客观事实，谨慎判断行为人主观上是否确实具有将他人财物非法据为己有的意图。最高人民法院、最高人民检察院的诸多司法解释和座谈会纪要也采纳了这种立场。譬如，《全国法院审理金融犯罪案件工作座谈会纪要》（法〔2001〕8号）指出："在司法实践中，认定是否具有非法占有为目的，应当坚持主客观相一致的原则……根据案件具体情况具体分析。根据司法实践，对于行为人通过诈骗的方法非法获取资金，造成数额较大资金不能归还，并具有下列情形之一的，可以认定为具有非法占有的目的：（1）明知没有归还能力而大量骗取资金的；（2）非法获取资金后逃跑的；（3）肆意挥霍骗取资金的；（4）使用骗取的资金进行违法犯罪活动的；（5）抽逃、转移资金、隐匿财产，以逃避返还资金的；（6）隐匿、销毁账目，或者搞假破产、假倒闭，以逃避返还资金的；（7）其他非法占有资金、拒不返还的行为。"2010年12月13日最高人民法院《关于审理非法集资刑事案件具体应用法律若干问题的解释》（法释〔2010〕18号）第4条、2017年6月1日最高人民检察院公诉厅《关于办理涉互联网金融犯罪案件有关问题座谈会纪要》第十四条至第十六条亦体现出了与此相似的主旨。根据这些司法文件的精神，本案中难以认定刘某具有非法占有目的。一方面，如前所述，根据现有证据，刘某是基于与陈某签订的居间合同获得300万元报酬，在签订协议之后，刘某也积极地完成居间事项，帮助王某和陈某拿回工程。积极履行居间义务表明，刘某主观上仍然是希望通过完成居间事项获取相对应的300万元报酬，只是由于王某提供了虚假的材料而无法完成居间事项，而不是想要非法占有陈某给付的居间费用。另一方面，相关证据显示，在确定无法完成居间事项之后，刘某并非拒绝退款给陈某，而是认为自己有权依据相关民事法律规定取得为居间事项所支出的必要费用，双方对于具体返还的数额存在争议，一直未能就此达成一致的意见，故刘某始终未将300万元返还给陈某。这也体现出，刘某一直将陈某提供的300万元作为自己完成居间事项所需的费用和报酬，并无非法占有这笔钱款的想法。

总之，本案办案律师正确把握了合同诈骗罪的成立要件，特别是准确理解了司法实务中认定非法占有目的的标准，并据此有针对性地梳理了案件的证据材料。其不仅通过对现有证据事实的整理，厘清了刘某与陈某等人之间的基础法律关系，提出了有利于被告人的证据，而且指出了阮某证言的证明力较弱，以及司法机关未收集证人包某、蒋某证言等问题，促使人民法院最终作出无罪判决，实现了无罪辩护的目标。本案无疑是一次非常成功的刑事辩护。

法官被控职务犯罪无罪辩护案

裴仁奎*

一、案情简介

2014年9月11日，沁阳市人民法院受理范某某申请执行马某某、慕某某、温县华某包装材料有限公司（以下简称华某公司）公证债权文书一案；2014年9月17日，沁阳市人民法院裁定冻结华某公司及马某某银行存款350万元（其中在中国银行焦作塔南路支行冻结马某某存款455，856.18元，在建设银行焦东路支行冻结了马某某存款103，959元，在工商银行焦作大学支行冻结了马某某存款161，348.33元，在温县工商银行冻结马某某存款23，000元）。2014年9月18日沁阳市人民法院作出执行裁定，限马某某、慕某某、华某公司收到裁定书3日内偿还范某某本金及利息3，341，865.59元。

2014年9月24日，华某公司向沁阳市人民法院提出执行异议；2014年12月26日，沁阳市人民法院以公证债权文书有重大争议为由对本案作出不予执行的裁定。

2015年1月8日，沁阳市人民法院西向法庭受理范某某就本案的起诉，并由审判人员杨某某主审案件，被告人聂某某任审判长。同日，范某某向法庭递交保全申请，申请对马某某、华某公司、慕某某银行存款89万元予以冻结，并以一套房屋、一辆重型专项作业车和9万元现金作担保。2015年1月9日，沁阳市人

* 裴仁奎：北京市京师律师事务所合伙人，刑事专业委员会理事。

民法院作出冻结马某某、华某公司、慕某某存款89万元的裁定。

原告向聂某某及杨某某反映，沁阳市人民法院在（2014）沁执字第0670号执行案件中，已冻结了马某某的几个账户。因该案不予执行，沁阳市执行局须对已冻结的账户进行解冻。

为了保证执行局已冻结的资金安全，聂某某与杨某某及时与沁阳市执行局进行沟通，最终决定由执行人员杨某某先对冻结资金解除冻结，聂某某与杨某某再予以冻结。2015年1月9日，执行人员杨某某与聂某某、杨某某到焦作的银行同时进行解冻、冻结账户，在中国银行焦作塔南路支行和建设银行焦东路支行共计冻结存款57万元。

后聂某某一行人到焦作大学对门的工商银行，并将解冻、冻结马某某账户17090240011××××9428的手续递进银行窗口。该账户于12时46分9秒被解冻，301，000元存款于12时46分18秒被转走。聂某某三人认为同时将解冻、冻结手续交给银行，是对解冻和冻结程序的无缝对接，银行有义务、有责任保证在此过程中账户资金的安全，并质疑银行工作人员是否存在与马某某勾结的情况导致该账户存款在解冻后9秒被转出。银行主管领导否认后与上级机构联系，表示可能存在二级卡的情况，即其卡可能被他人卡（犯罪分子复制或其他方式制作的卡）一解冻即被转移资金。最终，该账户冻结时间是13时7分47秒，聂某某也将此情况汇报给主管院长席某某。

当日下午，聂某某等人到达温县工商银行，向银行说明了上午在焦作工商银行出现的情况，并要求银行办理解冻、冻结时注意方法，保证资金安全，避免此类情况的再次发生。15时50分10秒，华某公司账户170902180920005××××解冻；15时50分25秒，该账户存款119，000元被转至马某某任法人代表的孟州市某某纸业有限公司。16时48秒，该账户被冻结，聂某某将钱被转走的情况向席某某作了汇报。

2015年3月31日，沁阳市人民法院对本案开庭审理，2015年5月21日再次开庭。6月，马某某、范某某申请和解。根据当时民事诉讼法的规定，查封冻结银行账户的期限为半年，范某某案件的冻结于2015年7月8日届满。因聂某某并非本案承办人，对他人承办的案件所涉及的时间节点记不清楚，也不方便过问，因此未通知原告范某某申请续冻。2015年7月8日前，原告范某某未申请延长冻结期限。

2015年7月10日，华某公司温县工商银行账户被转走106，479元；焦作塔南路建设银行马某某账户被转走457，000元；焦作人民路支行马某某账户被转走113，300元。2015年7月20日，原告范某某的代理人勾保公接聂某某通知后向沁阳市人民法院西向法庭再次提出财产保全申请，要求对马某某、慕某某、华某公司存款89万元冻结。沁阳市人民法院于2015年7月21日作出（2015）沁民西向初字第00013-1号民事裁定书，裁定冻结被告马某某、华某公司、慕某某的银行存款89万元。沁阳市人民法院对上述冻结的账户予以冻结时，各账户存款余额共为1740.65元，2015年1月9日冻结的57万元存款基本全部转移。2015年8月6日，范某某收到沁阳市人民法院判决书，判决马某某、华某公司偿还范某某本金1，733，764.72元、利息513，847.56元等，慕某某承担连带责任。至今范某某未得到马某某、华某公司及慕某某的还款。

2017年1月3日，温县人民检察院指控被告人聂某某执行判决、裁定失职罪一案，一审由温县人民法院审理。2017年12月31日，温县人民法院作出（2017）豫0825刑初6号刑事判决书，宣判被告人聂某某无罪。宣判后，温县人民检察院向河南省焦作市中级人民法院提起抗诉。2018年3月22日，河南省焦作市中级人民法院作出（2018）豫08刑终49号刑事裁定书，裁定驳回抗诉，维持一审原判。

二、争议焦点

1.马某某将冻结款项转走的行为与聂某某采取诉讼保全措施的行为是否存在因果关系。

2.聂某某在采取诉讼保全措施过程中是否适用轮候冻结制度。

3.聂某某是否有义务及时通知范某某续冻及到期依职权续行冻结。

三、辩护思路

聂某某涉嫌的罪名是执行判决、裁定失职罪。该罪中认定罪与非罪的关键点在“失”与“职”,“失”指的是主观过失,“职”指的是法定职责。是否构成本罪必须是看犯罪嫌疑人在履行法定职责过程中,客观上是否存在违反法定职责的行为,具体到本案中是否存在违法采取诉讼保全措施和违法采取保全措施的行为,主观上是否存在过失。

笔者认为,被告人聂某某在采取诉讼保全措施过程中,依法依规,不存在任何过错或失职,其一直在严格履行法官职责,当事人所遭受的利益损失与其无关。

(一)解冻与冻结分别是两个相互独立的诉讼程序

本案中,笔者指出公诉机关错误地将沁阳市人民法院执行局裁定解除冻结和沁阳市人民法院西向法庭诉讼保全裁定资金冻结结合在一起,是导致其认定被告人有罪的关键。其实,执行局裁定解除冻结和西向法庭诉讼保全裁定资金冻结是两个不同的、独立的诉讼程序,而作为西向法庭庭长的聂某某在采取诉讼保全过程中,其实无任何违法或失职行为。

公诉机关认为先应该对马某某的个人账户进行轮候冻结,然后再进行解冻,就能确保账户内的资金不被马某某转移。实际上,西向法庭在办理诉讼保全过程中,可以完全不带着执行局的法官随行。聂某某和杨某某没有和执行局工作人员一同前往相关银行,并在办理解冻手续的同时办理保全手续的职责和义务,也没有保障账户资金安全义务。其只要在法定的时间内作出保全裁定并予以执行,就完成了自己的法定职责。至于马某某账上有没有钱,能够冻结多少钱,不是法官能控制的,与其法官职责无关。因此,马某某将冻结款项转走的行为与聂某某采取诉讼保全措施的行为不存在因果关系。

现在法官聂某某为了防止已经被执行局冻结的马某某资金在执行局解冻后转走,特意跟随执行局一块前往办理诉讼保全措施,就是为了保全账户资金，为了维护当事人的利益。这一点，作为主管副院长的席某某在其证词第三页第六行予以证实："冻结当天中午，聂某某给我打电话说，他和执行局的杨某某一起去冻结了，就是怕解冻后款被转走，现在在焦作。"

本来不带执行局的人没事，现在带着执行局的人反而出了事（部分资金被划走），出了事的责任当然不能算聂某某法官的身上，即不能由聂某某承担法律责任。2015年1月5日上午，三个法官先来到焦作市区的前两个银行即焦作建设银人民东路支行、中国银行塔南路支行银行，按照先解冻、后冻结的顺序办理手续。一开始很顺利，冻结存款57万元，没有出现资金被划走的现象。按照人的惯性思维，第三个、第四个银行也不会有问题。但到第三个银行，工商银行焦作大学支行办理时，法官还是按照前两个银行的程序，一起将解冻、冻结手续递进窗口。银行工作人员办理后告知，该账户上存款301，000元已被转走。

问题出在哪儿？唯一可以解释的理由就是银行的人给马某某通风报信，让马某某利用解冻、再冻结需要上级授权，有时间差的空档将钱转走。因为根据银行工作人员介绍，解冻不会以短信的形式提交给银行账户持有人。

由以上分析可知，聂某某2015年1月9日的保全行为无任何过错，不存在未依法采取保全措施的行为和违法采取保全措施的行为，对相关银行所采取的保全措施均是依法进行，无任何违法之处。对于后两笔款项在解冻与保全间隙被转走，不是聂某某及其一行的所有人能预料到的，与职责无关。

出现上述情况纯粹是技术问题，但不是法律责任问题。聂某某将保全过程中遇到的问题及时向院领导汇报，在保全完成后，就此事专门向主管领导汇报，已尽了自己应尽的职责。法官已经进行了勤勉的义务，不能苛求法官对所有的技术问题都有所认知，更不能让他承担由此技术问题而产生的法律责任。

而下午到温县黄河路工商银行，聂某某吸取上午焦作大学工商银行的教训，反复交代银行工作人员要解冻、冻结同时办理，不能再出现上午的情况（这一点也被其他两人认同），因为此时聂某某尚不知有时间差这种技术问题，不可能实现无缝对接，结果不法分子又利用该技术问题转走119，000元。裴律师认为不能由此认定聂某某有任何失职行为，反而穷尽了一个法官应尽的义务。

（二）本案不适用轮候冻结制度

本案的另一个核心问题是，轮候冻结是否适用本案。笔者认为不适用，原因是公诉机关对轮候冻结适用的条件理解有误。

公诉机关认为本案适用轮候冻结的法律依据是最高人民法院《关于同一法院在不同案件中是否可以对同一财产采取轮候查封、扣押、冻结保全措施问题的答复》（以下简称《答复》）的规定。

笔者认为，适用该规定的前提是“不同的案件”。而本案中，范某某与马某某之间的诉讼形式，是从开始以具有强制执行效力的公证债权文书而采取强制执行程序，后被裁定不予执行，才采取提起诉讼的方式。诉讼当事人、债权债务关系等均未发生变化，本质上就是一个案子，因此，本案不适用《答复》。

另外，《答复》规定：“设立轮候查封、扣押、冻结制度，目的是解决多个债权对同一执行标的物受偿的先后顺序问题。因此，根据最高人民法院《关于人民法院民事执行中查封、扣押、冻结财产的规定》第二十八条规定的精神，只要不是同一债权，不论是不是同一个债权人，受理案件的法院是不是同一个法院，都当允许对已被查封、扣押、冻结的财产进行轮候查封、扣押、冻结；同一法院在不同案件中也可以对同一财产采取轮候查封、扣押、冻结保全措施。”可见，适用《答复》明确了适用轮候冻结的另一个前提是“只要不是同一个债权”，但是本案中，明显是一个债权，不存在其他债权，因此本案确实不适用轮候冻结制度。

（三）聂某某无义务通知当事人续冻及到期依职权续行冻结

公诉机关认为被告人聂某某没有及时通知范某某续冻，以及冻结到期未能依职权续行冻结，存在失职行为。笔者认为该公诉机关的认定亦不能成立。

首先，笔者指出通知权利人范某某续冻不是法官的义务，法律未规定法官必须在冻结期满前通知权利人。

其次，人民法院没有法定职责在保全到期后延长保全期限。2015年最高人民法院《关于适用〈中华人民共和国民事诉讼法〉的解释》第四百八十七条第一款规定："人民法院冻结被执行人的银行存款的期限不得超过一年，查封、扣押动产的期限不得超过两年，查封不动产、冻结其他财产权的期限不得超过三年。"第二款规定："申请执行人申请延长期限的，人民法院应当在查封、扣押、冻结期限届满前办理续行查封、扣押、冻结手续，续行期限不得超过前款规定的期限。"第三款规定："人民法院也可以依职权办理续行查封、扣押、冻结手续。"

根据以上规定，当事人申请延长期限是前提，人民法院"可以"依职权而不是"必须"或"应当"依职权办理续行冻结手续。是否依职权冻结，怎样依职权进行冻结，法官是有选择权或者有条件的，而不是不依职权就要承担法律责任。如果依据该条款认定聂某某有过失，无疑加大了法官的责任，这明显是错误的。而保全到期后没有延长保全期限，是由当事人范某某及其代理人勾保公自身失误造成的。即使保全到期后人民法院有法定职责延长保全期限，犯罪嫌疑人也不应是主审法官，聂某某也不应承担法律责任。

综上，笔者认为，被告人聂某某在执行诉讼保全的裁定中，主观上没有过失或过错，客观上亦没有违法或者违规的行为，且马某某将冻结款项转走的行为与其没有直接因果关系。聂某某履行了一个法官应尽的职责，不存在不负责任的行为，而且当事人的利益损失与其无关。

四、办案过程

案件移送到温县人民法院后，聂某某找到了笔者，笔者详细听了聂某某的陈述后，认为聂某某在这个案件中没有过错，即使是有过错，也不至于构成犯罪。聂某某继续说："检察院说此案已经构成犯罪，之所以给我办取保候审，就是让我想办法凑钱，赔偿被害人范某某，得到被害人谅解，然后争取缓刑或免予刑事处罚。"

根据多年办理刑事案件的经验，笔者认为取得被害人谅解，然后争取缓刑或免予刑事处罚似乎是最好的结果。聂某某也曾托人找过范某某，范某某不但要让他赔偿民事诉讼中被转走的89万元，而且连与执行局一起去查封被转走的40多万元也让他赔偿，一共130多万元。谈到这里，聂某某声音嘶哑，两眼恍惚："我是一个法官，一个月两三千块钱的工资，我实在是没有这个能力啊，再说，我也确实没有过错，为什么检察院的人就不听我申辩呢。"

笔者也曾建议聂某某再考虑考虑，可能作出以上妥协是最好的处理方式。聂某某说："律师您帮我分析分析，我是否构成犯罪，如果不构成，为了我的尊严，我绝不妥协！如果构成犯罪，砸锅卖铁也要赔偿受害人的损失，我这一辈子还不上，还有我儿子。"说到这里，聂某某眼圈红了。笔者从他哽咽的话语里，听出了他的坚定与不屈！

开庭前，来自河南经东律师事务所的李国利律师将案卷相关资料发给笔者，就案件的辩护方向、思路与笔者进行了深度沟通。我们二人交流后，都更加坚定了聂某某无罪的想法，决心并肩作战。笔者在肯定李国利律师辩护意见的同时，提了很多专业见解与建设性意见。开庭前一天，我们两位律师促膝长谈，就案件事实与适用法律问题又进行了深度的探讨，为打好这一仗做好了充分的准备。

开庭伊始，因聂某某不认罪，公诉人火药味十足，发言发问犀利刁钻，笔者不卑不亢，有理有据地沉着应对，对其所提供的证据逐一反驳，并从基于同一债权同一法院不得重复查封的法律禁止性规定来论证轮候查封与重复查封的区别，进而认定本案不适用轮候查封。根据《民事诉讼法》及相关司法解释来论证我国法律对续查封实施的是以"依申请"启动为基本原则，以"依职权"为补充，进而认为保全到期后没有延长保全期限，是由当事人范某某及代理人勾保公自身失误造成——与法官的职责没有关系，聂某某不应承担刑事责任。

庭审进行到11时30分左右，中午休息后下午继续开庭，公诉人突然抛出了聂某某在第二次查封的时候接受当事人吃请的观点和证据。公诉人说在查封时，聂某某一行人让当事人派车，5个人吃了180多元，在什么都没有查封的情况下接受当事人吃请。对此，两位律师的质证意见是，一个再正常不过的工作餐，却被说成了吃请，公诉人的说辞只能衬托出聂某某的廉洁！

焦灼地等待了10个月后，一审判决终于下来了。一审法院认为聂某某在审理案件过程中进行裁定冻结，没有明显失职行为，马某某将款项转走的行为与聂某某没有直接的因果关系，判决聂某某无罪。

温县人民检察院不服一审判决，由焦作市人民检察院提起抗诉。焦作市中级人民法院经开庭审理后认为，聂某某在参与范某某诉马某某等借贷一案的审理以及采取保全措施的过程中，没有失职行为，不构成执行判决裁定失职罪，裁定驳回抗诉，维持原判。

五、办案心得

（一）经验与教训

1.有关轮候冻结制度的适用

关于“轮候冻结”问题，经查，最高人民法院关于该问题对江苏省高级人民法院有个答复，“设立轮候查封、扣押、冻结制度，目的是解决多个债权对同一执行标的物受偿的先后顺序问题”。“只要不是同一债权，不论是不是同一个债权人，受理案件的法院是不是同一个法院，都应当允许对已查封、扣押、冻结的财产进行轮候查封、扣押、冻结；同一法院在不同案件中也可以对同一财产采取轮候查封、扣押、冻结保全措施”。“轮候冻结”的主体只能是不同的债权。2012年《民事诉讼法》第一百零三条规定：“财产已被查封、冻结的，不得重复查封、冻结。”根据以上法律规定，该案在执行局和西向法庭系同一个债权，不能轮候冻结，沁阳法院先解冻再冻结符合法律规定，否则，就是重复冻结。

2.人民法院没有依职权办理续行冻结手续的法律义务

关于“冻结到期没有依职权续冻”的问题，经查，2015年2月4日起施行的最高人民法院《关于适用〈中华人民共和国民事诉讼法〉的解释》第四百八十七条第三款规定："人民法院也可以依职权办理续行查封、扣押、冻结手续。"从该法律规定的精神可以看出，续冻以当事人申请为原则，依职权办理为补充。人民法院是"也可以"依职权办理续行查封、扣押、冻结手续，而不是"必须"或者"应当"依职权办理续行查封、扣押、冻结手续。2016年12月1日施行的最高人民法院《关于人民法院办理财产保全案件若干问题的规定》第十八条第一款规定："申请保全人申请续行财产保全的，应当在保全期限届满七日前向人民法院提出；逾期申请或者不申请的，自行承担不能续行保全的法律后果。"该规定进一步明确了申请保全人"逾期申请或者不申请的，自行承担不能续行保全的法律后果。"

3.人民法院没有案内相应的通知义务

关于"没有及时通知范某某续冻"及"没有书面告知当事人冻结到期的具体日期"问题。经查：（1）没有法律或者司法解释规定人民法院在保全到期前应当通知保全申请人延长保全期限，法院没有职责或者义务通知当事人续冻。（2）《民事诉讼法》（2012年修正）第一百零三条规定，人民法院保全财产后，应当立即通知被保全财产的人。但沁阳市人民法院在审理范某某案件时，尚没有法律规定应当"书面告知当事人冻结到期的具体日期"。只有在2016年12月1日施行的最高人民法院《关于人民法院办理财产保全案件若干问题的规定》第十八条第二款规定："人民法院进行财产保全时，应当书面告知申请保全人明确的保全期限届满日以及前款有关申请续行保全的事项。"此后，方要求法院"书面"通知当事人。

（二）维护法治的尊严

党的十八大之后新一轮司法改革的重要目标，就是要保障主审法官和合议庭依法独立公正行使审判权。如果我们的司法体制连法官都保护不了，又如何去保护当事人的合法权益？没有一支健康、稳定的法官队伍，依法治国无从谈起。中共中央《关于全面推进依法治国若干重大问题的决定》提出"建立健全司法人员履行法定职责保护机制。非因法定事由，非经法定程序，不得将法官、检察官调离、辞退或者作出免职、降级等处分”。其实，法官履职过程中最大的风险，不是“调离、辞退、免职、降级”等，而是刑事处罚，这对法官的职业生涯和家庭，是个毁灭性的打击！

法官权益保障不仅事关司法权的正常行使，更关乎国家法治建设和法律权威。没有法官的尊严，就不会有法律的权威。对法官的伤害，最终伤害的是法治，伤害的是我们共同营造的社会安全感。所以，本案虽小，但意义重大。

六、专家点评

点评人：中国政法大学刑事辩护研究中心

本案案情十分复杂，是一起法官被诉上法庭的案件。此案以宣判聂某某无罪告终，被中国政法大学刑事辩护研究中心评选为“2018年度全国十大无罪辩护经典案例”之一。本案也是2018年唯一一起为被控法官作无罪辩护成功的案件。这是一起典型的职务犯罪无罪辩护成功案例，体现了法律的公平公正。专家给出的获选理由是：法官涉嫌职务犯罪，也需全力辩护；这个比较罕见的法官涉嫌犯罪经律师辩护而无罪的案件，为全体法律人尤其是身处一线的司法人员思考司法理性和司法正义提供了一个极佳的样本。

裴律师为聂某某法官作出的无罪辩护十分精彩。曾经有位律师评价说，成功的无罪辩护是刑事辩护律师的最高荣誉勋章。众所周知，职务犯罪案件是刑事辩护中辩护难度最高的案件类型之一。裴律师凭借深厚的法学理论功底，丰富的实践办案经验，优异的实践办案能力，实现了无罪辩护。在此案例中，一审、二审法院均认定聂某某无罪。

通过本案，可以看出无罪辩护对辩护人的辩护能力的要求之高，否则再好的机会也会被浪费掉。那么，什么是辩护人把握机会的能力？其中很重要的一点就是寻找案件突破口的能力。找到突破口，辩护人就成功了一半。裴律师在本案中找到检察机关对轮候冻结适用的条件理解有误，一针见血地指出本案的情况并不适用轮候冻结制度。

除找到突辩护破口之外，对案件关键事实的把握也非常重要。案件关键事实将会影响案件的定性，辩护人要把握住那些足以影响定罪量刑的关键，比如说案件事实问题，案件事实清楚是认定犯罪的基础。本案中，裴律师关注细节，立即发现了公诉机关对案件事实把握不清的错误。公诉机关错误地将沁阳市人民法院执行局裁定解除冻结和西向法庭诉讼保全裁定资金冻结视为一体，论证聂某某有罪。实质上，两个行为相互独立，解冻并不在聂某某的职权范围内，因此聂某某无任何失职行为。由此可见，辩护人要找到这些动摇指控的根本问题与关键事实，才能达到“四两拨千斤”的效果。

据《新京报》报道，2019年3月12日，最高人民法院院长周强在2019年工作报告中指出，2018年各级法院审结贪污贿赂、渎职等案件2.8万件共计3.3万人。可见，党中央巩固发展反腐败斗争压倒性胜利的坚强决心并未改变。特别是《监察法》实施之后，对于职务犯罪案件辩护提出了更高的要求。

聂某某法官是幸运的，他被终审宣判无罪。而这样的由检察机关自侦的案件，尤其是目前强调“抓铁有印、踏石留痕”的强力反腐背景之下，职务犯罪被判处无罪的案例极为少见。

这也引起我们法律职业人的思考：法官依法独立行使审判权到底能不能得到保护，法官履职时正当行使职权能否得到充分保障？

正如裴律师的办案心得中所提到的那样，“本案虽小，但意义重大”。法官是行使审判权的主体，对办案法官合法权益的伤害，最终会伤害司法权威。法官权益保障不仅事关法官个人的安危，更关乎司法权力的正常行使，关乎国家法治建设和法律权威。保护法官的合法权益就是在维护法治的尊严。

让无辜者不被冤枉，让法律得以公正，让正义得以彰显。本案中，裴仁奎律师坚持为聂某某法官作出无罪辩护，决不妥协于认罪换轻判的“惯例”，用勇气去践行心中的法治信念，通过捍卫法官的权益维护法律的尊严，这为全体法律人，尤其是身处一线的司法人员思考司法理性和司法正义提供了一个极佳的样本。

某央企被控单位行贿罪案

马　里*

一、案情简介

2015年3月，某直辖市检察院反贪污贿赂局在办理某直辖市公安局某处张某、李某等人涉嫌受贿的案件时，自侦发现某央企原公安事业部（政法事业部）经理许某涉嫌向张某、李某行贿。某直辖市检察院侦查监督部门也在张某、李某受贿案审查批捕过程中，于2015年3月25日向某区检察院发出关于许某向上述二人行贿的《报请立案侦查建议书》。某区检察院当日即将此线索上报某直辖市检察院，同日某直辖市检察院反贪局向某区检察院反贪局作出X检反贪指（2015）0025号《关于许某涉嫌行贿罪线索指定管辖的决定》，将该单位行贿罪线索指定某区检察院侦查管辖。某区检察院于2015年3月25日，对许某涉嫌单位行贿线索收案初查，并于同日对许某立案侦查。2015年3月30日，侦查人员依法传唤许某对其进行第一次讯问，同日决定对许某采取取保候审措施。

某直辖市检察院对于某央企副总经理许某涉嫌行贿罪作出的工作声明中体现，许某在某直辖市公安局人口基础信息库建设项目中，给予市公安局某处处长李某、副处长张某共130万元，某央企分别在2007年、2009年承接了某图像监测系统项目和某直辖市公安局涉案数据库项目。上述行为涉嫌行贿罪，建议对上述涉嫌行贿罪线索收案初查。

---

* 马里：北京市京师律师事务所刑事专业委员会副主任、刑事侦查法律事务部主任。

某央企是上市央企，是电子信息网络安全方面的国内高科技企业。许某被指控时已经从某央企离职，本案指控的事实发生在2008年至2011年某央企承接某直辖市公安局涉案数据库项目过程中（关于该工程没有写在起诉意见书中，但在卷宗中有所体现）。某央企在案件被移送至某区检察院审查起诉后，由某区检察院通知某央企：某央企涉嫌单位行贿罪，于2015年11月9日移送审查起诉，该案由某直辖市检察院指定某区人民检察院审查起诉。某央企纪委领导负责对接被指控涉嫌单位行贿罪案件的相关工作。最高人民法院《关于适用〈中华人民共和国刑事诉讼法〉的解释》（2012年）第二百七十九条规定："被告单位的诉讼代表人，应当是法定代表人或者主要负责人；法定代表人或者主要负责人被指控为单位犯罪直接负责的主管人员或者因客观原因无法出庭的，应当由被告单位委托其他负责人或者职工作为诉讼代表人。但是，有关人员被指控为单位犯罪的其他直接责任人员或者知道案件情况、负有作证义务的除外。"第二百八十二条规定："被告单位委托辩护人，参照适用本解释的有关规定。"根据上述规定，某央企纪委领导找到经办律师担任某央企在审查起诉阶段的辩护人。某央企纪委领导向经办律师表示，本案如果某央企被法院判决构成单位行贿罪，则某央企将面临如下问题：

（1）企业声誉造成极大负面影响，引发公司资本市场震动，造成不良后果。

（2）某央企主要是参加国家政府等重大项目的招投标，市场竞争激烈，如果出现单位行贿刑事犯罪记录，必将对公司带来灾难性的打击，可能直接导致无法估量的后果。

该企业作为央企，在日常经营管理中坚持合法经营，类似于商业贿赂等违法行为是公司明令禁止的，其向律师保证公司管理层决不允许存在该类行为。即使存在此类行为，公司高层不可能知情，也坚决予以禁止，希望辩护律师为企业依法辩护，在保证依法办案的原则下，尽可能地减少对企业发展造成的负面影响，同时对于真正的涉案人员，企业也绝不姑息，树立廉洁守法之风。

接受委托之后，辩护律师第一时间到某区检察院联系阅卷工作，同某央企高层领导、纪委领导了解如下情况：

（1）某央企承接涉案项目的事实和证据。

（2）某央企办理涉案项目承接工作时，许某在某央企的职务和职责。

（3）公司对于反贪部门认定的涉嫌单位行贿这一事实是否知情、是否认可？

（4）是否存在许某个人行贿的事实？

（5）如果有许某个人行贿的事实，行贿款项来自公司的相关事实和证据。

（6）如果某央企获得过不正当利益，那么不正当利益是什么？

（7）单位在承接涉案项目的过程中是否获取了特殊的信息，从而赢得了中标？

（8）如果某央企确实获得了特殊的技术需求，这些特殊的技术需求在哪里？是什么内容？

（9）侦查卷宗体现，许某是通过与某央企有业务合同的第三方公司提取现金，将该现金向张某等人行贿，关于该现金对应的业务合同是否存在，在哪里？

（10）某央企在承接涉案项目整个过程中是否得到了除技术需求外不正当利益？

（11）如果存在行贿行为，是主动行贿还是被索贿？

公司向辩护律师表明如下情况：

（1）从未安排过或同意过许某以非法手段进行招投标工作。

（2）所谓第三方公司配合提款，其指向的合同需要再核实。

（3）许某从未向公司上级领导请示需要就涉案项目向相关单位行贿。

在多次到某央企同高层领导了解案情、核实相关证据后，辩护律师决定，向办案机关提交关于某央企被控单位行贿罪一案的律师意见，该案于2015年11月9日移送审查起诉，分别于2015年12月23日和2016年1月4日退回补充侦查，辩护律师分别在侦查阶段和审查起诉阶段向反贪局侦查人员和主办检察官，当面陈述律师意见和书面意见，最终，2016年4月21日某区人民检察院作出不起诉决定。

二、争议焦点

经过律师阅卷以及同某央企核实了解情况，结合主动收集的关于某央企无罪的相关证据，律师认为，本案的争议焦点在于：

（1）如果许某行贿，是否等于许某的行贿行为就是代表单位意志的行贿行为？

（2）如果许某行贿，某央企是否因许某的行贿行为得到了不正当的利益？

（3）如果许某行贿，许某的行贿款是否是某央企所出？有无证据证明？

（4）如果许某行贿，某央企中标涉案项目同许某行贿有无因果关系？

（5）如果许某行贿，某央企是否因许某的行贿得到了招标单位的特殊照顾（在中标后）？

（6）如果许某行贿，某央企实际获得的招标单位的帮助和支持，是否是正当的、合法的？

（7）行贿罪和受贿罪不同，行贿者获得了不正当的利益是构成本罪的必要前提，在案件中侦办机关是否对这一点进行了严格的区分？

（8）单位犯罪同个人犯罪的区别在于行为人的行为是否代表单位的意志，是否为了单位的利益？如何认定是代表单位的意志？如何认定是为了单位的利益？如果单位在客观上确实受益，但单位并不知情，能否认定是为了单位利益，能否认定为犯罪？

（9）反贪机关指控发生于2016年，正值我国贪污受贿立案标准发生变化之时，许某的行为结合案件情况是否可以免予刑事处罚或不起诉？

三、辩护思路

辩护人认为，指控某央企构成单位行贿罪事实不清、证据不足，认定事实缺乏完整性，法律上也不符合单位行贿罪的基本构成要件，认定单位行贿，有生拉硬套之嫌，主要理由是：

（一）许某是否构成行贿罪姑且不谈，即使存在，也不等于单位构成行贿罪

1.许某的职务是某央企的部门经理，只能代表其部门或者单位履行职责之内的权限，其个人同招标单位私下进行的非法交易等行为，即便存在也不能理所当然地代表单位。

以上内容可以从案件中的诸多证据得以体现：

（1）2007年12月25日，某央企同许某签订的《劳动合同》体现许某在2007年开始担任某央企部门总经理职务。

（2）2007年12月25日，某央企同许某签订的《协议书》体现上述内容。

（3）许某简历体现了如下情况：

2005年1月至2008年3月，其职务是某央企政府事业部销售。

2008年4月至2010年3月，其职务是某央企公安事业部总经理。

2010年4月至2011年12月，其职务是某央企政法事业部总经理。

2012年1月至4月，其职务是某央企公司行业总监（中层正职）。

2012年5月从某央企离职。

（4）2015年10月26日某央企提供的《关于某央企公安事业部和政法事业部关系的说明》。

（5）2010年4月21日某央企董字（2010）14号《关于公司组织结构设置的通知》体现，经总经理办公会议研究，并报第四届董事会第四次会议审议通过，决定公司组织结构设置，将公安事业部变更设立为政法事业部。

（6）某央企人字（2012）4号《关于张某某等十六人职务任免的通知》，体现聘任许某为公司行业总监（中层正职）。

（7）2008年4月30日某央企（2008）25号《关于许某等5人职务聘任的通知》，体现聘任许某为公安事业部总经理。

（8）2010年4月23日某央企（2010）18号《关于古某等44人任职的通知》，体现某央企2010年4月22日聘任许某为政法事业部总经理。

（9）2015年9月18日，许某《讯问犯罪嫌疑人笔录》中体现，许某在

2003～2008年调到公司政法事业部从事销售工作，2008年6月至2012年4月担任政法事业部经理，直到2012年4月离开某央企。

许某自称是普通销售人员，从部门构架来说，部门经理以上才算是领导。2008年6月许某开始担任政法事业部经理，是经理办公会开会通过的，不是委派的，许某的职责是完成公司给定的销售业绩指标。

2.虽然找到了许某担任政法事业部经理时的上级领导赵总的证言，但赵总的证言并未显示在涉案项目上许某曾向其提出为了中标或受到特殊照顾而需要向涉案两位领导行贿。

以上内容可以从案件中的诸多证据得以体现：

2015年9月18日，在《讯问犯罪嫌疑人笔录》中，许某称其向担任政法事业部经理时的上级领导赵总请示过，赵总说："行，你去谈吧。"该证据不能认定在涉案项目上许某曾向赵总提出"为了中标或受到特殊照顾而需要向涉案两位领导行贿"，具体分析如下：

（1）虽然体现许某曾就某直辖市公安局项目同上级领导赵总请示，但其请示的项目并非办案机关指控的项目。

（2）不能因为有类似项目的请示，就推定涉案项目也做了请示。

（3）何况其请示内容模糊，并未说清具体是如何向赵总汇报的。

（4）没有说清赵总让许某去谈什么。

（5）没有明确赵总是否同意向涉案两位领导支付返点。

（6）如果没有提到支付返点，该返点如何从某央企支付？支付渠道是什么？

3.侦查卷宗中也没有任何证据表明，许某还向其他领导请示过，需要向涉案领导行贿。

4.涉案项目发生时，许某的上级领导是集团副总经理王总，但卷宗中没有任何关于王总的证言，仅凭许某一人供述属于孤证，没有其他证据印证，不能证明许某的行贿行为向相关领导请示过，并经相关领导批准。

在涉案项目发生期间，许某是政法事业部的部门经理，赵总已经不是其直属上级领导，当时其上级领导是集团副总经理王总。据了解，王总从未向许某指示对涉案项目相关领导可以进行返点，以谋求中标或受到特殊照顾。

2015年9月18日，许某《讯问犯罪嫌疑人笔录》中体现：

“问：你作为政法事业部的经理，在这个项目中，是否能自由决定给李某、张某共90万元的好处费返点？

答：我也得向我当时的主管领导，某央企的副总经理王总进行汇报，王总同意了，并让我们去处理。”

许某虽然称其在涉案项目向某央企副总经理王总汇报过，但该证据不能认定涉案项目上许某曾向王总汇报过“为了中标或受到特殊照顾而需要向涉案两位领导行贿”，具体分析如下：

（1）其提到其向副总经理王总进行汇报，但并未提到汇报的内容是什么。

（2）其提到副总经理王总同意了许某的汇报内容，并未说清其同意了什么内容。

（3）其还提到副总经理王总同意让许某等去处理，但也没说清其能自行处理的权限、内容是什么。

综上，在关于许某是否代表单位意志的问题上，案件证据不能相互印证，无法得出排他性的结论，不能认定。

（二）侦查机关认定某央企之所以涉嫌单位行贿罪，是因为单位得到中标及中标后的特殊照顾，但侦查卷宗并未体现出相关领导在涉案项目上向许某透露了什么内容而使某央企中标，该内容和中标之间存在怎样的因果关系，该内容本身是否是法律禁止透露的内容。辩护人认为，上述问题均没有在侦查卷宗中得到清晰、明确的答案

1.关于招标单位的技术需求与中标之间的因果关系。

2015年9月18日，许某《讯问犯罪嫌疑人笔录》中体现：

（1）“问：李某在这个项目上具体给你们公司提供了什么帮助？

答：具体我不清楚，但是从明面上看，他没帮我们做过具体事情，但他是信通处处长，应该是没有具体帮过我们公司什么忙，但可能和张某打过招呼，但是是否真的打过招呼，我不清楚。”

（2）“问：你为什么要给李某和张某钱？

答：李某和张某都是这个项目的负责领导，而且在涉案数据库项目上，张某确实给我们提供了便利，在招投标之前，张某就已经把招标的技术要求给了我们，我们就直接根据张某给我们的技术要求做的竞标方案，顺利中标。我们能够参与公安的项目也是因为找到了李某，我们也是通过李某认识的张某，我认为在项目上李某也和张某打过招呼，至于他到底有没有给张某打过招呼，我也不清楚。

问：李某和张某为你们公司承揽上述两个项目提供了什么帮助？

答：李某是信通处当时的处长，是项目的总负责人，张某是具体负责人，具体帮助是他们把这两个项目的详细具体技术需求和预算金额提前告诉了我们，使得我们公司做的投标方案更贴切于甲方的需求，得以顺利中标。另外，得到我们给予相应好处费的承诺后，在公司与公安局的合同谈判签订、项目实施、验收、付款环节上都得到了支持帮助，使公司做这两个项目顺利完成并获利。”

（3）“问：你接着说一下涉案数据库项目的情况？

答：大概在2009年4月我任某央企政法事业部经理，某直辖市公安局项目也是由我所在的部门负责，我们公司有运行维护人员在市局工作，所以我通过公司维护人员知道市局有一个涉案数据库的项目，我们跟进了这个项目，由于2007年的时候，我们做了某直辖市某图像监测识别系统，系统做得比较好，得到了市局领导的认可，所以市局领导也愿意让我们来做涉案数据库的项目，之后，我们公司的技术人员对信通处提出的各种技术需求，都给予帮助、解答。该项目大约是2009年4月招标，大概2009年5月，我们公司顺利中标。合同金额2000万元左右，合同跨度3年，某直辖市公安局根据工程进度给我们付的款，跨度是从2009年到2011年。”

尽管许某供述“因参与招标前期的某直辖市公安局涉案项目的方案设计工作，而使我们知道了招标单位的技术需求，并顺利中标”，但从以上证据可以看出，某央企顺利中标的背景之一是提前几年就介入了某直辖市公安局涉案项目方案设计的相关协助工作。而协助涉案项目相关工作，本身并非法律禁止，是因为招标单位公安局本身就缺乏技术人员，没有专业的公司协助根本无法完成招标前期的方案设计工作。就像装修房子需要设计一样，没有专业的设计公司进行设计，后边招标的施工工作根本就无法完成。设计工作本身就是专业工作，请某央企为某直辖市公安局做招标前期的技术方案，从而使公安局顺利制定技术方案，是开展招标工作的前提和基础。如果说某央企由于提前参加相关工作，从而对涉案项目更加熟悉和了解，在招投标工作中制定出了更符合甲方的投标方案，这并不是法律所禁止的，并且卷宗中也没有体现出某央企在涉案项目方案设计前期到底了解了什么信息使某央企更容易中标。

2.技术需求本身属于招标文件应当公开的内容，并非法律禁止公开的内容。

（1）《招标投标法》（1999年）第十九条规定："招标人应当根据招标项目的特点和需要编制招标文件。招标文件应当包括招标项目的技术要求、对投标人资格审查的标准、投标报价要求和评标标准等所有实质性要求和条件以及拟签订合同的主要条款。国家对招标项目的技术、标准有规定的，招标人应当按照其规定在招标文件中提出相应要求。招标项目需要划分标段、确定工期的，招标人应当合理划分标段、确定工期，并在招标文件中载明。"从以上可以看出，技术要求属于招标文件应当公开的内容。

（2）许某称还有部分技术需求是通过招标单位才知道的，但没有明确说明究竟掌握什么样的技术需求才能导致中标。

（3）没有任何证据证明，招标单位将这样的技术需求告诉某央企且仅告诉了某央企。

（4）许某提到张某将部分技术需求等资料用U盘复制给某央企的销售人员曲某，但卷宗中没有任何关于这部分的证据。

2015年3月31日，许某《讯问犯罪嫌疑人笔录》中显示：

①"我是因为某央企承接了某直辖市公安局图像监测识别系统才和李某

认识的，之前我不认识李某，2007年的时候我在某央企政府事业部担任销售经理，与李某接触都是因为工作，2007年上半年的时候，我们公司的销售人员曲某是负责公安行业的销售，之后曲某通过关系找到李某，第一次见李某是我和曲某一起拜访的，李某对我们公司的情况比较满意，希望与我们公司加强合作，我就提出有计划承接某图像监测识别系统项目，在这个项目招标之前，有我们公司的技术人员与张某进行了多次的技术沟通，主要是由直辖市公安局提出技术需求和指标，由我们技术人员提出相关的方案，因为我们公司的技术相对比较专业，某直辖市公安局在招投标环节会采纳我们的方案，说白了就是我们公司和某直辖市公安局一起进行方案设计，2007年5月，项目正式招投标，我们公司顺利中标，中标也是在我们意料之中，因为我们公司提前介入了招标前的方案设计，所以中标也比较顺利。印象中合同金额大约是1600万元。"

②"问：说一下你们公司是如何提前获得技术方案的？

答：在招投标之前，张某通过U盘将项目的技术方案，给了我们的销售人员曲某。曲某向我汇报后，团队的技术人员针对技术需求方案制作标书，使得我们公司做的投标方案符合某直辖市公安局的需求，得以顺利中标，涉案项目和某图像监测识别系统项目的技术需求方案都是张某在招投标之前给我的。"

通过以上证据可以看出，不能成立上述"将部分技术需求等资料用U盘复制给了某央企的销售人员曲某"的认定，理由是：

①U盘在哪里？不知道！

②U盘中的部分技术需求等资料是在什么地点、什么时间、以什么方式复制给了销售人员曲某的？不知道！

③复制成功后的资料现在保存在哪里？不知道！

④既然资料复制给了曲某，为什么没有曲某的证言？

⑤曲某是销售人员并不懂技术，她是通过什么方式让某央企负责该项目的技术人员知晓部分技术需求等资料内容的？

3.假设真的存在未掌握的技术需求，这些技术需求能否导致中标，应当由相关的鉴定机关对这些技术需求进行鉴定或说明。假如这些技术资料跟中标毫无关系，即使给了某央企又有何妨?

（三）某央企实际上没有获得过任何不正当的利益，涉案的领导没有滥用职权让某央企非法中标，而仅仅给某央企提供了所谓的场外帮助，为某央企进行了一些协调工作，解决本来就不应该存在的问题，如办事拖沓、部门推诿，甚至很多都是不合法的障碍，与某央企是否中标毫无关联，某央企自始至终没有获得过任何不正当的利益

1.相关证据表明涉案领导出面协调解决的问题都是作为甲方应当解决的问题，是合同中甲方的义务，必须要履行的。

（1）张某2015年4月22日10时讯问笔录、2014年12月12日16时讯问笔录的两次供述体现："在这个项目建设过程中，我用了两个多月的时间跑了十多个委办局，很艰难地协调数据库项目，提前按期完成，也从侧面为某央企提供了便利，使某央企在声誉上得到了很大提升，如果我不去协调的话，某央企很可能完不成这个项目，这样他们一分钱也拿不到。"

（2）张某2015年4月22日10时讯问笔录、2014年12月12日16时讯问笔录的两次供述体现："某央企在建设过程中遇到了很多技术困难，我主动出面协调各委办局很快解决了问题，推进了项目的建设。"

（3）张某2014年11月24日15时讯问笔录的供述体现："因为我在他们做的项目中提供了很大的帮助，尤其是推荐某央企参与到那两份方案的编写过程中和帮助他协调各委办局，推进项目建设。"

（4）许某2014年12月12日16时讯问笔录的供述体现："这是一种惯例，虽然我们公司中标了市局的项目，但如果我们不去表示一下态度，不去和张某、李某谈返点的钱，后面签合同的事就会受到阻碍，即使签了合同，后面的工作也可能无法执行。"

2.曲某所说的获取帮助均是在某央企项目中标后发生的，是双方合同权利义务的体现。

3.无论是中标前还是中标后都没有看出有任何不正当的帮助和支持存在。

4.实际的情况是某央企即使存在钱款往来，更多地体现是为了减少涉案项目运行过程中出现的不正常的问题、不正常的困难、不正常的障碍，而这些所谓的问题、困难、障碍，本身就是在不良的社会风气下形成的，既不合法也不合理。

（四）从证据上体现，没有行贿只有索贿，并不存在某央企单位行贿的行为，实际上是时任公安局某处处长、副处长的索贿行为

1.在涉案数据库项目中，时任某直辖市公安局某处处长李某存在索贿的行为。主要的依据是：

（1）许某2015年9月18日18时讯问笔录体现："李某是某处当时处长，是这个项目的主管领导。当时社会的风气也不好，有所谓的'行规'，李某也主动向我们提出'行规'。"

（2）许某2015年9月18日18时讯问笔录、2015年3月30日16时讯问笔录、2015年3月30日调查笔录、2014年12月30日11时讯问笔录体现："2009年上半年，时间大约在这个项目招标之前。我到某直辖市公安局某处找李某进行了沟通，跟他表达了想承接这个项目的意思，李某说'你们把项目做好，咱们还按上次的来'。"

（3）许某2015年4月14日12时讯问笔录体现："我做项目的那段时间里，社会上有一些不好的风气和一些行规，在我与李某和张某的往来中，他们都很直接，直接和我谈返点或者给钱的事儿"。

2.在涉案的"涉案数据库"项目中，时任某直辖市公安局某处副处长张某存在索贿的行为，主要的依据是：

（1）许某2015年9月18日18时讯问笔录、2015年3月30日16时讯问笔录、2015年3月30日调查笔录、2014年12月12日16时讯问笔录、2014年12月30日11时讯问笔录体现："老许，恭喜你中标了，利润挺高的，给我8个点的返点。"

（2）许某2015年4月14日12时讯问笔录体现："我做项目的那段时间里，社会上有一些不好的风气和一些行规，在我与李某和张某的往来中，他们都很直接，直接和我谈返点或者给钱的事儿。”

上述犯罪嫌疑人许某供述可以看出，在涉案数据库项目中，不能体现“许某代表某央企主动对李某和张某行贿，以谋取不正当的利益”，能够看出的反而是，“李某和张某积极主动地向许某要所谓的‘返点’即索贿”，且某央企领导对于李某、张某与许某之间的关于该项目“返点”的约定并不知情。因此，不能认定某央企存在单位行贿的行为。

本案从犯罪构成要件来看，涉案单位某央企不存在谋取不正当利益的主观目的，事实上获得的也并不是不正当的利益。

（五）办案机关认定单位行贿的理由有一点是许某的行贿款是某央企出资的，但起诉意见书中没有查明该事实，卷宗中也没有任何完整清楚的证据能够证明“45万元感谢费”同某央企之间有任何关联

1.虽然有第三方公司收到某央企相关款项转账的记录，但该公司在当时与某央企签订了总价款为690万元左右的合同，某央企支付给该公司的款项，均包含在合同款项690万元之内，如何能认定该款项是感谢费？是行贿款呢？

办案机关证据显示，2006年6月30日，某央企同某网络技术有限公司签订《采购合同》，合同金额为690万元。许某通过第三方公司同某央企签订采购合同，将某央企的相关款项转账至某网络技术有限公司，之后某网络技术有限公司的相关人员将现金取出交与许某，许某用该现金完成了向涉案项目两位领导行贿的行为。但该合同究竟是如何签订的？同某网络技术有限公司的哪位工作人员联系签订的？当时双方是如何约定的？以上问题都不清楚。合同既然是690万元，而行贿款项不到100万元，两者之间是什么关系？不清楚。该合同是完全虚假的合同，还是部分虚假的合同？也并不清楚。

2.如果确有第三方公司配合许某换取现金贿赂张某，为何没有第三方公司的相关证人证言？

如果真的存在第三方公司配合许某提款，第三方公司的相关人员是明知许某要去贿赂才去提款，还是不明知呢？该笔款项是如何提出来的呢？该笔款项是否经过了某央企相关领导的认可才配合提现的呢？该笔款项是本来就应当属于第三方公司的工程款，还是第三方公司承诺给许某个人的回扣？或者是第三方公司为了帮助某央企换取现金而动了什么手脚？这些均未在卷宗中予以体现，没有任何证据予以证明。

因此，不能证明“45万元感谢费”是出自某央企，并经过某央企领导认可的。

四、办案过程

1.接受委托后，因某央企高层领导都非常重视此案，故办案律师需要到某央企办公处通报相关情况，研讨案情。另外，多数书证均源于某央企日常工作文件，故需要到某央企亲自调取方可核实清楚。其中，书证多数时间久远，需从大量文件中筛选、检索，这投入了大量的精力。

2.本案两次退回补充侦查，两次在审查起诉阶段延长期限。办案律师多次到反贪起诉部门同侦查员、主办检察官当面表达律师意见、沟通案情，希望侦查员、主办检察官能注意到本案证据不足，事实不清的实际情况。最终，侦查员、检察人员采纳了律师的意见，检察机关作出不起诉决定。

五、办案心得

1.律师在刑事诉讼中担任辩护工作是天然与控方公诉工作对抗的，因此，首先要带着批判的眼光进入辩护工作。不要被控方证据和对案件性质的认定误导，忽视了寻找无罪证据的方向。

2.在有条件的情况下，应主动发掘证据、调取证据。只有找到证据，才是对控方证据体系最有利的还击。

3.不要陷入固有的思维，认为既然双方均承认送钱或收钱就当然地认为犯罪成立，而无法抗辩指控。应跳出固有模式，再建、还原事实，有时会独辟蹊径、柳暗花明。

4.同被告人主动沟通、多次沟通、深度沟通是非常必要的，大量的信息关联可能会产生灵感或找到有利被告人的线索。

5.要主动同办案单位沟通，了解办案单位的思路，表达律师的观点和意见。多表达、多沟通，会在心理上不断影响办案人员。一方面，赢得办案人员对律师的尊重；另一方面，主动接触总会有重要的发现或推进。有心的律师往往会得到好的效果。

6.只要还没有到案件结束的时候，永远不要放弃。有时案件的进展，有其客观的规律，眼前不利的局面往往会在不经意间转化，此时胜利属于坚持的人。

7.要有自己的底线和坚守。办理案件期间检察院办案人员希望某央企出具认罪的说明文件，以换取不起诉决定。经与办案律师沟通后，某央企人员坚持认为本企业不构成单位行贿罪，故某央企只出具了整改方案及严加管理日常合同等内容的说明。在辩护律师和某央企的坚持下，最终获得了检方不起诉决定，否则认罪的说明文件很可能成为认罪的依据，造成不可挽回的后果。

六、专家点评

点评人：付立庆（中国人民大学法学院教授、博士生导师）

我国《刑法》第三百九十三条规定的单位行贿罪有两种行为类型，“单位为谋取不正当利益而行贿”，或者单位“违反国家规定，给予国家工作人员以回扣、手续费”。单位犯罪具有整体性的特征，上述两种行为类型都需要由单位直接负责的主管人员（按照一定的决策程序）决定、以单位名义实施，即体现单位的整体意志。本案中，律师的辩护思路也抓住了这一关键，紧紧围绕单位意志的欠缺展开。具体来说，这种思路就是：即便在涉案项目的投标过程之中，中标方某央企的工作人员许某给予了相关人员“感谢费”，那也并非某央企的集体意志体现，并非单位行为，而仅是许某的个人行为。单位的主要领导对于相应的给予感谢费的行为、对于李、张二人与许某之间关于该项目“返点”的约定并不知情更未准许，即便这一给予“感谢费”行为的客观效果有利于某央企这一单位，也不能由此反推存在单位行贿行为。紧紧围绕法律要求的单位行贿的行为要件，并从单位整体意志的欠缺入手否定这一要件是本案的关键和要害。办案律师这一思路是清醒而正确的，值得充分肯定。这种依据法律、尊重法律的态度，正是执业律师应有的态度。

当然，律师的办案思路还包括其他内容，如论证某央企获得项目中标不能说是“谋取了不正当利益”，许某给予他人“感谢费”与最终某央企获得涉案项目之间没有因果关系，没有主动行贿而只有相关人员积极要求“返点”的索贿，等等。这些内容对于丰富辩护思路自然是有益的。不过，纯粹从理论上说，在将“不确定的利益”也解释为“不正当利益”、将“为谋取不正当利益”理解为“为了谋取不合法或者不确定的利益”这种主观要件，在强调（无论主动还是被动）单位“违反国家规定，给予国家工作人员以回扣、手续费”是单位行贿的一种方式时，以上这些内容对本案中单位行贿的认定未必十分重要。这些也是需要指出的。

在厘清了从“某央企不符合单位行贿罪的成立条件”从而理应无罪的核心辩护思路之后，办案律师力求结合证据证明这一思路的合理性和可行性。这是正确而有效的。例如，就许某是否就涉案项目之行贿向上级领导请示过这一点而言，办案律师就从许某担任政法事业部经理时上级领导赵总的证言、涉案项目发生时集团副总经理王总的证言等展开，赵总的证言“并未显示在涉案项目上许某曾向其提出为了中标或受到特殊照顾而需要向涉案两位领导行贿”，王总的证言则表明其从未向许某指示对涉案项目相关领导可以进行返点以谋求中标或受到特殊照顾。再如，关于“感谢费”的来源，办案机关认定其是由某央企出资，但办案律师则敏锐指出：起诉意见书中没有查明该事实，卷宗中也没有任何完整清楚的证据能够证明“45万元感谢费”同某央企之间有任何关联。这种依靠事实、重视证据的态度，正是职业律师的专业态度。

司法机关已经就本案立案并启动相应程序，且经过两次补充侦查而增加了一些证据，表明本案并非纯粹无中生有，采取何种辩护思路将影响案件的最终走向。办案律师充分尊重委托单位的核心利益和合理诉求，头脑清醒，没有接受办案机关提出的认罪认罚而后不起诉的建议，而是以事实（证据）为依据、以法律（犯罪构成要件）为准绳，坚持无罪的立场。在具体工作中，办案律师不是空洞地描述国企一旦被认定为单位犯罪所带来的负面效果，呼吁要对国企网开一面，而是立足法律、收集证据，充分地与司法机关人员沟通并说理，最终获得了检察机关的重视以及不起诉的结果，赢得了委托单位的尊重和认可。这种求真务实、为委托人着想的态度，正是执业律师的敬业态度。

赵某被控合同诈骗罪案

王殿学　谌江涛*

一、案情简介

2018年7月13日，公安机关对赵某涉嫌合同诈骗罪立案侦查，同年8月10日，对赵某进行刑事拘留。同年9月3日，公安机关以赵某涉嫌合同诈骗罪向检察院提请逮捕，但未被批准逮捕。

2019年3月5日，公安机关向检察院移送审查起诉。公安机关的起诉意见书认定犯罪嫌疑人赵某有以下犯罪事实：2018年1月16日，犯罪嫌疑人赵某将自己位于某市某区的房屋与买房人签订房屋买卖合同。因房屋为抵押状态，同年3月22日赵某向北京某典当有限公司借款610万元用于垫资解除抵押，双方签订抵押担保借款合同，赵某将上述房屋抵押给北京某典当有限公司，赵某承诺房屋解除抵押后将卖房款偿还给北京某典当有限公司。同年4月2日，北京某典当公司向赵某放款610万元。同年2月12日至6月24日，买房人共计实际支付691万元购买上述房屋，赵某将买房人支付的购房款用于偿还其他高利贷债务。同年3月24日，赵某向买房人交付房屋。同年6月14日，赵某与购房人办理房屋过户手续。同年7月13日18时许，北京某典当有限公司报警：被骗垫资款610万元。公安机关认为，犯罪嫌疑人赵某的行为已经触犯了《刑法》第二百二十四条之

* 王殿学：北京市京师律师事务所刑事专业委员会副主任兼秘书长、金融犯罪研究中心主任；谌江涛：北京市京师律师事务所刑事专业委员会副秘书长。

规定，涉嫌合同诈骗罪。

在审查起诉阶段，检察院以部分事实不清、证据不足退回补充侦查两次；其间又因案情复杂，延长审查起诉期限两次。最终，检察院采纳了辩护律师的法律意见，于2019年8月2日，以事实不清、证据不足为由，对赵某作出不起诉的决定。

二、争议焦点

本案的争议焦点是：

第一，赵某是否有非法占有他人财物的主观目的？本案中，赵某向北京某典当有限公司借款用于房屋解押，并向北京某典当有限公司承诺会将售房款用于归还借款，然而最终赵某未将售房款用于偿还北京某典当有限公司的借款，而是用于偿还其他高利贷债务，那么赵某的上述行为是否可以推定其具有非法占有他人财物的主观目的？

第二，赵某是否存在虚构事实、隐瞒真相，骗取他人财物的行为？赵某在对北京某典当有限公司隐瞒了收到购房款的事实，欺骗北京某典当有限公司说未收到购房款，为了让北京某典当有限公司相信其一直未收到购房款，赵某还让其朋友假装买房人去北京某典当有限公司处替其圆谎，赵某的上述行为是否属于虚构事实、隐瞒真相，骗取他人财物的行为？

三、辩护思路

要成立诈骗类罪，需要犯罪嫌疑人有非法占有他人财物的目的，还需要犯罪嫌疑人实施了虚构事实、隐瞒真相的行为，并且还要求存在被害人因为犯罪嫌疑人的欺诈行为陷入错误的认识，并因为错误的认识而向犯罪嫌疑人交付财物，并导致被害人的财物受到损失。上述环节缺少了任何一个，都不能成立合同诈骗罪。

(一)赵某不具有非法占有他人财物的主观目的

诈骗类犯罪需要“以非法占有为目的”作为必要构成要件。《刑法》中虽然没有规定诈骗罪需要有非法占有的目的,但是“以非法占有为目的”属于诈骗罪的“不成文的构成要件要素”,这个观点应该没有争议。同样,合同诈骗、票据诈骗、金融凭证诈骗、信用证诈骗、信用卡诈骗、有价证券诈骗和保险诈骗等罪,《刑法》中也没有明确规定“以非法占有为目的”,但是笔者认为,上述诈骗犯罪同样要“以非法占有为目的”为必要构成要件。

如何认定合同诈骗罪行为人主观上的“以非法占有为目的”,是司法实践中的重点和难点。“以非法占有为目的”是行为人的一种主观心理态度,其本质在于使财物脱离所有人或者持有人的控制而据为己有。非法占有目的作为一种主观要素,无法被司法机关直接探知,因而存在较大的认定难度。笔者认为,判断行为人主观上是否具有非法占有的目的,其核心是看行为人是否具有逃避返还财物的行为和表现。

《全国法院审理金融犯罪案件工作座谈会纪要》(法〔2001〕8号)中强调,在司法实践中,认定是否具有非法占有的目的,应当坚持主客观相一致的原则,既要避免单纯根据损失结果客观归罪,也不能仅凭被告人自己的供述,而应当根据案件具体情况具体分析。根据司法实践,对于行为人通过欺骗的方法非法获取资金,造成数额较大资金不能归还,并具有下列情形之一的,可以认定为具有非法占有的目的:(1)明知没有归还能力而大量骗取资金;(2)非法获取资金后逃跑的;(3)肆意挥霍骗取资金的;(4)使用骗取的资金进行犯罪活动的;(5)抽逃、转移资金、隐匿财产,以逃避返还资金的;(6)隐匿、销毁账目,或者搞假破产、假倒闭,以逃避返还资金的;(7)其他非法占有资金、拒不返还的行为。但是,在处理具体案件的时候,对于有证据证明行为人不具有非法占有目的的,不能单纯以财产不能归还就按金融诈骗罪处理。

最高人民法院《关于审理非法集资刑事案件具体应用法律若干问题的解释》(2010年)第四条第二款规定:“使用诈骗方法非法集资,具有下列情形之一的,可以认定为'以非法占有为目的'：（一）集资后不用于生产经营活动或者用于生产经营活动与筹集资金规模明显不成比例，致使集资款不能返还的；（二）肆意挥霍集资款，致使集资款不能返还的；（三）携带集资款逃匿的；（四）将集资款用于违法犯罪活动的；（五）抽逃、转移资金、隐匿财产，逃避返还资金的；（六）隐匿、销毁账目，或者搞假破产、假倒闭，逃避返还资金的；（七）拒不交代资金去向，逃避返还资金的；（八）其他可以认定非法占有目的的情形。"

最高人民法院、最高人民检察院《关于办理妨害信用卡管理刑事案件具体应用法律若干问题的解释》（2018年修正）第六条规定："……对于是否以非法占有为目的，应当综合持卡人信用记录、还款能力和意愿、申领和透支信用卡的状况、透支资金的用途、透支后的表现、未按规定还款的原因等情节作出判断。不得单纯依据持卡人未按规定还款的事实认定非法占有目的。具有以下情形之一的，应当认定为刑法第一百九十六条第二款规定的'以非法占有为目的'，但有证据证明持卡人确实不具有非法占有目的的除外：（一）明知没有还款能力而大量透支，无法归还的；（二）使用虚假资信证明申领信用卡后透支，无法归还的；（三）透支后通过逃匿、改变联系方式等手段，逃避银行催收的；（四）抽逃、转移资金，隐匿财产，逃避还款的；（五）使用透支的资金进行犯罪活动的；（六）其他非法占有资金，拒不归还的情形。"

以上司法解释、座谈纪要中虽然是适用于金融犯罪中认定"以非法占有为目的"，但对我们认定合同诈骗罪中的犯罪嫌疑人是否具有"以非法占有为目的"也有一定的借鉴作用。从上述列举出的法律规定我们可以归纳出，是否有非法占有的目的，其核心是行为人是否有逃避返还财物的行为和表现。如果行为人没有逃避返还财物的行为和表现，不应该认定行为人有非法占有的目的。在某些案件中，即使行为人非法占有了他人的财物，也并不等同于行为人具有"非法占有的目的"。

公安机关在办案时有时会忽略行为人是否有"非法占有的目的"，通常将其主要注意力集中在行为人是否有虚构事实、隐瞒真相的欺诈行为上，认为只要有欺诈的行为，那实施欺诈行为的人必然有"非法占有的目的"，你要是没有

“非法占有的目的”，为什么要骗人呢，实施欺诈行为不就是为了非法占有他人的财物，所以有欺诈行为，就必然“有非法占有的目的”。这种想法对于电信诈骗、网络诈骗基本是可以成立的，因为电信诈骗、网络诈骗的行为人通常都是陌生人、隐瞒身份的人，通常可以认为有欺诈行为就有“非法占有的目的”。但是对于一些熟人之间，身份信息真实的人之间发生的涉嫌诈骗类的案件中，判断行为人主观上是否具有“非法占有的目的”，却并非那么简单。我们不能以欺诈行为的存在来倒推存在“非法占有的目的”，而是应该紧紧围绕上述司法解释来判断其是否具有“非法占有的目的”。

是否具有“以非法占有为目的”还是诈骗罪与一般民事欺诈的界限。区分诈骗罪与一般民事欺诈，可以从以下三个方面来综合考虑：(1)行为人事前有无归还能力，如行为人的资产负债情况等；(2)行为人事中有无积极归还或者消极不归还的行为或者表现，如行为人编造事实或者隐瞒真相拖延归还被害人的财产等；(3)行为人事后处分财物及对他人财产损失的态度，如行为人是否通过实施诈骗行为排除被害人对其财产的控制并将其财产转归行为人或第三人名下，是否将被害人的财物用于双方约定的用途，抑或消费、还债等个人用途，是否具有转移财产、隐匿财产、拒不交代财物的真实去向等欲使被害人财物无法收回的行为等。

具体到本案中，笔者认为赵某不具有非法占有他人财物的主观目的。

第一，本案中，赵某系一起“套路贷”案件的受害者，他从借款20万元起，就陷入“套路贷”的陷阱中，债务被层层垒高，其房屋早已经被“套路贷”债权人逼迫抵押给了银行。至2017年10月，在偿还了“套路贷”高达2000多万元债务后，赵某一家仅恢复了两个月的平静生活。2017年年末，“套路贷”债权人王某又找到赵某，说他还欠155万元，之前偿还的钱只是利息，还有本金没还。赵某对此不认可，王某就派一帮人到赵某家里去闹，致使赵某没办法正常工作和生活。赵某遂报警，但公安机关因证据不足不予受理，在这种情况下赵某只能被迫接受王某卖房还债的要求。为了让赵某顺利售出房屋，“套路贷”债权人要求赵某以月息5.4%的高息，从他们指定的北京某典当有限公司借款，以此来解除设定在其房屋上的抵押权，以便房屋可以顺利出售变现。上述签订涉案合同的背景，可以证明赵某与北京某典当有限公司签订借款合同是在"套路贷"债权人的要求下进行的，赵某自身并没有主动与北京某典当有限公司签订借款合同，其向北京某典当有限公司借款的目的也是应"套路贷"人员要求用于解除房屋上设定的抵押权，其并没有非法法占有北京某典当有限公司借款的意图。

第二，赵某与北京某典当有限公司签订合同后，将从北京某典当有限公司获得的借款真实用于所售房屋的解抵押，并没有用于个人消费、挥霍。

第三，赵某在与北京某典当有限公司签订合同时，其认为是有能力偿还北京某典当有限公司的借款的，不属于"明知没有归还能力而大量骗取资金"的情形。在侦查备查卷第9页，2018年9月29日赵某的笔录中记载，赵某在向北京某典当有限公司借款时，认为只有王某和冉某在追要欠款，而当时赵某的房屋卖了725万元，即使再偿还"套路贷"的155万元，其也是有归还能力的。但是没有料到，他以为已经偿还完债务，但是"套路贷"人员听到他卖房的消息又来找他要钱。

第四，赵某没有将售房款用于偿还北京某典当有限公司的借款，并非恶意转移财产,赵某并没有主动将卖房款转移给"套路贷"人员，而是"套路贷"人员用种种办法，逼迫赵某带他去找购房者要钱。如果购房者当时给了钱，他们当时就用赵某的U盾在网上银行将钱转走；如果购房者说过几天给钱，他们就把赵某的银行卡和U盾拿走，等钱到账后自行转走。所以，赵某所得卖房款是直接被"套路贷"人员强行划走的，未能将卖房款还给北京某典当有限公司并非赵某的主观意愿。

第五，赵某也没有获取资金后逃匿的行为。北京某典当有限公司与赵某约定的利息为每10日1.7%，也就是月息5.4%，而在面对这么高的利息的情况下，即便资金被"套路贷"人员强制划走，赵某仍然积极地筹措资金归还北京某典当有限公司的债务。至案发，赵某累计向典当行支付了100万元。

因此，综合赵某的上述行为，笔者认为赵某不具有非法占有他人钱财的主观目的。

（二）赵某没有实施虚构事实、隐瞒真相，骗取对方当事人财物的行为

诈骗罪的犯罪嫌疑人核心行为就是实施了虚构事实、隐瞒真相的行为，一般来说，侦查机关对此也会重点取证。那么很多人就会说了，那这还有什么可辩的呢，犯罪嫌疑人是否实施了虚构事实、隐瞒真相的行为，这不是一个一看就知道的事实么？但是具体到个案中，却并没有那么简单。举个例子来说，在笔者亲自办理的一个诈骗案件中，检察院指控犯罪嫌疑人使用虚假的工程施工合同骗取他人钱财，指控犯罪嫌疑人构成诈骗罪。在那个案件中公诉机关有确凿的证据证明犯罪嫌疑人给被害人看的合同是虚假的，因此公诉机关得出结论，犯罪嫌疑人对被害人实施了虚构事实、隐瞒真相的行为。但是在律师会见过程中，犯罪嫌疑人提出，他并不知道这个工程施工合同是假的，因为他是经人介绍后，认识了发包方的老总，之后和发方包签订的合同，其并不知道那个工程施工合同是假的，也就是说，他也是被别人骗了。在这个案件中，如果犯罪嫌疑人的陈述是真实的，那么，犯罪嫌疑人在不知道工程施工合同是虚假的情况下，将虚假的工程施工合同出示给他人看的行为并不属于虚构事实、隐瞒真相的行为。这样的情况在很多古董交易纠纷案中非常常见，当犯罪嫌疑人将古董出售给他人时，如果其不知道古董是假的，而出售给他人，其行为也不构成虚构事实、隐瞒真相的行为。在犯罪嫌疑人本身处于对事物的错误认识过程中时，其将错误认识再传达给他人的行为并不属于虚构事实、隐瞒真相的行为。因此，在具体案件中，并不能因为案件当中存在虚构的事实，就可以得出犯罪嫌疑人实施了虚构事实、隐瞒真相的行为，还应当结合具体的案件情况予以分析。

笔者认为，本案中赵某没有实施虚构事实、隐瞒真相，骗取对方当事人财物的行为。

赵某向北京某典当有限公司借款时，如实陈述了借钱的用途，也告知了北京某典当有限公司房屋出售给他人的情况，将北京某典当有限公司借给他的钱也全部用于自己出售房屋的解除抵押权。因此，赵某没有实施虚构事实、隐瞒

真相，骗取对方当事人财物的行为。

（三）北京某典当有限公司没有陷入错误认识

在具体案件中，犯罪嫌疑人虽然实施了虚构事实、隐瞒真相的行为，但是如果有证据证明被害人并没有因此陷入错误认识，那么犯罪嫌疑人也不构成诈骗罪。

在本案中，赵某在合同履行过程中，确实有欺诈行为，比如，在北京某典当有限公司向其催款时，赵某谎称房子还没有出售，房款还没有拿到手。甚至在北京某典当有限公司通知其去公司说明情况时，为了能有更多的时间去筹款，赵某让其朋友冒充购房人，谎称房屋还没有交付，房款还没有支付。表面看，赵某确实实施了欺诈的行为，并且也导致了北京某典当有限公司610万元的损失，那么赵某肯定构成诈骗。但是，仔细分析就会发现上述这些“欺骗行为”并没有让北京某典当有限公司陷入错误认识中，北京某典当有限公司当场就识破了赵某的虚假陈述，并没有因为赵某的欺诈行为而陷入错误认识。

（四）北京某典当有限公司并没有因为错误认识而交付财产，从而导致财产受损

被害人交付财物与错误认识不具有因果关系，犯罪嫌疑人也不构成诈骗类犯罪。在具体案件中，如果被害人交付财物发生在前，犯罪嫌疑人的欺诈行为发生在后，那么可以很清楚地断定被害人交付财物的行为与犯罪嫌疑人的欺诈行为不存在因果关系，犯罪嫌疑人不构成诈骗罪。即使被害人交付财物的行为发生在犯罪嫌疑人的欺诈行为之后，也要对被害人的交付财物的行为进行分析，如果有证据证明被害人交付财物的行为与犯罪嫌疑人的欺诈行为不具有因果关系，则犯罪嫌疑人同样不构成诈骗罪。

在本案中，北京某典当有限公司交付财产时，赵某并没有实施欺诈的行为。而在北京某典当有限公司交付财产之后，赵某虽然实施了欺诈的行为，但是该欺诈行为并不是为了骗取北京某典当有限公司的财产，且事实上北京某典当有限公司也并未陷入错误认识，也没有因错误认识处分自己的财产。

综上所述，笔者认为赵某的行为不构成合同诈骗罪。

四、办案过程

2018年12月的一天，有一位朋友找到辩护人，说有一个案件的当事人从借了20万元开始，现在还了几千万元，房也被逼卖了，现在“套路贷”人员还逼着他还钱，还因为还钱的问题，被控告合同诈骗，想委托辩护人为代理人。这样辩护人和当事人见了面，当事人拿着案件材料给辩护人看，光从材料的内容来看，好像就是一个普通的民间借贷，顶多利息高一些、利息存在预先扣除的情况，似乎看不到更多“套路贷”的犯罪行为。于是，辩护人又详细询问了当事人案件的细节，但是案件当事人总是说不到重点。为了把案情弄清楚，辩护人花了整整一个星期的时间，才帮当事人把事情的经过梳理了出来。根据整理出来的材料，辩护人认定当事人确实是陷入一个“套路贷”的骗局中，为此辩护人确定了办案思路：以“套路贷”报案为主线，为其涉嫌的“合同诈骗”罪的无罪辩护提供帮助。

当事人说他之前向公安机关报过案，但是公安机关都没有立案，认为不属于刑事案件，属于民事纠纷。于是辩护人开始帮助当事人整理报案材料，帮助他立案，通过一系列繁杂的文案工作后，辩护人整理出来一份详细的报案材料。在报案材料中，辩护人从“套路贷”的非法占有的主观故意入手，揭露了“套路贷”假借民间借贷之名，通过种种套路虚增借款金额，通过“借新还旧”层层垒高债务金额，并随意认定赵某违约，强制从赵某银行卡转走根本没有任何名目的钱财，对已经清偿完毕的高额债务又继续索要，并通过各种软暴力胁迫赵某交出上述财物的犯罪行为，论证了“套路贷”人员的行为已经构成强迫交易罪、诈骗罪、敲诈勒索罪、寻衅滋事罪。最后，辩护人恳请公安机关依法对“套路贷”人员进行立案侦查，依法追缴赃款并返还给当事人，挽回当事人的经济损失。这次报案材料交上去后，公安机关顺利地受理并立案。

公安机关立案后，辩护人又积极与检察机关沟通，按照辩护思路给检察院提交了关于赵某不构成合同诈骗罪的法律意见。检察院随后将此案退回公安机关补充侦查，最终于2019年8月29日对赵某作出了不起诉的决定。

五、办案心得

（一）谨防将经济纠纷当作诈骗类犯罪处理

实践中，在合同履行、签订过程中，夸大宣传、虚假宣传的情况常有，而因为经营不善、合同纠纷等其他种种原因导致合同无法履行，致使合同相对方遭受经济损失的情形时有发生，这时合同相对方常常选择以被诈骗为由要求公安机关立案处理，而实践中也常有把此类纠纷当作合同诈骗罪处理。

辩护人认为，诈骗罪并不泛指一切采用欺骗手段取得财物的行为，只有达到一定严重程度、有较大社会危害的骗取财物行为，才构成诈骗。能够通过民事途径救济的骗取财物行为一般不应认为是诈骗罪，这也符合刑法的谦抑性原则。刑法之所以把诈骗行为规定为犯罪，是因为这种行为严重侵犯他人财产权益。犯罪分子骗取他人财产或者隐匿了身份、住址，或者没有留下被害人主张权利的证据，或者将骗取的财产挥霍、藏匿等，被害人无法通过正常的民事救济途径维护其权益，不采用刑事手段制裁不足以维护正常的社会秩序。因此，构成诈骗罪的行为，应当是不能通过民事途径进行救济的行为。欺骗行为尚不严重，不影响被害人通过民事途径进行救济的，一般不宜认定为诈骗犯罪。在司法实践中，办案人员应当把被骗的财产损失能否通过民事救济途径予以挽回，作为有无非法占有目的的重要判断标准。例如，王某向他人借款10万元，取得借款后明确表示不想偿还，但其向出借人出具了真实姓名的借条，出借人知道其家庭住址，其本人也有足够的财产可供执行。这种情况下虽然根据其本人的口头表示似乎非法占有目的明确，但出借人的损失能够通过民事途径加以救济，没有必要将这种行为定性为诈骗罪。

（二）出现问题及时寻求专业律师的专业帮助

本案中，当事人明明自己是个“套路贷”的受害者，却因为自己不懂法律，也不善于表述，不仅自己去公安机关报案没有被公安机关立案，还因自己向北京某典当有限公司借款无法偿还，被公安机关以涉嫌合同诈骗罪刑事拘留，眼看自己的损失无法追回，更加严重的是自己还有可能身陷囹圄。幸运的是，他寻求了律师的帮助，辩护人一开始看到当事人写的材料，也才明白为什么公安机关没有立案。因为从当事人的报案材料中来看，当事人与“套路贷”人员的关系就是借贷关系，根本看不到有任何犯罪行为，因此，公安机关作出不予立案的决定也不足为奇。“套路贷”犯罪活动非常具有欺骗性，如果从单个环节来看，好像每个环节都是合法的，或者顶多存在一些利息约定过高的违法行为，因此，本案当事人赵某作为一个非专业人士，他根本无法向公安机关说清楚自己怎么被骗了，甚至一开始他都没有觉得自己被骗了。因此，出现问题后，应当及时寻求专业律师的帮助。

（三）任何事件都不是孤立的，刑事案件的辩护也一样，有时需要律师把案件与看似与案件无关的事实联系起来，予以综合考虑

本案中，如果仅从当事人赵某涉嫌合同诈骗罪这个案件来看，与“套路贷”似乎没有关系。公安机关也不会关心这个细节。但是，如果我们把被指控的合同诈骗行为放入整个事件去看，就发现了几个和合同诈骗罪有关的细节：第一，赵某向北京某典当有限公司借钱是“套路贷”所逼的。第二，向哪个典当公司借钱也是“套路贷”指定的。第三，赵某本身没有非法占有他人钱财的故意，卖房人付给他的钱被“套路贷”人员强行拿走。

（四）一个冤案的纠正或者避免，离不开检察官、法官的担当

律师本身没有权力决定一个案件的走向，要改变一个案件的走向，首先要具备专业的理论功底。只有这样，才有可能说服检察官、法官采纳律师的意见。

但是如果检察官、法官不采纳律师的意见，则不能真正地影响案件的走向。因此，还需要有担当、有理论水平，公平、正义的检察官、法官，只有他们采纳了律师说得对的意见，最终才能改变一个案件的走向，才能防止一个冤案的产生。

那么有人会认为，要律师也没有用，因为律师说了也不算，只有检察官、法官说了算，所以笔者还是希望检察官、法官可以坚持公平和正义。但是，这样显然是片面的。事实上，律师的价值就是体现在说得对上。立场不同，看问题的角度也不同，而看问题的角度不同，可能也会导致得出的观点不同。虽然我国的法律规定，公安机关既要收集犯罪嫌疑人有罪的证据，同样也要收集犯罪嫌疑人无罪的证据；检察院既要对有罪的犯罪嫌疑人提起公诉，也要对无罪的犯罪嫌疑人作出不起诉的决定；法院既要对有罪的被告人判决有罪，也要对无罪的被告人判决无罪。但是，有罪、无罪只能基于法律事实，而无法回到案件发生的那一刻，因此，有罪、无罪实际上是一个推理的过程，而检察院作为公诉人，其定位更多是处于指控犯罪的立场上，其看待问题的角度也更多的是从证明犯罪嫌疑人有罪的角度出发，因此，需要有一个人站在犯罪嫌疑人无罪的角度来为犯罪嫌疑人说话。只有这样，才能保证司法的公平、公正。律师的作用在于说得对，而案件的走向还需要有担当和坚持公平、正义的检察官、法官，二者各有各的作用，缺一不可。

六、专家点评

点评人：劳东燕（清华大学法学院教授、博士生导师）

本案是一起“套路贷”的被害人被控涉嫌合同诈骗的案件，辩护律师在全面把握案件证据与事实的基础上，精心制定辩护策略，取得很好的辩护效果。最终，不仅有效促成检察机关作出不起诉的决定，使当事人得以洗脱合同诈骗的嫌疑，而且还积极推动公安机关对涉嫌实施“套路贷”相关犯罪的人员进行立案侦查，从而使当事人有望挽回经济损失。本案的办理，在两个方面值得肯定。

一方面，在涉及合同诈骗罪的辩护上，能够密切结合案件事实，从诈骗犯罪的非法占有目的与客观构成要件展开论证。

现有的司法解释与其他规范性文件，对诈骗犯罪中的非法占有目的做了具体情形的列举，而本案中的赵某自始至终并没有实施相应的行为。赵某在签订抵押担保借款合同的当时具有偿还能力，其事后丧失还款能力，是因"套路贷"人员额外索取并强制划转资金所致；尤其是在资金极其紧张的情况下，赵某仍然积极筹措资金归还债务，到案发时累计归还100万元。就此而言，显然难以认定赵某主观上具有非法占有目的。

与此同时，赵某在签订合同的当时并未实施欺诈行为，北京某典当有限公司将600万元借款转移给赵某，也并非欺诈行为所致。赵某在获得借款之后，隐瞒已收购房款的事实，并让其朋友假装买房人到北京某典当有限公司替其圆谎的行为，难以构成诈骗罪中的欺诈行为。这是因为诈骗犯罪中的欺诈行为，本质上是通过信息误导操纵相对方的认知，从而让其作出不利的财产处分，转移对财物的占有。本案中，赵某是在已经获得对600万元的占有之后，因客观原因在归还借款的问题上隐瞒了真相，根本不可能构成诈骗犯罪中的欺诈行为，更不可能成立合同诈骗罪的实行行为。相应地，财物的占有既然在之前已经实现转移，自然更谈不上相对方因陷入认识错误而作出财产处分，由此遭受财产损失的问题。简言之，赵某的行为完全不符合合同诈骗罪的客观要件。

另一方面，辩护律师能够不局限于案件本身，在对整个套路贷的事实与过程有全面了解之后，又策略性地做了进一步的工作，即就"套路贷"人员涉嫌相关犯罪的问题向公安机关报案并获得立案。这样的策略与相应的工作，不仅为之后检察机关对赵某作出不起诉决定提供了有益的助力，也使赵某得以彻底摆脱"套路贷"人员所设的圈套，并有可能挽回自身在被"套路贷"的过程中所遭受的财产损失。"套路贷"犯罪是近几年司法机关重拳打击的对象，辩护律师敏锐地认识到这一政策动向，通过向公安机关报案，不仅有效地维护了当事人的权益，而且也为打击"套路贷"犯罪作出了自己的贡献。

总体来说，本案的辩护，既体现策略的选择又体现专业知识的运用，是将两者较好结合的一次典范。在刑事诉讼中，辩护律师的角色及其职能至关重要，有助于使控辩审三方的关系趋于平衡，从而尽可能地实现发现真相与程度正义的有效统一。缺乏有效的辩护，控辩双方便不可能平等，而这终将有损于刑事诉讼的目的与宗旨。

于某某被控集资诈骗罪、合同诈骗罪案

陈　瑞　白小强*

一、案情简介

于某某是河北省某市一家铁选厂的法定代表人。2010年至2014年，于某某因资金周转需要，高息向周边的亲朋好友及小额贷款公司借了大量资金用于生产经营。由于行业不景气，后期于某某还本付息比较吃力。2014年10月，多名债权人强行将于某某铁选厂内的机器设备及原材料抢夺一空，铁选厂也被迫抵债转让给其中的一名债权人。铁选厂抵债后，于某某与多名债权人签署了还款协议，约定10年内分期还清全部欠款本金。

2017年8月，李某向公安机关报案，称于某某在2012年至2014年，虚构借款用途，向其借款上千万元，至今未还，涉嫌诈骗。

2018年1月9日，公安机关将于某某刑事拘留，涉嫌诈骗罪。2018年1月16日，于某某被取保候审。2018年6月10日，于某某再次被刑事拘留，2018年7月17日，被河北省某县人民检察院批准逮捕，涉嫌集资诈骗罪和合同诈骗罪。

经过开庭审理，河北省某县人民检察院就于某某涉嫌集资诈骗罪、合同诈骗罪一案请求撤回起诉，经河北省某县人民法院审查裁定，准许检察机关撤回起诉。最后，河北省某县人民检察院以认定事实不清、证据不足作出不予起诉

* 陈瑞：北京市京师律师事务所刑事专业委员会理事、职务犯罪研究中心秘书长、刑事风险防控法律事务部主任；白小强：北京市京师律师事务所刑事专业委员会理事。

决定，于某某在被关押617日后无罪释放，终获自由。

二、争议焦点

本案争议的焦点为：于某某是否构成集资诈骗罪、合同诈骗罪。

三、辩护思路

（一）于某某的行为不构成集资诈骗罪

《刑法》第一百九十二条规定，以非法占有为目的，使用诈骗方法非法集资，数额较大的构成集资诈骗罪。从该条的规定可知，构成集资诈骗罪必须要同时具备三个要件：第一，必须存在非法集资行为；第二，必须在非法集资的过程中使用了诈骗的方法；第三，主观上存在非法占有的目的。三要件缺一不可，缺少任何一个均不能构成集资诈骗罪。下面就遵循客观判断先于主观判断、形式判断先于实质判断、事实判断先于价值判断这三个基本定罪规则来考量本案中于某某的行为是否具备上述三个要件。

1.于某某向多人借款的行为不构成非法集资

最高人民法院在《关于审理诈骗案件具体应用法律的若干问题的解释》（已废止）中规定，“非法集资”是指法人、其他组织或者个人，未经有权机关批准，向社会公众募集资金的行为。在2010年最高人民法院出台的《关于审理非法集资刑事案件具体应用法律若干问题的解释》（已被修改）中对非法集资概念的特征要件予以具体细化，明确规定成立非法集资必须要同时具备非法性、公开性、利诱性、社会性这四个特征，缺少任何一个特征要件，均不能构成非法集资。本案中，于某某不具备非法性、公开性和社会性这三个特征要件。

（1）于某某向多人借款的行为不具备非法性

非法集资罪中的非法性是指违反国家金融管理法律规定吸收资金，但合法的民间借贷法律并不禁止。本案中于某某向他人借款，全部用于自身企业经营，并没有用于转贷或者挪为他用，完全是一种合法的民间融资行为。在如今的融资环境下，国家不但不禁止，而且是鼓励这种民间直接融资行为的。另外，于某某从未向社会公众借款，借款对象基本上为亲友、同事、小额贷款公司，借款范围较小、人数较少，从性质上看也不属于吸收社会公众存款。借款人李某等人已向河北省某县人民法院以民间借贷纠纷为案由起诉了于某某，法院认定双方之间的民间借贷行为合法有效，证明于某某的民间借贷行为不具有非法性。

（2）于某某向多人借款之行为不具有公开性

公开性是指通过网络、媒体、推介会、传单、手机信息等途径向社会公开宣传。公开宣传与否，是区分非法集资与合法融资的关键所在，也是判断是否向社会吸收资金的重要依据。本案中于某某在借款时未向社会进行公开宣传，从未通过网络、媒体、推介会、传单、手机信息等公开宣传方式向社会借款。通过案卷证据材料可以看到，本案所有的出借人都是于某某认识的，没有一个出借人是通过社会公开渠道宣传借款给于某某的。

虽然有个别人提到，他们借给于某某的钱，有其他人的钱，但是于某某对此并不明知，不能认定于某某是放纵他们向其他人进行集资。

（3）于某某向多人借款的行为不具有社会性

社会性特征是指向社会公众即社会不特定对象吸收资金。社会性是非法集资的本质特征。"社会公众"是指不特定的广大群体，不特定主要是指人群方向的不确定性，哪些人将成为非法集资的对象是不确定的，也就是社会上每个人都有可能成为非法集资的对象。

向与行为人有特殊关系的人如亲朋好友借款，当然不属于非法集资。通过梳理本案，我们可以发现，借钱给于某某的共三类人：一类是于某某的亲朋好友，共11人，有岳某义、赵某波、高某安、陆某秋、赵某占、侯某、付某军、杨某东、尚某成、褚某明、岳某敏；另一类是于某某的同行同事，共6人，有兰某敏、杨某成、窄某军、齐某军、周某祥、希某东；还有一类是专业民间借贷从业者，共4人，有李某晶、侯某、李某、某惠农合作社。这可以看出于某某借款是确定的，具有特定性，即都是熟人。另外，这三类人还具有共性，即资产较多，有丰富的民间借贷经验，抗风险能力比较强。案卷中于某某的债权人共21人，其中债权已经全部实现的有赵某波、侯某、褚某明3人，目前尚欠款债权人18人，其中已经法院民事判决的有李某、岳某义、某惠农合作社、尚某成、岳某敏、周某祥等人。从于某某的借款对象可以看出，其借款非常具有针对性，借款对象均是熟悉的人，且全部是当地人，是其同村或者邻村的村民，这不能定义为人们所能理解的及学理上所称的“社会公众”，所以于某某借款的行为也不具有“社会性”。

2.于某某在借款过程中未使用诈骗手段

河北省某县人民检察院认为，于某某隐瞒自己债台高筑、入不敷出、经营资产恶化的事实，多次以选厂经营、投资入股、重复抵押等诈骗方法非法集资，这与事实严重不符，检方所提供的证据均无法证明于某某采用了诈骗手段集资。

（1）企业经营出现资金周转不灵，乃至对外负债是很普遍的现象，于某某也不例外，于某某负债经营实属正常

在我国，即便是上市公司、国有企业也会存在对外负债的情况，负债率过高从某种意义上来讲，也达到了资不抵债的程度。于某某经营的铁选厂是资金密集型企业，需要大量的资金用于购买铁粉和铁矿石。并且，该行业受市场波动影响比较大，于某某除了利用自身原始积蓄投入生产外，对外临时拆借资金负债经营也很正常，这也是行业普遍现象，不能苛求于某某必须要用自有资金进行经营。

（2）本案的所有出借人在向于某某借款时都未主动询问于某某的财务状况

企业的资金状况是商业秘密，除上市公司以外，如果出借人不主动要求借款企业提供财务报表，法律并未要求企业必须披露自身真实财务情况。实践中，除了银行贷款外，其他人基本都不会要求借款企业在借款的过程中报告这些情况，于某某没有主动向出借人披露自身财务状况的义务，所以也不存在故

意隐瞒真相的问题。

如果出借人在借款时询问了于某某的财产状况，于某某没有明确告知，这是隐瞒真相，出借人没问，于某某没说，就不存在隐瞒真相的情况。而且，在于某某的自身认识里，他是有信心经营好铁选厂，有信心归还欠款的。

（3）于某某借款用于选厂经营和投资入股，是符合事实情况的，于某某并未隐瞒借款真实用途

无论是侦查机关还是检察机关，并没有向法庭提供证据证明于某某在向他人借款后肆意挥霍，挪作他用。事实上于某某借款也都用于企业经营，企业经营也包括偿还企业外债。目前可以查证的，于某某所借款项用于投入生产营业的款项保守估计不少于3500万元，该生产经营项目分别为：铁选厂建厂投资资金约300万元，铁选厂第二车间固定机器设备及厂房投资约150万元，库存铁粉和粗粉存量最高时价值约3500万元，向某采矿厂投入资金约900万元（现该铁矿估值约四五千万元），铁选厂扩建及增添生产设备费投入资金约260万元，铁选厂2010年1月至2014年9月电费294.62万元、入股款100万元、纳税约300万元，于某某将借款用来投入生产经营是符合客观实际的，并没有隐瞒真实用途。

3.于某某不具有非法占有他人财产的主观目的

（1）于某某的行为不具备法律认定“以非法占有为目的”的八种情形

根据最高人民法院2010年12月13日颁布的《关于审理非法集资刑事案件具体应用法律若干问题的解释》（已被修改）第四条的规定，有下列情形之一的，可以认定为“以非法占有为目的”：

①集资后不用于生产经营活动或者用于生产经营活动与筹集资金规模明显不成比例，致使集资款不能返还的；

②肆意挥霍集资款，致使集资款不能返还的；

③携带集资款逃匿的；

④将集资款用于违法犯罪活动的；

⑤抽逃、转移资金、隐匿财产，逃避返还资金的；

⑥隐匿、销毁账目，或者搞假破产、假倒闭，逃避返还资金的；

⑦拒不交代资金去向，逃避返还资金的；

⑧其他可以认定非法占有目的的情形。

本案中于某某的行为明显不符合上述情形之一，公诉机关认为于某某符合第一种情形，即所借款项与其生产经营实际所需款项明显不成比例。公诉机关的这一指控不能成立。于某某的铁选厂是资金密集型企业，必须投入大量的资金用于购买铁矿石，然后粉碎成铁矿粉送给钢铁厂，而钢铁厂不是马上就回款给铁选厂，所以于某某经营所需资金量非常大。辩护人从于某某处了解到，于某某每次给钢铁厂供货精铁粉基本都是5000~10，000吨，货款价值500万~1000万元，年营业额超亿元。在这种情况下，向他人借款几百万元、上千万元是正常的，是符合企业经营模式的。

检察机关并没有提供铁选厂的账本或其他能够用以证明铁选厂生产经营情况的报表或记录，对于某某的铁选厂生产经营实际所需款项也没有一个清晰的概念，那么在这种情况下无法证明于某某所借款项与生产经营实际所需款项明显不成比例。于某某在询问笔录中供述每月盈利都是几十万元、上百万元的，多位债权人也都作证证明如果铁选厂继续经营，是能还上外债的。

于某某所借的款项并不是在短期内密集借款，借款时间在2011年至2014年。如果将这些资金按每年平均计算，所借资金规模与铁选厂生产经营情况是完全成比例的。

辩护人向法庭提供的证据证明，在2014年10月铁选厂被债权人哄抢之前，该厂一直在正常生产经营，仅2013年1月至2014年9月，于某某支付的电费近200万元。可推知，其企业营业额和生产规模是很大的，所借资金规模与铁选厂生产经营情况是成比例的。

于某某并未将借来款项挪作他用，全部款项基本都用于铁选厂扩建、购买铁粉、入股、交纳电费，用于正常的生产经营，所借款项从未用于个人挥霍。

（2）于某某不能继续履行还款非其主观意愿，系因债权人哄抢其铁选厂这一意志以外客观因素所致

铁选厂被哄抢前，于某某一直努力经营，是能够持续创造经营利润，归还

欠款的。2014年9月21日21时左右，铁选厂正在生产时，突然闯入十几辆车数十人，把正在生产的铁选厂围住，部分人手拿棍棒，威逼恐吓，部分人还出手打了于某某，并强行拉走了厂里的铁粉、机器设备、汽车等，铁选厂因被哄抢导致停产，致使于某某资金链完全崩断，无法归还欠款。

（3）在铁选厂被哄抢后，于某某与债权人协商达成了还款协议，并实际归还了部分欠款，这也能印证被告人主观上并没有非法占有的目的

在铁选厂被哄抢后，于某某仍与债权人商议还款事宜，并与债权人达成还款协议，其竭尽所能地积极偿还被害人欠款，事后还款态度积极，而非采取逃避、哄骗、推诿等方式拒绝归还被害人财产，亦能说明于某某不具有非法占有目的。

（4）于某某若不被采取强制措施，仍具备造血还款能力

被告人于某某被采取强制措施时个人房产、车辆和债权约794万元，包括296万元的个人债权以及价值约498万元的房产和车辆，铁选厂及押存的铁粉价值约为3500万元，迁西采矿前期已投入900万元，现采矿如继续开发价值约为5000万元，于某某如不被采取强制措施，仍具有履行还款的能力。

以上事实可以看出于某某将借款项全部投入正常的生产经营活动，并积极归还债权人本息，铁选厂被哄抢后与债权人达成还款协议，积极履行还款义务。被告人的一系列行为均表明，于某某主观上自始至终均没有非法占有债权人财产的目的。

《全国法院审理金融犯罪案件工作座谈会纪要》第二条第（三）项第三点亦明确规定，在处理具体案件时要注意不能仅凭较大数额的非法集资款不能返还的结果，推定行为人具有非法占有的目的。本案检察机关恰是基于款项不能返还的结果，推定被告人具有非法占有的目的，难免有客观归罪之嫌。

另外，按照检察机关的指控，于某某虽然对外融资高达1亿多元，但已经归还5000余万元，这从另一个侧面能够印证于某某没有主观占有的故意。

综上所述，于某某借款的原因、资金的用途和去向表明，于某某的行为是典型的民间借贷，于某某借款的真实目的是让企业获得真正的发展，通过企业

的发展获取正当、合法的利益，其目的不是非法占有资金，因此其不具备非法占有的目的，不构成集资诈骗犯罪。

（二）被告人于某某依法不构成合同诈骗罪

我国《刑法》第二百二十四条规定，以非法占有为目的，在签订、履行合同过程中，以虚构事实或隐瞒真相的方法，骗取对方当事人财物，数额较大的行为，是合同诈骗罪。合同诈骗罪的构成要件分为客观上的诈骗行为和主观上的非法占有目的。这两个要件同时具备才能认定构成合同诈骗罪。本案中于某某在签订、履行合同过程中，不存在诈骗的主观故意，不具备非法占有的目的；客观上未采取欺骗手段骗取侯某财物，其行为不符合合同诈骗罪的构成要件，故不成立合同诈骗罪。

1.被告人于某某向侯某借款时未采用诈骗手段，客观上没有虚构事实，骗取他人财物的行为

（1）检察机关指控于某某与侯某经营的某市担保公司签订借款合同，向侯某借款855万元和120万元与事实不符，双方在签订借款合同之前就存在借款关系，双方签订借款合同后，侯某并未实际借款给被告人

通过证人董某娟、侯某的证人证言以及于某某的供述，可知本案被告人于某某与侯某早就相识，于某某是从2011年起就从侯某处借款，有借有还。在2013年11月8日、11月23日签订借款合同时，侯某并没有实际支付给于某某合同中约定的这两笔钱，检方提供的转款记录也无法证明存在这两笔借款，事实上，双方是借款在先，后补的借款合同。《合同法》（已废止）第二百一十条①规定："自然人之间的借款合同，自贷款人提供借款时生效。"民间借贷关系成立的前提是借款的实际支付。借贷双方间是否形成借贷关系，除对借款标的、数额、偿还期限等内容意思表示一致外，还要求出借人将货币或其他有价证券交付给借款人，这样借贷关系才正式成立。本案中2013年11月8日、11月23日签订

① 对应《民法典》第六百七十九条。

借款合同后，侯某并未按照借款合同约定借款给于某某。

（2）于某某与某市担保公司签订的借款合同和质押物清单里写明的质押物都是后补的

董某娟、侯某的证言中提到，于某某实际借款时，侯某并没有要求提供质押物，合同是后补签的。也就是说，于某某是否签订借款合同、是否提供入股金收据，均不影响侯某借钱给于某某，侯某借钱时并未陷入错误认识，侯某是否因陷入错误认识而借款在认定诈骗罪中具有关键性作用。且侯某经营的某市担保公司是以民间借款、放贷、收取利息为其生产经营的主要内容，收取利息是其借款的主要目的，侯某借款给于某某是为了能够收取利息，并非因为陷入错误认识而借款给于某某。

（3）无法证明入股收据是于某某提供

案卷中入股收据上写“今收到某某股金300万元”，签名刘某新，这份收据无法证明是于某某提供，没有写明是收到何人的入股金，收据中没有于某某的签字，该份证据的真实性、关联性均不能认可。且于某某在某某矿确有股份，但由杨某成和孙某光两人代持。若该证据是于某某所提供，签名也应是杨某成或孙某光，因此，这份刘某新签字的收款收据与常理不符。

（4）于某某在某银业公司确实存在股份，并非虚构事实

在询问笔录卷三中杨某成说：“于某某在我名下入股了50万元。”在询问笔录卷三中孙某光说：“于某某在2011年年底的时候在我这入股了50万元的股，这50万元，现在还在我的股里呢。”证明于某某在某某矿确实持股，持股额为100万元。投资者投资入股的目的是赚钱，保值增值。在过去的数年时间里，于某某在该矿的股份价值已经远超100万元，所以假设300万元的股金条是于某某提供的，那么于某某也并非虚构事实。

（5）某市铁选厂并非虚构，确实由于某某所购买

某市铁选厂原法定代表人为丛某，2010年丛某将该厂转让刘某，在2013年，刘某又将该厂转让给于某某（于某宏代签协议），转让的价格为110万元。转让后，于某某将企业名称重新注册为某市某隆矿业有限公司，于某某为该公

司股东，于某某接手该厂后在原厂的基础上再次征地50亩左右，更换改进设备扩建添加生产资料又投入了100万元。工商登记显示某市某隆矿业有限公司在2015年4月17日才进行股东名称变更，由于某某、李某晶、孔某齐变更为尚某军、杜某臣。由此可见，在2013年，于某某向侯某借款时，他确实购买过某市铁选厂，并未虚构事实。

综上所述，于某某在借款时并未虚构事实和隐瞒真相，其未采用诈骗手段，不构成合同诈骗罪。

2.于某某不具有合同诈骗罪的主观故意，不具有非法占有的目的

合同诈骗罪必须以具有非法占有目的为犯罪的主观要件。本案中于某某不具有非法占有的目的，不存在诈骗的主观故意。认定是否具有非法占有目的，应当坚持主客观相一致的原则，不能仅根据损失结果客观归罪，也不能仅凭供述，而应当结合行为人的履约能力、履约行为、对取得财物的处置情况、事后态度等情况，加以综合判定，具体如下：

（1）于某某在借款时具备偿还能力，能够保证侯某的债权实现

如前所述，铁选厂被债权人哄抢瓜分前，于某某的铁选厂不被哄抢，于某某是能够履行还款义务的。根据有关司法解释，如果行为人原先有履行合同的能力，但在履行合同过程中，由于客观原因丧失了履约能力，导致无力归还他人财物的，不能以合同诈骗罪定罪处罚。

（2）于某某一直在积极履行还款，从偿还欠款的态度来看，不具备非法占有的目的

被告人的还款态度，是区分行为人主观上有无诈骗故意的重要标志。如果被告人事后能积极采取补救措施，用实际行动赔偿或者减少对方损失，则不能认定其具有非法占有目的。倘若行为人在合同生效后不作任何努力，能履行而不积极履行，则说明其有诈骗故意。于某某在侯某处借款比较频繁，往来账目显示，于某某从2011年至2014年，与侯某一直有账目往来，有借有还。仅在2013年6月22日、7月27日、10月23日，于某某就分三次分别给果某军、王某敏、果某军账户转款100万元、205万元、200万元。在签完借款合同之后，于某某在

2014年3月13日，通过李某飞的账户给侯某汇款100万元。根据双方之间的资金流水往来账，我们可以看出，从2011年至2014年，侯某给于某某汇款合计约2300万元，于某某还款约1850万元，未还款金额在450万元左右，未还款金额与借款总额的占比为20%。于某某如存在非法占有目的，不会在两三年内持续还钱给侯某，双方未还的欠款也已达成还款协议，这均能证明于某某根本没有非法占有的目的。

（3）于某某将借款全部用于生产经营，不存在挥霍行为，也不存在“非法占有目的”的其他情形

若于某某将借款用于个人挥霍、非法活动、非经营性支出等，一般可以认定行为人具有非法占有目的；但本案于某某所借资金除了归还部分利息外，其他全部投入经营厂矿，不存在挥霍的行为。

（三）检方提交的证据远未达到确实充分的程度

我国《刑事诉讼法》规定，案件事实清楚、证据确实、充分的，依据法律认定被告人有罪的，才应当作出有罪判决。证据确实、充分应当符合以下条件：（1）定罪量刑的事实都有证据证明；（2）据以定案的证据均经法定程序查证属实；（3）综合全案证据，对所认定事实已排除合理怀疑。

本案确系事实不清，检方指控被告人集资诈骗上亿元，仍有5000余万元未归还，但并无具体证明该金额的计算方法，也无银行往来流水相印证，也未聘请有资质的第三方审计机构出具审计报告，因此对公诉机关指控的金额亦不能认可。检方指控于某某存在非法占有的目的，但没有任何证据证明被告人将所借款项肆意挥霍或据为已有。

（四）应严格界定刑民界限，防止将经济纠纷当作犯罪处理

合同纠纷往往是当事人具有一定的履约能力和担保，由于客观原因不能履行合同而使对方当事人遭受经济损失所产生的纠纷。当事人如无占有他人财物的故意，不能把经济纠纷当作合同诈骗罪来处理。于某某未及时还钱的行

为，尚未超出普通民事合同纠纷的范畴，从多名出借人已经向法院提起民事诉讼起诉于某某，法院已经作出生效判决可以看出这是正常的民间借贷纠纷。法院已经认定于某某和出借人之间的借贷行为合法有效，是双方真实的意思表示，且有些案件已经进入了执行程序。在同一个法院，民事判决已经确认了双方之间是合法有效的民间借贷关系、是民事合法行为，在该生效判决未被推翻的情况下，再作出一个刑事判决，严重违法了法秩序统一性原则，是不恰当的。

2018年11月16日，最高人民检察院明确规定了11个办理涉民营企业案件执法司法标准，关于如何准确区分经营活动中的正当融资行为与非法集资犯罪，最高人民检察院强调，对民营企业生产、经营、融资等经济活动，除法律、行政法规明确禁止外，不得以违法犯罪对待。民营企业在经营活动中的正当融资行为，应当与非法集资犯罪严格区分。严格把握正当融资行为与集资诈骗罪的界限，对民营企业的融资行为，只有证据证明确系非法占有为目的的，才能以集资诈骗罪认定。办理民营企业案件要坚决防止将经济纠纷当作犯罪处理，坚决防止将民事责任变为刑事责任。

根据中央领导的一系列讲话以及最高人民检察院的通知可知，要慎用刑事措施。对经济纠纷中涉嫌刑事犯罪的，可立可不立的一般不立，可诉可不诉的一般不诉，可判可不判的一般不予判决有罪。司法机关应当谨防用刑事手段干预经济纠纷。在不符合合同诈骗罪、集资诈骗罪犯罪构成的前提下，不可以适用《刑法》对其定罪量刑，否则便有违罪刑法定原则。

四、办案过程

（一）接受委托

于某某被检察院批捕后，于某某家属通过朋友介绍找到了陈瑞、白小强律师咨询。两位律师在听家属介绍案情后，觉得于某某不构成集资诈骗罪，于某某均是向特定的人员借款，没有针对社会公众宣传，不符合集资诈骗罪的犯罪构成要件，认为该案存在很大的辩护空间。家属非常认可律师对案件的分析，当即表示委托。

（二）审查起诉

办案律师接受委托后，到检察院复制了全部卷宗材料和起诉意见书，并去看守所会见了犯罪嫌疑人。会见过程中，犯罪嫌疑人表示他不认可侦查机关查明认定的犯罪事实，他欠钱不假，但并没有诈骗别人的想法。律师在仔细询问了他的借款来源以及借款用途之后，也倾向认为虽然犯罪嫌疑人在对外融资过程中，存在一些不规范行为，但并不能认定是犯罪。在征求犯罪嫌疑人的意见后，两位律师决定为犯罪嫌疑人作无罪辩护。

确定了无罪辩护的思路后，两名辩护律师结合案件证据材料，给检察机关递交了一份翔实的法律意见书，认为侦查机关认定犯罪嫌疑人涉嫌集资诈骗罪、合同诈骗罪事实不清，证据不足，建议检察机关作出不起诉决定。在与检察院的办案人员沟通后，两位律师了解到检察院将该案移送法院审理的决心很大。不出意外，检察院并没有采纳二位律师的辩护意见，同时也拒绝对犯罪嫌疑人变更强制措施。

尽管律师的法律意见没被采纳，但办案律师并未放弃努力。办案律师针对检方可能指控的两项罪名，制定了详细的无罪辩护方案。因侦查机关未聘请审计师事务所对犯罪嫌疑人的银行往来账目进行审计，为了查清资金走向，证明犯罪嫌疑人并未将所借款项用于个人挥霍，两位律师对犯罪嫌疑人2012年至2017年的所有银行流水进行梳理统计。犯罪嫌疑人从事的选矿业是资金密集型行业，资金往来特别频繁，且时间跨度长，涉案的当事人众多，所有的账目均要逐条核对，因此工作量巨大。两位律师针对不同的出借人分门别类制作表格、详细列明各项金额，并形成可视化图表，力求向法庭清晰传递律师的辩护观点。同时，律师也建议家属积极配合寻找并提供一切可以证明犯罪嫌疑人无罪的有利证据。

两位律师认为，习近平总书记主持召开民营企业座谈会并发表重要讲话，强调保护民营企业家的合法权益，该指示精神定会很快贯彻落实到司法实践中，这会给案件辩护带来正面影响。在2019年3月召开的全国“两会”上，最高人民法院院长周强在最高人民法院工作报告中提出要严格区分民事纠纷和犯罪案件，坚决防止利用刑事手段干预经济纠纷，绝不能把民事纠纷当成刑事案件来处理，绝不能把民事责任转化为刑事责任，这更加坚定了两位律师为犯罪嫌疑人进行无罪辩护的信心。

（三）起诉书指控两项罪名

历经两次补充侦查后，案件移送到法院。起诉书指控被告人在2012年至2014年，隐瞒自己债台高筑、入不敷出的事实，多次以选厂经营、投资入股、重复抵押、使用虚假担保等方式，以高息为诱惑直接向李某等十几人借款上亿元，至今为止仍有5000余万元未能归还，经调查，其所借款项与生产经营所需款项明显不符。另指控被告人分别以1000万元的入股金条和铁选厂作为质押物与侯某经营的担保公司签订借款合同，借款1000多万元，经查被告人提供的1000万股金条和铁选厂均为虚构。检察机关指控被告人犯有集资诈骗罪，量刑建议为有期徒刑14年至15年；犯有合同诈骗罪，量刑建议为有期徒刑11年至12年。

（四）开庭审理

本案在庭审中，围绕着被告人是否构成犯罪，控辩双方进行了激烈交锋。在第一次庭审时，辩方律师向法庭提交了非常有利的证据，证明被告人未虚构事实以及铁选厂一直在正常生产经营。检方对此始料未及，故建议法庭延期审理，申请补充侦查。

第二次开庭，辩护律师将准备好的可视化表格提交给法庭，并针对检方指控的集资金额，特别是针对报案人李某的出借金额进行质证，辩护律师指出被告人与李某之间既存在合伙关系又存在借贷关系，两人之间存在大量的资金往来，李某的转款金额并非都是借款。

在辩论环节，针对集资诈骗罪，辩护律师认为：首先，被告人的借款对象都是亲戚、朋友等特定的熟人，从未对外公开宣传，不具有公开性和社会性；其借款行为是正常的民间借贷行为，国家并不禁止，不具有非法性，不符合集资诈骗罪的构成要件，故不能认定是非法集资行为。其次，检方指控的被告人隐瞒自己债台高筑、入不敷出、经营资产恶化，多次以选厂经营、投资入股、重复抵押等诈骗方法非法集资证据不足，企业正常经营出现资金周转困难，乃至负债经营实属正常情况。本案的所有出借人在向被告人借款时都未主动询问过被告人财务状况，不存在隐瞒事实。最后，被告人并未将借来款项挪作他用，全部款项都用于正常的生产经营，从未用于个人挥霍，后期无法还款是由于客观原因所致，其主观上并无非法占有之目的。针对合同诈骗罪，辩护律师认为大部分借款都发生于借款合同签订之前，出借人在借款时并未陷入错误认识，另外，被告人在借款时是有偿还能力的，借款后也一直努力偿还借款，且双方还签订了还款协议，被告人并不具有非法占有对方财产的主观故意。

庭审过程中检方对律师的辩护观点无法形成有力的反驳，辩护律师推断主审法官内心也更倾向于采纳辩护律师的意见。第二次庭审结束后，法院并未进行合议宣判，而是再次延期审理。针对庭审过程中辩护律师的举证，法庭要求检方再次补充侦查核实。但检方本次提供的补充证据仍无法形成有利的指控，相反有些证据恰恰印证了辩方的观点。

第三次开庭，辩护律师有力地驳斥了检方提供的新证据，辩护律师指出“刑罚如两刃之剑，用之不得其当，则国家与个人两受其害”，本案就是一起普通的民事经济纠纷，不应用刑事手段解决，并建议法庭宣告被告无罪。庭审最后，主审法官询问控辩双方，是否同意被告人构成其他罪名，检方坚持不变更起诉罪名，两位律师坚持认为被告人无罪。

（五）案件结果

经过开庭审理，人民检察院就于某某涉嫌集资诈骗罪、合同诈骗罪一案请求撤回起诉，经河北省某县人民法院审查裁定，准许该检察院对被告人集资诈骗罪、合同诈骗罪一案撤回起诉。最后，检察院以认定事实不清、证据不足作出不予起诉决定，于某某在被关押617日后被释放。

五、办案心得

诈骗类案件，包括合同诈骗、金融诈骗，是当前经济犯罪中较常出现的类型，也是律师刑事辩护的一个难点，因为是涉嫌诈骗还是民事欺诈，是合同诈骗还是合同纠纷控辩双方往往极具争议。

行为人主观上是否具有非法占有目的是区分民事欺诈与刑事诈骗的关键。行为人即使实施了欺骗行为，但是如果没有非法占有他人财物的目的，则不构成诈骗罪。在实践中，不具有非法占有目的，是诈骗罪的重要出罪事由。尤其是在经济纠纷引发的涉嫌诈骗犯罪案件中，因为当事人不具有非法占有目的而出罪的不在少数。

在具体的案件中可能存在一个或多个辩护点，辩护人进行辩护时要根据案件事实和证据综合分析论证，结合辩点多角度、全方位地辩护，例如，行为人没有虚构事实；行为人不能偿还借款是因为客观原因导致行为人无力偿还，但行为人是具有偿还意愿的。我们相信只要紧密结合诈骗罪的犯罪构成要件，仔细分析案件事实和证据总能找到辩护切入点，最大限度地维护当事人的合法权益。

六、专家点评

点评人：江溯（北京大学法学院副教授、博士生导师）

《刑法》第一百九十二条规定：以非法占有为目的，使用诈骗方法非法集资，数额较大的构成集资诈骗罪。行为人构成集资诈骗罪，客观上必须满足“使用诈骗方法”“非法集资”要件，主观上必须具备非法占有目的。因此，刑事辩护律师在对集资诈骗罪进行实体辩护时，往往主要围绕“使用诈骗方法”“非法集资”“非法占有目的”这三个争议点展开。

首先，集资诈骗罪作为欺诈型犯罪的一种类型，与普通诈骗罪一样，其构成要件结构必须表现为：行为人实施欺骗行为→对方陷入或维持错误认识→对方基于认识错误处分财产→行为人或第三人取得财产。因此，行为人必须客观上实施了“欺骗行为”，且正是该“欺骗行为”导致被害人产生“认识错误”，进而处分财产。同时，与普通诈骗罪相比，集资诈骗罪是“行为人—被害人互动性”最强的罪名。被害人追求法外回报的贪欲和投机心态，对该罪的发生具有重要促进作用，理应对集资的诈骗方法具有更强的辨识度和容忍性。

事实上，最高人民法院《关于审理诈骗案件具体应用法律的若干问题的解释》（已失效）曾对集资诈骗罪的“诈骗方法”作了限缩性解释，根据该解释，“诈骗方法”是指“行为人采取虚构集资用途，以虚假的证明文件和高回报率为诱饵，骗取集资款的手段”。这意味着诈骗方法即“虚构集资用途+以虚假的证明文件+高回报率为诱饵”，三个并列条件不仅明显缩小了“诈骗方法”的外延，而且勾勒出作为集资诈骗罪的诈骗方法的独特内涵构造和基本结构特征——虚构事实才是本罪的诈骗方法，也即在没有告知义务或者告知必要时，隐瞒真相型诈骗一般不能被认定为本罪的诈骗方法。本案中，辩护律师结合事实进行深入分析。

其次，根据最高人民法院于2010年颁布的《关于审理非法集资刑事案件具体应用法律若干问题的解释》（以下简称《2010年解释》）第一条、第二条以及第四条的规定，构成集资诈骗也应具备非法集资的四个特征，也即应同时满足非法性、公开性、利诱性和社会性四个特性，缺一不可。对于“非法性”的认定，由于《2010 年解释》第一条确立了形式与实质二元认定标准，因而在实务中往往很难进行辩护。同时，《2010 年解释》将“利诱性”界定为：承诺在一定期限内以货币、实物、股权等方式还本付息或者给付回报。一般而言，绝大多数集资行为都会满足“利诱性”。因此，是否构成非法集资类罪，在实务中主要看被告人是否满足“社会性”与“公开性”。

“社会性”是指向社会公众即社会不特定对象吸收资金，“公开性”是指通过网络、媒体、推介会、传单、手机信息等途径向社会公开宣传。根据我国刑法通说，非法吸收公众存款罪“社会性”的判定应基于集资对象是否具有不特定性或开放性，而不能仅仅因为集资对象人数众多就认定为“社会公众”。不特定性或开放性要求构成犯罪的行为人必须是向社会公开宣传集资，其面向的是社会不特定人群。“公开性”的判定重点应在于行为人向社会宣传的方式是“公开的”，之所以将宣传方式限定为“公开”的方式，主要是因为“公开”的宣传方式具有较强的传播力与良好的传播效果。故而，考虑到口口相传宣传方式的传播力，一般认为被动型的口口相传（资金的需求方在最初并未针对不特定对象进行宣传，而是经过投资者一定时间的自主传播，其他投资者主动将资金投入）并不具有“公开性”。

可以发现，在本案中，辩护律师也是将论述重心放在“社会性”与“公开性”的辩护上，辩护律师通过详细的事实提炼、证据梳理，最终实现了对被告人集资行为具有“社会性”与“公开性”的否定。

最后，行为人否认其具有非法占有目的的，应立足于是否具有“利用意思”“排除意思”两个方面进行考量。换言之，能否认定为“以非法占有为目的”应当结合行为人集资时的经济状况、是否具有归还可能性等因素综合考量，即判断行为人是否具有排除权利人对财产价值的占有和利用，造成被害人财产损害的可能。同时，诈骗罪在传统上被认为是“自我损害犯罪”，基于这一观念，刑法理论原则上认为诈骗罪的财产损害必须是由被害人的财产处分行为直接导致的（直接性原则）。直接性原则被认为是从诈骗罪的构成要件保护目的中推导出来的，是诈骗罪财产损害归责的重要组成部分。直接性原则要求，诈骗罪中财产损害的计算必须以处分行为为时点，处分行为之后由其他原因造成的财产减损或增加均不能影响财产损害的认定。集资诈骗中财产处分行为指的是参与集资者交付集资款的行为，财产损害应当以此为计算时点。行为人自始欠缺债务履行的意愿与能力决定了集资款的交付、发放行为直接导致了财产损害。同时，直接性原则也意味着只有财产处分行为时的还款意愿才能影响财产损害的成立。

本案的辩护律师对集资诈骗罪之非法占有目要件有透彻的掌握与理解，准确地发现了控方指控要点的漏洞，并针对该指控要点予以准确回击，一举推翻控方关于被告人主观上具有非法占有目的的指控。辩护律师通过翔实的数据证实，被告人之所以不能继续履行集资款还款，主要系因债权人哄抢其铁选厂这一意志以外客观因素所致，且回溯到参与集资者交付集资款的时点，被告人显然并非自始欠缺债务履行的意愿与能力，甚至如被告人不被采取强制措施，其凭借个人房产、车辆和债权等资产，仍具有履行还款的能力。

相较于辩护律师对集资诈骗罪的成功辩护，在本案中，给人印象更加深刻的是辩护律师对合同诈骗罪的成功辩护。刑法理论中，相较于集资诈骗罪构成要件的复杂构造，合同诈骗罪的构成要件相对简单，在规范层面争议较少，规范上的辩护空间并不多。在此种情况下，要想实现成功辩护，则需要更多细致的事实调查工作以发现控方指控的事实缺陷。这种调查看似简单，实则对辩护律师的实务经验、专业水准、细致程度有很高的要求。

罗某良、徐某德、张某海被控聚众哄抢罪案

赵　荔　解建泳*

一、案情简介

西小庄村位于河南省滑县，有村民50余户。2003年村主任与华联农牧公司签订了一份《土地租赁合同》，租赁期限20年，而华联农牧公司的负责人同时也是西小庄村的村支书。

此后10余年，因为一直没有拿到土地承包费，2014年年底47名村民联名将村委会及华联农牧公司告上法庭。2016年6月1日，一审法院判决《土地租赁合同》因未经民主决策，违反法律强制性规定，属于无效合同。

判决后华联农牧公司不服，提起上诉，同时让人在其中的60亩土地上播种了小麦。

2016年11月，安阳市中级人民法院驳回华联农牧公司的上诉，维持原判，合同无效终成定局。2017年2月西小庄村召开了村民代表大会，把土地分给了全村50多户村民。之后，各家对分到的土地进行施肥、浇灌、打药等管理。

2017年5月在小麦成熟后，村民对小麦进行了收割。

2017年11月，时任村主任罗某良被抓，12月村民代表徐某德、张某海被抓，

* 赵荔：北京市京师律师事务所刑事专业委员会理事、刑事证据研究中心研究员；解建泳：北京市京师律师事务所刑事专业委员会理事、诈骗与金融诈骗犯罪研究中心研究员。

理由是带领村民聚众哄抢小麦。

滑县人民检察院向滑县人民法院提出如下指控：

2014年以来，西小庄村民开始集体诉讼华联农牧公司与本村签订合同无效一案，2016年11月10日，安阳市中级人民法院作出终审判决，确认了2003年双方签订的《土地租赁合同》无效，但返还土地问题需要另行协商或另案起诉。

在安阳市中级人民法院判决生效前，华联农牧公司在原土地上种植了60亩小麦，2017年2月，被告人徐某德、罗某良、张某海等人主持、组织村民将华联农牧公司租赁的土地不按法定程序擅自分给村民，分完地后在2017年5月28日小麦未完全成熟的情况下，徐某德、罗某良、张某海等人纠集并带领村民将华联农牧公司种植的60亩小麦聚众抢收，经滑县价格认定中心评估认定：被抢小麦价值72，286元。

被告人罗某良、徐某德、张某海聚众抢收他人小麦，数额巨大，犯罪事实清楚，证据确实充分，应当以聚众哄抢罪追究其刑事责任。

诉讼过程中变更起诉为：经滑县价格认定中心评估认定60亩冬小麦前期投资费用合计17，100元，聚众抢收他人小麦，数额较大。

滑县人民法院经审理认为，罗某良、徐某德、张某海明知涉案《土地租赁合同》被确认无效时，涉案土地上有华联农牧公司种植的小麦。村民的行为不仅侵害了华联农牧公司的财产权，还严重破坏了社会管理秩序。罗某良组织策划本村几十户村民公然哄抢他人财物，被告人徐某德积极参加，罗某良系首要分子，被告人徐某德是积极参加者，罗某良、徐某德、张某海的行为均构成聚众哄抢罪，且系共同犯罪。

一审判决：被告人罗某良犯聚众哄抢罪，判处有期徒刑1年6个月，并处罚金人民币10，000元；被告人徐某德犯聚众哄抢罪，判处有期徒刑1年3个月，并处罚金人民币5000元；被告人罗某良、徐某德于判决生效后10日内退赔被害单位华联农牧公司经济损失人民币17，100元。而张某海在诉讼过程中因病死亡。

一审判决之后，被告人不服，提起上诉。

安阳市中级人民法院经过审理，对一审查明的事实和证据予以确认。关于本案定性，原判认定的小麦权属存在争议，有争议的小麦权属不能成为本案中聚众哄抢的犯罪对象，对于小麦权属问题的争议，应属民事纠纷，不应认定为刑事犯罪。上诉人及其辩护人关于本案的定性的上诉理由和辩护意见成立，予以采纳。依法判决撤销河南省滑县人民法院一审刑事判决，改判上诉人罗某良及上诉人徐某德无罪。

二、争议焦点

本案的主要争议焦点为：

（一）被告人是否实施了聚众哄抢的行为

公诉机关认为罗某良等人在小麦未完全成熟的情况下集中收割，对当时到场的镇政府工作人员的劝阻置之不理，属于聚众哄抢的行为。

辩护人认为当时小麦已经成熟，收割小麦的过程是平和的，是收割机按顺序收割的。镇政府工作人员虽然到场，但只是进行调解，而不是行政执法。因此即使有纠纷也属于村民自治组织内部事务，不属于公务，镇政府工作人员的角色只能是调解员，调解方案村民不能接受，则调解终结。收麦的过程没有聚众哄抢的行为发生。

（二）民事判决生效后，村民是否可以分地和管理小麦

公诉机关认为，虽然法院作出终审判决，确认了双方签订的《土地租赁合同》无效，但因为判决并没有对返还土地的时间和方式作出判决，返还土地问题需要另行协商或另案起诉，村民不可以自行分地和管理小麦。

辩护人认为法院判决合同无效则意味着合同自始无效，所产生的法律后果是双方返还。村委会接手土地并分给村民是一种合法的自力救济行为，如果接手土地的过程没有阻碍，则不需要另行起诉。村民们在民事案件胜诉之后分地、进地是合法行为。

三、一审辩护思路

辩护人认为本案被告不构成聚众哄抢罪，被告的主观想法及客观行为都不存在聚众哄抢，本案是一起典型的民事纠纷，被告人的合法权益理应得到维护。一审开庭时，辩护人提出了以下辩护意见：

（一）被告人主观上没有非法占有他人财物的目的

聚众哄抢罪是故意犯罪，要求行为人主观上要存在故意，即要有“非法占有他人财物”的主观故意，但本案的被告人并不存在这样的主观故意。有四个理由让他相信他们收割的小麦不是“他人财物”：（1）官司打赢了，判决确认了承包合同无效；（2）地分到户了；（3）参与生产管理了（浇地、施肥、除草、打药等）；（4）到收获季节时顺理成章地收割庄稼。

根据以上理由，被告人主观上不会认为收割的麦子是别人的。

（二）被告人客观上没有哄抢他人财物

1.不存在犯罪对象——他人财物

30，630公斤小麦是谁的？是华联农牧公司的吗？法院判决承包合同无效，华联农牧公司只是播种，而且是在乡政府强调土地权属确定之前谁都不能耕种的情况下抢种，小麦的所有权能属于华联农牧公司吗？显然不能。那小麦是农民的吗？土地是农民的，农民分地后，对土地上的附着物实施了管理（浇水、施肥、除草、打药等），因此辩护人认为小麦的所有权应该归属于农民。

即使承认华联农牧公司的播种行为合理，那么收获的小麦也至少是一个混合所有权的物品。对于共有产权的物品实施的占有行为只能定性为经济纠纷，而不应定性为哄抢。这在之前存在类似的判例。

2.农民收获小麦是合法的

（1）分地是合法的

辩护人注意到起诉书是这样表述的：判决生效前，华联农牧公司在原土地上种植了60亩小麦，2017年2月，被告人徐某德、罗某良、张某海等人主持、组织村民将华联农牧公司租赁的土地不按法定程序擅自分给村民。确认合同无效的终审判决是2016年11月生效的，在此之后，华联农牧公司的租赁合同已经被确认无效，并且是自始无效，怎么可能村民是去分“华联农牧公司租赁的土地”呢？

分地的程序没有问题，按照《村民委员会组织法》第二十八条的规定，对于土地承包经营方案经村民会议，由2/3以上的户的代表参加，并经到会人员的过半数通过即为有效。

分地之前召开了两次会议，一次村民代表会议，一次全体村民大会。由于村民的文化水平有限，不可能像政府机构一样履行完善的程序，尽管程序有些简陋，但是也坚持了《农村土地承包法》“公开、公平、公正”的原则。

（2）民事判决没有问题

起诉书指出：判决合同无效，但返还土地问题需要另行协商或另案起诉。

但辩护人注意到判决书中的表述并不一样：“经向原告张某建等47人释明，原告张某建等47人明确表示返还土地问题不在本案中处理，系当事人自行处理民事权利的行为，于法不悖，予以准许。由于本案涉案合同确认无效后第三人（华联农牧公司）经济损失问题，第三人没有诉讼请求亦未提供相关证据，法院无法予以支持，第三人可另案起诉。”

可见，民事判决将返还土地的问题和第三人要求经济损失的问题分别作出了判决：第一项，返还土地问题作为当事人自行处理民事权利的行为予以准许，并没有规定必须经过起诉。第二项，对第三人华联农牧公司请求赔偿损失的问题判决第三人可另案起诉。公诉机关理解为返还土地的问题也必须另行协商或另案起诉解决是错误的，是对判决书的曲解。

法院判决租赁合同无效后，合同自始无效。所产生的法律后果是双方返还。如果第三人继续占用原租赁的土地是不合法的，而村民（村委会）接手原租赁土地是一种合法的行为，协商或起诉并不是必经程序。当然，如果在收回土地的过程中遇到障碍自己无法解决，村委会也可以选择起诉。如果能够自己解决，也是当事人行使民事权利的一种方式，只要不违法都是可以的。

通过阅卷可知，当时没有提出返还土地请求的真正原因是“主体不适格”。因为土地的处分权主体应该是西小庄村委会，而不是提起诉讼的47户村民，而村委会在案件中是被告，不能提起返还之诉。

事实上，村委会和村民们在结案后自己解决了分地和收割的问题。

华联农牧公司在判决之后提起了排除妨害之诉，后又自行撤诉。在2016年11月合同无效的判决生效之后，2017年3月8日第三人华联农牧公司向法院起诉罗某良、柴某献、徐某德、张某海4人，请求排除妨碍并赔偿损失3万元。在诉讼过程中，法院判决之前，2017年4月11日华联农牧公司向法院提出申请，撤回对罗某良等4人的起诉，法院准许其撤诉。可见，当时华联农牧公司放弃了通过法律途径解决排除妨碍和赔偿的问题。而西小庄村村民们就没有必要再提起一个诉讼，既没有程序的必要，也没有事实的必要。

如果将判决理解为：没有判决返还土地，那农民就不应该获得土地。那么，该判决同样也没有判决继续占有土地，为什么华联农牧公司就应该继续占有土地呢？

辩护人认为判决本身没有问题，是有些人的理解有问题，也或者是故意对判决书的曲解。

3.没有实施聚众哄抢的行为

2017年5月，小麦成熟后，村民们自发地收割，在这个过程中也没有什么纠纷发生。唯一的“事件”是镇政府的工作人员曾到过收割小麦的现场，具体是做什么，视频中也不清楚。但无论是调解还是劝阻，镇政府的工作人员都无执法权。村民们已经有生效的、支持他们诉讼请求的法律文书作保障，不能因为镇里工作人员的“调解”或“劝阻”就剥夺了村民们行使保护自己合法权益的权利。村民们收获小麦的行为没有错，更不能因为镇政府工作人员的出面而有了错。

收获小麦的过程是一个平和的过程，并没有“抢”的行为，华联农牧公司的人并没有到场，到场只有做调解工作的镇政府的工作人员。辩护人无法理解只有一方的情况下，如何理解为“抢”，除非有一种情况成立，那就是镇政府工作人员是华联农牧公司的代理人。

现有证据也不能证实罗某良、徐某德在收麦过程中有过组织领导或者积极实施的行为。所谓的指证罗某良在喇叭里喊或者指证罗某良领收割机的证人，均是与华联农牧公司有特别关联的人，他们受华联农牧公司的影响或者出于自己的经济目的而作出的证言均不得采信。

综上所述，辩护人认为本案被告人罗某良、徐某德不构成聚众哄抢罪。一方面，他们没有实施聚众哄抢的行为；另一方面，即使有收割小麦的行为也是合法的，不构成犯罪。

四、二审辩护思路

一审判决之后，二被告人均不服，提起上诉。辩护律师认为，一审判决认定事实不清，适用法律不当，应予撤销。根据一审判决的情况，辩护人在二审时提出了如下的辩护意见：

（一）一审判决基本事实认定不清，多处认定错误

错误一：“华联农牧公司是基于《土地租赁合同》取得涉案土地的承包经营权”，该认定错误。

滑县人民法院一审判决、安阳市中级人民法院二审判决确定《土地租赁合同》为无效合同。根据法律规定，无效合同是当然无效、自始无效，即自合同成立时起不具有法律的约束力，无效合同欠缺生效要件，是不具有法律约束力的合同，不受国家法律保护。华联农牧公司不能取得涉案土地的承包经营权。

错误二：“涉案60亩土地上的小麦是华联农牧公司在法院关于合同无效的判决生效前播种”，该认定错误。

本案不存在华联农牧公司播种涉案小麦的事实。本案是薛庄村村民在没有合法依据、没有合法授权的情形下，恶意在西小庄村的土地上播种的麦粒。

有报警记录、录像可以证明。

错误三："在合同被确认无效前，华联农牧公司在土地上种植的农作物应受法律保护"，该认定错误。

没有任何法律规定，恶意在他人的土地上播种或添附行为，能够取得所有权，并且该认定违背客观事实。

错误四："土地租赁合同被确认无效后，土地返还问题必须根据土地上附着物的具体情况，通过协商或诉讼解决"，该认定错误。

根据《宪法》的规定，涉案土地所有权为滑县西小庄村集体所有，并且滑县西小庄村村集体成员依法实际占有土地。我国法律没有规定对恶意附着或添附的保护（涉案土地在华联农牧公司控制期间多年荒废。涉案小麦是一审判决无效后恶意播种，民事判决是否生效不影响该行为的恶意），没有规定对村民集体所有且实际占有的土地，必须"通过协商或诉讼解决"。

错误五："被告人组织村民将土地分配到农户并将小麦占为所有的行为，无相应法律依据"，该认定错误。

我国《宪法》第十七条第一款规定："集体经济组织在遵守有关法律的前提下，有独立进行经济活动的自主权。"《村民委员会组织法》第二十四条规定："涉及村民利益的下列事项，经村民会议讨论决定方可办理……" 因此，本案涉案土地集体组织依法分配符合法律规定。

一审法院忽视了本案西小庄村集体组织成员作为土地所有权人并已经实际占有村集体组织土地的事实，忽视了西小庄村村民劳动一年将青苗培育成小麦的成本。根据相关规定可知本案成熟小麦所有权归土地主人所有。

错误六："但从涉案60亩小麦在短时间内被几十户村民集中统一收割的客观事实上分析，收麦参与人数众多，收割时间集中，充分说明收割小麦是有组织的"，该认定错误。

一审判决以主审法官的主观分析判断来推定犯罪构成的客观事实，不符合我国《刑事诉讼法》的规定。该认定没有证据支持，依法不能成立。

错误七：出庭证人的证言不予采信，不出庭证人的证言却予以采信。"出庭证人在该方面的证言不足采信；虽然该几位证人经法庭通知没有出庭，但该几位证人关于其不出庭是由于其村多数村民都收了小麦，其证言内容与西小庄村多数村民的利益相悖，害怕打击报复，不敢出庭的解释符合情理，对该几位证人在公安机关所作证言予以采信”，该认定错误。

证人不敢出庭不是法院决定不予出庭的法定理由。

经法院通知未出庭的证人，其与事实相矛盾的证言不予采纳。一审法院采纳经通知未出庭的证人证言，严重违反法律规定。

我国《刑事诉讼法》第一百九十二条第一款规定：“公诉人、当事人或者辩护人、诉讼代理人对证人证言有异议，且该证人证言对案件定罪量刑有重大影响，人民法院认为证人有必要出庭作证的，证人应当出庭作证。”第一百九十三条第一款规定：“经人民法院通知，证人没有正当理由不出庭作证的，人民法院可以强制其到庭，但是被告人的配偶、父母、子女除外。”

2012年最高人民法院《关于适用〈中华人民共和国刑事诉讼法〉的解释》第二百零五条[①]规定：“公诉人、当事人或者辩护人、诉讼代理人对证人证言有异议，且该证人证言对定罪量刑有重大影响，或者对鉴定意见有异议，申请法庭通知证人、鉴定人出庭作证，人民法院认为有必要的，应当通知证人、鉴定人出庭；无法通知或者证人、鉴定人拒绝出庭的，应当及时告知申请人。”

错误八：“被告人罗某良属于积极分子，被告人徐某德属于积极参加者”，该认定错误。

一审法院对于本案法律关系、案件性质均为错误认识的情况下，错误地将罗某良、徐某德依照法律赋予其参与村民集体组织的合法活动认定为刑法上“聚众哄抢罪”的积极分子和积极参加者。错误地将二被告人在村集体组织分配给自己的土地上收割小麦的行为认定为哄抢，不符合客观事实，于法无据。

错误九：“将小麦占为所有，直接造成村民与华联农牧公司发生多次群体冲突，公安机关出警20次之多”，该认定错误。

① 文件已失效，2021年更新为第二百四十九条。

本案西小庄村因集体土地发生争执确有20余次报警及处理记录。但是，却系薛庄村村民强种西小庄村土地而引起。一审时并未播放视频录像予以质证。一审法院认定事实错误。

错误十：一审判决中，本院认为部分“二被告人的行为不仅侵害了华联农牧公司的财产权”，该认定错误。

没有事实与法律依据能够证明华联农牧公司在本案存在合法的财产权。一审判决属于违反法律规定，错误地赋予华联农牧公司财产权，属于以刑事手段违法赋予华联农牧公司民事权利。

（二）一审判决适用法律完全错误，本案基础关系是无效的

本案系由土地租赁合同引起的，首先要遵循《物权法》（已废止）、《合同法》（已废止）的规定。

第一，本案不存在华联农牧公司的合法财产。一审判决主观认为小麦属于华联农牧公司财产并判决返还，属于错误适用法律。

一审判决第三项违法。判决原文：“责令被告人罗某良、徐某德于判决生效后十日内退赔被害单位华联农牧公司经济损失人民币17，100元。”本案土地所有权人为西小庄村集体组织，案发前涉案土地已经由村集体组织成员实际掌控，如果华联农牧公司对此有异议，完全可以通过诉讼方式解决，因此华联农牧公司对小麦没有所有权。

我国《合同法》（已废止）第五十六条规定：“无效的合同或者被撤销的合同自始没有法律约束力……”因此，华联农牧公司不能通过无效的《土地承包合同》取得任何权利。

《合同法》（已废止）第五十八条规定：“合同无效或者被撤销后，因该合同取得的财产，应当予以返还；不能返还或者没有必要返还的，应当折价补偿。有过错的一方应当赔偿对方因此所受到的损失，双方都有过错的，应当各自承担相应的责任。”这里的“因该合同取得的财产”是指因合同行为取得的对方财产，而本案没有因履行合同取得的对方财产存在。

第二，本案中不存在因该履行合同而产生的双方返还问题。

本案中从麦苗到第二年后的成熟小麦，均不属于履行《土地承包合同》行为取得华联农牧公司财产的行为。本案华联农牧公司播种小麦未经西小庄村村集体同意，属于恶意违法的添附行为，该小麦不在受保护的财产之列。因此，本案不存在华联农牧公司的合法财产。

（三）本案不符合《刑法》第二百六十八条聚众哄抢罪规定的主、客观构成要件，二被告人不构成犯罪

第一，二被告人没有聚众哄抢罪的犯罪故意和目的。

本案没有证据证明二被告人有违反法律规定、故意抢夺他人财物的主观故意。本罪在主观方面表现为故意，即具有聚众哄抢的故意，目的是非法占有公私财物。二被告人没有故意非法占有公私财物的目的，不构成犯罪。

根据一审的相关证据以及二审法院对于二被告人询问可以确定：本案被告包括二被告人均认为土地承包合同无效，自始没有发生租赁效力，土地所有权归西小庄村集体所有，华联农牧公司还应当赔偿其对西小庄村土地造成的损害。二被告人本身作为农民，精心耕种自己的土地，根本没有侵占他人财产的主观动机和目的。

第二，本案不存在犯罪客体及犯罪对象。

聚众哄抢罪侵犯的是“公私财物”，是具体的物体或财产权。本案到底哄抢的是麦苗还是成熟小麦，显然一审判决认定“公然哄抢的他人财物”是麦苗和种子，但本案中根本就没有发生哄抢麦苗和种子的荒唐之事。一审法院判决认定徐某德哄抢了虚拟的财物，并予以定罪量刑，实属对我国刑法的扩大解释，二审法院应当依法予以纠正。

根据《刑法》第二百六十八条规定的聚众哄抢罪的构成要件，必须侵犯客观上存在的他人财产（公私财物）。二被告人始终认为，农民对土地上庄稼的付出是无价的，完全不能用金钱来衡量。其认为自己对集体组织分的土地上的麦苗精心培育近一年，最后长成小麦，该小麦完全属于自己所有。本案不存在客观上侵犯他人合法财产的事实，不具备聚众哄抢罪的客观构成要件。

第三，本案不存在罗某良组织策划、徐某德积极参加聚众哄抢的客观事实。

二被告人没有聚众哄抢罪的客观行为，没有证据证明他们组织、策划、积极参加、聚众哄抢他人财产。二被告人更不构成聚众哄抢罪。

辩护人认为本案证据不能证明二被告人构成聚众哄抢罪，二被告人不具有《刑法》第二百六十八条规定的构成要件，应认定为无罪。

最终二审法院采纳了辩护人的辩护意见，撤销一审判决，改判二被告人无罪。

五、办案过程

辩护律师接受委托之后经过会见犯罪嫌疑人，初步认定本案不构成聚众哄抢罪，便向办理本案的滑县公安局提出了法律意见，但是意见并没有被采纳。侦查终结之后，案件被直接移送滑县人民检察院审查起诉。辩护律师在检察院查阅了本案的卷宗材料之后，更加坚定了无罪辩护的信心。

提起公诉后，辩护律师积极准备材料在法庭上与公诉人进行有理有节的辩论。

经过第一次开庭，辩护律师提出被告人无罪，并且对于价格认定也提出异议。经评估被抢小麦价值72，286元。按照聚众哄抢罪的规定，数额巨大标准为6万元，量刑在3年以上。通过开庭辩护，检察院也意识到如果认定小麦归华联农牧公司所有的确与理有悖，于是重新进行了价格评估，将小麦区分为麦苗期和后期管护分别评估，并重新评估被抢价值为1.7万元，使量刑标准降到3年以下。

一审法院判决被告人罗某良犯聚众哄抢罪，判处有期徒刑1年6个月；判决被告人徐某德犯聚众哄抢罪，判处有期徒刑1年3个月。判决之后，二被告人不服，提出上诉。

二审安阳市中级人民法院经审理认为：华联农牧公司在租赁合同被法院一审确认无效后，在涉案土地上抢种小麦的行为不当；上诉人罗某良、徐某德在民事判决二审维持原判，确认租赁合同无效后，组织村民分地、进地的行为是行使所在村集体土地的权利，该行为是基于合同无效后的民事行为，原因具有正当性；西小庄村民对土地上华联农牧公司播种的小麦进行管理，系行使土地权利的体现，但因该土地附着物在被法院确认无效后双方如何返还尚未达成一致的前提下实施，该行为确属不当；二上诉人组织村民对华联农牧公司播种、村民管理的小麦进行收割的行为，虽未在双方就土地及附着物如何返还问题达成一致协议下进行，但系基于法院民事生效判决行使民事权利的体现，因此二上诉人对涉案土地上的小麦没有非法占有的故意；且由于农作物与土地的不可分离性这一天然属性以及华联农牧公司抢种小麦这一前提行为的不当性，故原判认定的小麦权属存在争议，因此，有争议的小麦权属不能成为本案中聚众哄抢的犯罪对象；对于小麦权属问题的争议，应属民事纠纷，不应认定为刑事犯罪。

故二审撤销滑县人民法院的一审判决，改判上诉人罗某良无罪、上诉人徐某德无罪。

六、办案心得

一分耕耘，一分收获。任何一个成功的案例背后其实都有辩护律师所付出的艰辛努力。“聚众哄抢罪”在当今的和平年代很少会碰到，在法律适用上缺乏经验可循。但是，万变不离其宗，只要是《刑法》规定的罪名，就适用《刑法》、《刑事诉讼法》及相关司法解释。

记得若干年前我们团队办理过一个医疗纠纷的案件，是生产过程中存在医疗不当造成新生儿臂丛神经损伤，患者起诉医院要求赔偿，接受患者的委托后，为了弄清案件中的一些医疗行为及关系，辩护律师硬着头皮捧着几本妇产科资料研究了好长时间，最后帮患者把官司打赢，也得益于我们对案情及相关理论的深入研究。所以，辩护律师对于每个案件涉及的专业性问题都要认真研究，一边办案，一边学习，这样才能办好专业性强的案件。

七、专家点评

点评人：彭新林（北京师范大学教授）

本案看似有复杂的法律关系，其实背后是一种利益的博弈，体现为华联农牧公司与村民利益的博弈。如果能够看清楚这一点，这个案件的处理就没有那么复杂了。其实大多数案件都存在利益博弈，律师辩护抓住这些案件的本质来展开，可以切中要害，达到事半功倍的效果。

本案涉及一个法律关系：民事判决生效之后，村民能否直接收回土地？从情理上来讲，这似乎不是什么问题，老百姓的想法是打赢官司了就应该收回土地，这是最朴素的和最直观的想法。我们知道法律和情理是相通的，从情理上讲得通的道理，一般也能够在法律上找到相应的依据。而老百姓的最朴素的正义观念就是法律原则和法律精神根源的所在。公平正义、诚实信用、法不强人所难等法律原则，其实就来自老百姓最朴素直观的理念。

一审判决认为，虽然合同被确认无效，村民胜诉，但是涉案土地上有华联农牧公司种植的小麦，村民的行为不仅侵害了华联农牧公司的财产权，还破坏了社会秩序，各被告人构成聚众哄抢罪，是狭隘地适用法律，没有全面地看待本案的事实；二审法院认为，被告人组织村民分地、进地的行为是基于合同无效后的民事行为，原因具有正当性，不具有非法占有的故意，从而认定被告人不构成犯罪，是全面地看待本案的法律事实，回归了法不强人所难的自然属性。

从刑法的教育功能来看，本案一审判决之后，各被告人的行为被确定为有罪，使村民对于法律的统一性感到迷茫，明明民事案件已经胜诉，据此收回土地、收割庄稼却被认定为犯罪，导致村民感觉民事判决与刑事判决相互割裂，法律与情理之间不统一，从而产生对法律的不信任及执法随意性的否定性评价。二审改判被告人罗某良和徐某德无罪，则使法律的一致性得以彰显，重拾了人们对法律的信心和重获对执法公正性的肯定性评价。

二审法院本着法治的精神和理念，严格依据本案事实、证据和相关法律衡量，坚持实事求是、有错必纠的原则，作出了经得起法律和历史检验的公正判决，依法宣告相关当事人无罪，无疑是值得点赞的，也能让人民群众在该案的处理中切实感受到公平正义。毋庸置疑，辩护律师在整个诉讼过程中据理力争、重视与司法工作人员沟通交流、积极进行有效辩护，对本案最终宣告无罪起了重要的推动作用。

司法是维护社会公平正义的最后一道防线。英国哲学家培根说过，一次不公正的审判，其恶果甚至超过十次犯罪。因为犯罪虽是无视法律，好比污染了水流，而不公正的审判则毁坏法律，好比污染了水源。安阳市中级人民法院能够力排众议坚持作出无罪判决，也正是捍卫了法律的公平、司法的公正，从而保护了“水源”。

朱某某被控寻衅滋事罪案

万国磊*

一、案情简介

朱某某系S省N县B镇L村村民，曾于2000年至2015年担任该村党支部书记。

2018年8月29日6时14分，N县国土资源管理局孟某报案称“拆除违法建筑时，遭到朱某某妨害公务（朱某某当庭供述，在孟某报案的时间点，朱某某一家人尚未起床，不可能妨害公务）”。当日，N县公安局以涉嫌妨害公务罪对朱某某立案侦查，并将其刑事拘留。

2018年8月30日始，朱某某同村多名村民先后到公安机关报案，称曾在村内遭受朱某某殴打。

2018年9月26日，N县公安局以朱某某涉嫌妨害公务罪、寻衅滋事罪被提请批捕；N县人民检察院于2018年9月30日以涉嫌犯寻衅滋事罪，对朱某某批准逮捕。本案在审查起诉阶段经过二次退回补充侦查二次延长后，于2019年5月26日起诉至N县人民法院。

起诉书指控朱某某涉嫌寻衅滋事案最初系五起，分别为：

1.徐某某不赡养公婆被打案。2006年12月的一天，被害人徐某某因被告人朱某某代收法院传票而埋怨朱某某，朱某某听到后在徐某某家门口公路上，对

* 万国磊：北京市京师律师事务所刑事专业委员会理事、网络犯罪研究中心研究员。

徐某某实施殴打。

2.孙某良窑厂边种高粱被打案。2008年的一天，因被害人孙某良在被告人朱某某的窑厂边种植高粱，朱某某将孙某良叫至家中要钱，孙某良拒绝，朱某某在家中对孙某良实施殴打。

3.刘某书、孙某兰索要独生子女费被打案。2008年11月的一天，被害人刘某书、孙某兰到被告人朱某某家中找发放独生子女费的镇干部陈某增索要独生子女费，因没有领到而表达不解，朱某某将刘某书拽到其家门口并先后对刘某书、孙某兰实施殴打。

4.殴打精神病人孙某荣及其父孙某文案。2014年7月的一天，被告人朱某某称受到被害人孙某荣的骚扰，同妻子张某霞到同村孙某荣家中，先后对孙某荣及其父亲孙某文实施殴打。被害人孙某荣于2012年3月被诊断为精神病性症状的躁狂症。

5.酒桌论辈分殴打刘某金案。2015年1月11日19时30分许，被告人朱某某在同村村民陈某刚家中饮酒时，与同村村民刘某金发生言语冲突，朱某某持凳子对刘某金实施殴打，致刘某金伤，后经鉴定为轻微伤。

本案审理过程中，因辩护人提出调取证据申请，经过检察院两次建议延期审理，作出两次变更起诉决定，对本案第一起“徐某某不赡养公婆被打案”、第五起“酒桌论辈分殴打刘某金案”变更如下：

2002年1月的一天，被害人徐某某因被告人朱某某在其丈夫刘某瑞同刘某德、王某秀赡养费民事诉讼中作证人而埋怨朱某某，朱某某听到后在徐某某家门口公路上，对徐某某实施殴打。

2015年1月11日19时30分，被告人朱某某在同村村民陈某刚家中饮酒时，与同村村民刘某金发生言语冲突，其间用拳头和巴掌打伤刘某金左眼部，用凳子砸伤刘某金头部，后电话通知其儿子朱某甲。朱某甲同兄弟朱某乙来到现场，向朱某某问明原委后，两人对刘某金儿子即被害人刘某松实施殴打。后经鉴定，被害人刘某金、刘某松所受人体损伤程度均为轻微伤。

本案在第三次庭审结束后，N县人民检察院于2020年3月3日又向N县人民法院追加起诉一起寻衅滋事案，即第六起如下：

朱某某任意占用损毁集体土地案。2006年至2012年，被告人朱某某担任N县B镇L村党支部书记，承包经营L村窑厂期间，任意在村集体土地取土，用于烧砖或出售，占用损毁耕地，共占用集体土方77，640立方米，价值62，112元，损毁破坏基本农田31，071平方米（约合46.6亩）。

最终，本案经过5次庭审，N县人民法院于2020年6月24日作出一审判决，认定第一起、第二起、第三起、第四起、第六起指控证据不足，仅第五起指控构成寻衅滋事罪，判处被告人朱某某有期徒刑2年（被告人朱某某此时已被羁押22个月之久），后被告人朱某某提出上诉，二审法院以本案事实不清，裁定发回重审。一审法院作出重审判决，认定第一起至第五起指控证据不足，第六起构成非法占用农用地罪，判处被告人朱某某有期徒刑1年并处罚金。被告人朱某某上诉，二审法院裁定维持原判。朱某某提出申诉，要求法院依法改判无罪。

二、争议焦点

被告人朱某某被控寻衅滋事罪案共涉及六起待证事实，本案焦点有以下几部分。

1.程序方面

本案仅对妨害公务罪立案，并未对寻衅滋事罪立案，诉讼程序是否合法？全案所涉寻衅滋事罪的证据材料是否具有刑事证据能力？

2.起诉书指控待证事实、证据方面

（1）徐某某不赡养公婆被打案。本案仅有特殊证人证言，认定朱某某殴打徐某某的证据是否达到确实、充分的程度，是否得出徐某某被殴打结论的唯一性？

（2）孙某良窑厂边种高粱被打案。本案发生时间是否为“2008年的一天”？本案发生原因是否为“窑厂边种高粱”？朱某某是否存在殴打孙某良的行为，在何处殴打？

（3）刘某书、孙某兰索要独生子女费被打案。本案发生时间是否为“2008年11月的一天”？朱某某是否存在殴打刘某书、孙某兰的行为？

（4）殴打精神病人孙某荣及其父孙某文案。朱某某是否存在殴打孙某荣、孙某文的行为？孙某荣是否属于刑法意义上的精神病人？案发时，朱某某是否知道孙某荣系精神病人？

（5）酒桌论辈分殴打刘某金案。公诉机关以尚未转化的行政案件言词材料作为指控刑事犯罪的证据，形式是否合法？即便形式合法，指控朱某某用拳头巴掌打伤刘某金左眼部的证据是否确实、充分？指控朱某某先用凳子砸伤刘某金头部，后电话通知朱某甲的证据是否确实、充分？指控向朱某某问明原委后，朱某甲、朱某乙两人对刘某松实施殴打的证据是否确实、充分？

（6）朱某某任意占用损毁集体土地案。朱某某从涉案地段取土的时间、取土的地点以及用于何处？2006年至2020年，涉案地段是否存在他人取土行为？被告人朱某某取土量、取土价值是否能得出唯一结论？

3.在定性方面

朱某某是否存在寻衅滋事的主观故意？第五起是否属于朱某某随意殴打他人致二人轻微伤？第六起是否属于任意损毁占用？

三、辩护思路

起诉书所涉六起待证事实能够清晰地反映出公诉机关的指控逻辑：前三起意图用2年内3次寻衅滋事行为认定构成寻衅滋事罪；第四起系随意殴打精神病人；第五起系随意殴打他人致2人以上轻微伤；第六起系任意损毁占用公私财物。

辩护人针对公诉人的指控予以应对。针对第一起指控，辩护人要求调取刘某德、王某秀诉刘某瑞赡养费纠纷民事卷宗、刘某德死亡证明，确定案发时间并非2006年12月的一天，直接破除公诉机关2年内3次的指控逻辑。并且通过对证据之间存在的矛盾进行论证分析，进而得出起诉书的待证事实不成立。针对第二起指控，辩护人申请通知证人出庭，确定孙某良窑厂边不存在承包地，从事实上将该起予以否定。针对第三起指控，辩护人通过阐述证据之间存在的矛盾，进而得出起诉书的待证事实不成立。针对第四起指控，辩护人对证据之间的矛盾进行详细分析，同时申请通知证人出庭，对朱某某是否存在殴打孙某荣的行为、孙某荣是否属于刑法意义上的精神病人进行论证分析，进而否定起诉书的待证事实。针对第五起指控，辩护人从刑事证据能力、证据之间存在的矛盾、案发起因等多方面论证，不应定性寻衅滋事罪。针对第六起指控，朱某某挖土行为是否属于任意损毁公私财物的行为、是否存在他人挖土行为、朱某某挖土数量能否得出唯一结论等方面予以阐述。

对于本案，辩护人总结了三句话：未立案、多证言、邻里间未报警（仅第五起系事后报警）。针对所涉焦点问题以三个方面分析论证如下。

1.关于本案程序方面

被告人朱某某涉嫌“寻衅滋事”未予立案，诉讼程序严重违法，本案所有证据材料均不具有刑事证据能力。

2018年8月29日报案人孟某是以“妨害公务”为由报案，B镇派出所是以“妨害公务”为由立案，拘留证、变更羁押期限通知书中亦载明涉嫌“妨害公务案”。该三份书证仅显示朱某某涉嫌一个犯罪行为，即2018年8月29日当日朱某某的行为是否构成妨害公务罪。

虽然被告人朱某某被刑事拘留后，众多所谓被害人先后到B镇派出所报案。后提请批准逮捕书以涉嫌“妨害公务罪”“寻衅滋事罪”提请检察院批准逮捕，批捕决定书、逮捕证中以“寻衅滋事罪”予以逮捕，但侦查机关仍未对“朱某某寻衅滋事案”立案侦查。

《刑事诉讼法》第一百零九条明确规定：“公安机关或者人民检察院发现犯罪事实或者犯罪嫌疑人，应当按照管辖范围，立案侦查。”第一百一十二条规定：“人民法院、人民检察院或者公安机关对于报案、控告、举报和自首的材料，应当按照管辖范围，迅速进行审查，认为有犯罪事实需要追究刑事责任的时候，应当立案……”因此，立案是实施侦查行为的合法依据，立案必须人、事清楚，如此才能限制侦查权恣意行使、保障程序正义。

关于公诉机关追加起诉的“朱某某任意占用损毁集体土地案”所涉待证事实的材料均属于新搜集发现的待证材料，根据2012年《公安机关办理刑事案件程序规定》（已被修改）第一百七十一条、第一百七十五条的规定以及《刑事诉讼法》第一百零九条、第一百一十二条的规定，对于工作中发现的新线索、新的犯罪事实应当立案。但该第六起追加起诉案至今未予立案，亦未附有相关立案手续材料。

由此可见，本案因侦查机关对“寻衅滋事案”未予立案，便径行以“涉嫌寻衅滋事”提捕、逮捕、审查起诉、审判，程序严重违法，导致本案所涉证据均不具有刑事证据能力。公诉机关有维护客观公正的义务，有法律监督的职能，本案唯一正确的做法，就是撤回起诉或者依法宣告被告人朱某某无罪。建议法院依法要求公诉机关撤回起诉或宣告被告人朱某某无罪。

2.关于起诉书指控待证事实、证据分析方面

本案均系言词类证据，证人与被告人之间存在利害关系，证言互相矛盾，被告人朱某某不具有犯罪事实，应当依法撤回起诉或宣告被告人朱某某无罪。

2012年最高人民法院《关于适用〈中华人民共和国刑事诉讼法〉的解释》第六十四条第一款明确规定，应当运用证据证明的案件事实包括：被告人、被害人的身份；被指控的犯罪是否存在；被指控的犯罪是否为被告人所实施；被告人有无刑事责任能力，有无罪过，实施犯罪的动机、目的；实施犯罪的时间、地点、手段、后果以及案件起因等。

《最高人民法院刑事诉讼法司法解释理解与适用》①关于《刑事诉讼法》第七十四条理解中提到，证人与案件当事人、案件处理结果存在利害关系，究竟将对其证言产生多大的影响，这要视具体的证人和案件而定。不过，由于这种利害关系导致证人证言存在偏见或者不真实的可能性很大，因此，在询问证人时，应当询问其与案件当事人、案件处理结果是否存在利害关系。如果查明存

① 江必新：《最高人民法院刑事诉讼法司法解释理解与适用》，人民法院出版社2015年版，第241页。

在利害关系，在审查判断证人证言时，就应当保持审慎，注意结合其他证据分析证人证言的可信度，进而综合评估该证人证言的证明价值。

《刑事证据法学》①一书中对于“证言印证规则”提到，对于一般证人证言的印证问题，“两份自相矛盾的书面证言，假如无法排除矛盾，并且也没有其他证据对其加以印证的，法庭一律不得确认它们的证明力”。对于另一类特殊证人证言，是由那些与被告人存在利害关系的证人所提供的，“这些证人要么与被告人存在亲属关系，要么存在其他较为密切的社会关系，要么与被告人存在利害冲突。他们由于与被告人存在这方面的关系，很可能人为地作出偏袒被告人的证言，或者故意提供不利于被告人的证言。为防止证人因为与被告人存在利害关系而提供虚假的证言，司法解释强调他们所做的证据都要得到其他证据的印证，使其证明力得到其他证据的验证。否则，这类证人证言也不得被采纳为定案的根据”。

据此，运用刑事证据规则，对本案现有证据材料分析如下：

(1)第一起案件指控“朱某某殴打徐某某”证据不足。具体理由如下：

涉及该部分的材料有：被害人徐某某陈述，证人井某红、刘某书、孙某良的证言，以及被告人朱某某的供述。

其中，被告人朱某某供述非常稳定，称不存在殴打徐某某的行为。

从被害人陈述和证人证言分析来看：

①徐某某对案发时间的三次供述均不相同，其第一次称具体时间不清楚，第二次却称发生于“2006年12月”，且在辩护人申请调取相关书证后，徐某某又改口称“在大儿子六七岁那年”，不排除被害人徐某某与他人串通意图通过“两年内三次寻衅滋事违法行为”来陷害朱某某的可能。

②孙某良系第二起被害人，与朱某某本人有利害关系。其先陈述“听别人说朱某某打徐某某”，后又陈述“亲眼看到，并且描述细节很详细”，显然其证言自相矛盾且不符合感知记忆客观规律，且其翻供系在徐某某陈述“孙某良在

① 陈瑞华：《刑事证据法学》（第2版），北京大学出版社2014年版，第230~231页。

场”之后，不排除二人已经串供的可能性。对于自相矛盾的书面证言，假如无法排除矛盾，并且也没有其他证据（利害关系人之外）对其加以印证的，该证人作出的几份证言均不具有证明力，不应作为定案根据。

③刘某书系第三起被害人，与朱某某本人均存在直接利害关系。刘某书仅称“看到朱某某打徐某某”，但对于具体殴打的行为没有任何描述，其证言真实性无法确定。

④井某红系第五起被害人刘某金的妻子，与朱某某本人存在利害关系。其证言中“我和朱某某没有矛盾”系不实陈述，其对十几年前“朱某某殴打徐某某”的描述与徐某某所述被打过程不符，且严重不符合感知记忆客观规律，对其证言真实性无法确定。

因证人井某红、刘某书、孙某良与本案均存在直接利害关系，该三人证言均属于特殊证人证言。参考《最高人民法院刑事诉讼法司法解释理解与适用》关于《刑事诉讼法》第七十四条的理解，对于存在利害关系的证人，在审查判断证人证言时，应当保持审慎，需要结合其他证据分析证人证言的可信度，进而综合评估该证人证言的证明价值。

综上，井某红、孙某良、刘某书均系与朱某某有利害关系的特殊证人，且孙某良证言自相矛盾，井某红证言与徐某某陈述不符且不符合感知记忆客观规律，刘某书对于所谓“殴打行为”没有任何描述，除此之外，没有任何其他证据予以印证。

现有证据根本达不到确实、充分且排除所有合理怀疑的证明标准，本案无法得出“被告人朱某某在L村徐某某家门口公路上殴打徐某某”这一法律事实。

（2）针对第二起孙某良窑厂边种高粱被打案，起诉书指控“2008年的一天”证据不足、指控发生原因系“窑厂边种高粱”证据不足、指控“被告人朱某某殴打孙某良”证据不足。具体理由如下：

①关于本案发生时间，是否为2008年的一天？

关于时间，仅有被害人孙某良一人陈述，且其称“大概是十年前的事情了，具体时间我记不清了。当时朱某某是村支书”。

孙某良称案发于十几年前，当时朱某某是村支书，而朱某某2000年至2015年均担任L村村支书。本案除孙某良自己估计案发时间为10年前之外，没有任何证据能佐证，显然起诉书指控“2008年的一天”这一待证事实是猜测性言论，不能作为认定本案的法律事实。

②关于本案发生原因，是否为在窑厂边种高粱？

涉及该部分的材料有：被害人孙某良陈述、证人刘某安证言、被告人朱某某的供述及刘某升当庭证言。

被告人朱某某供称：“孙某良在窑厂附近不存在承包地，更不存在其在自家窑厂承包地上种高粱的事情。”

被害人孙某良陈述：“我承包了三亩地在窑厂旁边，顺地边种了一行高粱。”

证人刘某安证言：“孙某良在我村窑场旁边包了一块地，孙某良要在承包地上种的庄稼，但朱某某不让种。”

出庭证人刘某升证言：“孙某良在窑厂边没有承包地。”

从被害人陈述和证人证言来看，二人所述案件起因看似可以相互印证。但是，刘某安与被害人孙某良系同母异父的兄弟，且刘某安因村委选举与朱某某存在利害关系，刘某安的证言不能补强孙某良陈述内容的真实性。孙某良称“在窑厂边承包有三亩地”，但未提供承包合同、周围土地承包户证人证言。在没有其他证据补强的情况下，孙某良、刘某安的该部分证言不应作为定案根据。

并且，出庭证人刘某升证言“孙某良在窑厂边没有承包地”，能够与被告人朱某某供述印证，可以得出“孙某良在窑厂无承包地”这一法律事实。

总之，起诉书指控案发原因系“窑厂边自家承包地内种高粱”的证据不足。

③关于犯罪行为、犯罪地点，被告人朱某某是否殴打孙某良、在何处殴打？

涉及该部分的材料有：被害人孙某良陈述，证人刘某安、陈某智证言以及被告人朱某某的供述。

其中，被告人朱某某供述非常稳定，均称没有殴打过孙某良。

从被害人陈述和证人证言分析来看：

①被害人孙某良陈述："朱某某开始用拳头打我的胸口，打完我胸口之后，朱某某又想拉我进里屋，我不进去，这时朱某某又用手扇了我头两下。这时陈某智就把我俩拉开了，然后陈某智把我拉到村里街上让我回家了。"

由此可见，孙某良称自己被朱某某殴打的地点为朱某某家中，且地点并非朱某某家的里屋。陈某智将二人拉开的位置系朱某某家中，地点亦非朱某某家里屋。陈某智在将二人拉开后，把孙某良拉到村里街上让其回家。

②特殊证人（有利害关系）刘某安证言："当时孙某良和朱某某在家中东屋商量地的事，没过一会儿两个人就因为地的事情吵起来了，然后我就看到朱某某用拳头打了孙某良胸口两下，然后孙某良就吵着说'你怎么还打人啊'，这时候陈某智也听到了东屋里有吵的声音，就过来把孙某良给拉走了。"

"朱某某打孙某良的时候是陈某智拉开的，拉开后是陈某智把孙某良送出去的。"

由此可见，刘某安称，孙某良被朱某某殴打的地点为朱某某家东屋内。陈某智听到东屋里有吵吵声音，朱某某打孙某良的时候，陈某智将孙某良拉走，即陈某智将二人拉开的位置系朱某某家东屋。陈某智将二人拉开后，把孙某良送出去。

③特殊证人陈某智证言："那天刘某安和孙某良都在朱某某家，我在朱某某家的另外一间屋子里，我听到朱某某他们三个在那间屋子嚷嚷起来，刚出门就看见朱某某追着孙某良打，朱某某追着孙某良打到了我们村的当街，被我追上后才拉开的。朱某某在屋里打没打我不知道，在当街的时候，朱某某追上孙某良后打了孙某良一拳，孙某良坐在地上了。"

"我在西屋跟村委会的人在商量事，这时我听到朱某某家东屋有动静，然后我就出来看了看。接着我就看到孙某良从东屋里跑出来而朱某某就在后面追孙某良，这两人跑到L村大道上，接着朱某某就追上了孙某良，朱某某追上孙某良后打了孙某良一拳，然后孙某良坐在地上与朱某某互相地拉扯，接着我就上去把朱某某拉开了。我在L村大道上给拉开的。”

由此可见，陈某智称，当时陈某智和村委会的人在朱某某家西屋，刘某安、朱某某、孙某良在东屋。关于孙某良被殴打的位置，“在屋里打没打不知道，朱某某在当街追上孙某良后打了一拳”。拉开二人的位置：“在L村大道上。”

本案孙某良、刘某安、陈某智三人与被告人朱某某均存在利害关系。通过对比三人证言中的关键点可知，三人对孙某良被打的地点陈述均不一致，三人对陈某智拉开朱某某和孙某良的地点陈述亦均不一致，该三人陈述内容的真实性、客观性存疑，不能仅凭上述言词来认定案件事实，仍需得到其他证据的印证。因该起事件没有其他佐证予以补强，根据刑事证据规则，孙某良、刘某安、陈某智三人对该事实的陈述不应作为认定本案的依据。

更何况“皮之不存，毛将焉附”？孙某良在窑厂边都没有承包地，又何谈其窑厂边承包地种高粱而被打呢？

综上所述，关于案发时间“事发于2008年的一天”没有任何证据证实；关于案件起因“窑厂边种高粱”证据不足；关于“被告人朱某某殴打孙某良”，因刘某安、陈某智均系与朱某某有利害关系的特殊证人，三人对殴打地点、拉开地点互相矛盾，且没有其他证据予以印证，对此待证事实指控证据不足。

此外，村主任刘某升出庭证言为“孙某良在窑厂边没有承包地”“当时签订的有承包合同”，该证言与被告人朱某某供述能够印证，且案件中没有提供被害人孙某良的承包合同，故现有证据根本达不到确实、充分且排除所有合理怀疑的证明标准。本案无法得出“2008年的一天，因孙某良在窑厂边种高粱，被朱某某在家中殴打”这一法律事实。

(3)关于第三起刘某书、孙某兰索要独生子女费被打案，起诉书指控“2008年11月的一天”证据不足、指控“朱某某殴打刘某书、孙某兰”证据不足。具体理由如下：

①关于本案发生时间，是否为2008年11月的一天？

被害人刘某书、孙某兰夫妻二人分别于2018年8月31日、2019年4月2日各作两次陈述，关于发生时间均是在2018年8月31日的笔录中提及。

关于2018年8月31日的陈述笔录，虽均提到“2008年11月，具体日子记不清了”，但此次笔录中除称呼作了修改之外，二人所述内容高度一致，显然不符合记忆表达客观规律，该两份笔录显然不能作为定案根据。

二人在2019年4月2日第二次做笔录时，对具体时间记不清了。既然是领取乡镇发放的独生子女补助费用，那么B镇政府肯定存有发放领取记录，但本案中没有相关材料佐证发放时间，即现有证据无法证实案发于2008年11月。

②关于犯罪行为，朱某某是否存在殴打刘某书、孙某兰的行为？

涉及该部分的材料有：被害人刘某书、孙某兰的陈述，证人刘某仁、刘某胜、陈某某的证言，以及被告人朱某某的供述。

其中，被告人朱某某供述非常稳定，称不存在殴打刘某书、孙某兰的行为。朱某某拽着刘某书出屋门时，由于屋门有台阶，刘某书不小心倒地下了。

从被害人陈述和证人证言分析来看：

陈某某证言为：“陈某某对刘某书说完‘你得让你儿子回来查体，咱才能发放独生子女费’，刘某书、孙某兰不愿意，然后二人就向陈某某跟前凑。在此情况下，朱某某以为二人要跟陈某某动手，就把刘某书、孙某兰拽到屋外，边拽边说‘你们要打仗出去打，别在我家打’。随后陈某某就跟出去了。”从证人陈某某证言可知，陈某某从该起事件开始一直在现场。

从本案来看，证人陈某某作为镇政府的一名工作人员，其在本案中与任何人均不存在利害关系，其证言具有中立性、客观性。而证人陈某某明确提到“我没有看到朱某某殴打他俩”。这与朱某某的供述能够相互印证，证实被告人朱某某供述的真实性、合理性。

证人刘某仁与刘某胜的笔录完全一致，连标点符号都一样，显然二人笔录不具有真实性、客观性，且二人证言与陈某某证言矛盾，刘某仁、刘某胜证言不能作为定案根据。

被害人刘某书、孙某兰2018年8月31日笔录除称呼作了修改外，其他关键内容高度一致，显然有悖于记忆表达客观规律。

被害人刘某书2019年4月2日笔录中陈述，“孙某兰先去领独生子女费未果，后二人一起前去”“陈某某跟我说你们孩子没有做孕检所以不能领独生子女费”“朱某某拽着我和我媳妇到了朱某某大门口打的我”。被害人孙某兰2019年4月2日笔录中陈述，“我和我对象去朱某某家要独生子女费”“朱某某跟我们说你家孩子没有去做孕检没有独生子女费”“朱某某在屋门口打的我和刘某书”。

可知，二人2019年4月2日陈述中对于谁向他们说“你家孩子没有去做孕检没有独生子女费”互相矛盾；对于打人位置，是在大门口还是屋门口打的也互相矛盾。

因刘某书、孙某兰陈述相互矛盾，且二人所述与证人陈某某证言矛盾，在没有其他证据予以佐证的情况下，该二人陈述不能作为定案依据。

综上，根据刑事证据规则，本案不能据以得出“2008年11月刘某书、孙某兰二人索要独生子女费被打”这一法律事实。

（4）关于第四起殴打精神病人孙某荣及其父孙某文案，孙某荣虽于2012年3月被诊断为“患有精神病性症状的躁狂症”、于2019年11月25日被鉴定为“双相障碍，目前为无精神病性症状的抑郁”，但无法证实孙某荣案发前、后系刑法意义上的精神病患者，亦无法证实朱某某2014年7月前知道其患病，更无法证实“朱某某殴打孙某荣、孙某文二人”，起诉书指控事实证据不足。具体理由如下：

①关于朱某某是否存在殴打孙某荣、孙某文的行为？

证人乔某和、刘某芹、陈某智、刘某金案发时均不在现场。其中，乔某和与刘某芹笔录内容完全一致，连标点符号都一样；陈某智、刘某金二人与被告人朱某某之间存在直接利害关系。这几人所称“朱某某打孙某荣、孙某文”系传来证据，且来源不明。

根据2012年最高人民法院《关于适用〈中华人民共和国刑事诉讼法〉的解释》第七十四条的规定，上述证人对于“朱某某是否殴打孙某荣、孙某文”的证言均不应作为定案根据。

涉及该部分的材料有：被害人孙某文陈述，证人朱某英、井某红、刘某英、刘某刚的证言，被告人朱某某的供述，以及刘永某、朱胜某的当庭证言。

其中，被告人朱某某供述非常稳定，称不存在殴打孙某文、孙某荣的行为。

通过出庭人员刘永某、朱胜某当庭证言可知，案发当天被告人朱某某没有殴打孙某荣、孙某文。

从对被害人陈述和证人证言的分析来看：

孙某文与朱某英系夫妻关系。孙某文、朱某英、井某红三人和朱某某之间，以及对于本案的结果均存在直接利害关系。

孙某文2019年9月18日第三次陈述内容与朱某英证言内容完全一致，连叙述打人经过中出现的“木根”“并且”错别字也都完全一致，严重违背日常生活记忆规律，该二人笔录不应作为定案依据。

孙某文、井某红、刘某英证言虽然均陈述“朱某某要砍孙某文”，看似相吻合，但刘某英系孙某文侄女，二人存在亲戚关系，而井某红和朱某某之间对于本案的结果上又存在直接利害关系，该三人证言的真实性、客观性存疑，故不能仅凭该三人证言来单独认定案件事实。

井某红称“朱某某把菜刀扔在孙某文家”与刘某英“将刀夺下来”矛盾；孙某文、刘某英均供述“刘某英将刀夺下”与刘某刚称“看到朱某某拿着菜刀，没看到朱某某砍人”相矛盾；刘某刚自称“我看见朱某某打孙某文了”，又称“我看到的时候已经打完了”，刘某刚证言自相矛盾。

因本案均系言词证据，且证据之间自相矛盾、互相矛盾，被害人、证人与被告人朱某某之间存在直接利害关系，在没有其他证据补强的情况下，现有证据无法得出“朱某某在孙某文家中殴打孙某荣、孙某文”这一排除所有合理怀疑的法律事实。

此外，出庭证人朱胜某、刘永某的当庭证言“朱某某没有殴打孙某荣、孙某文”，能够与被告人朱某某称没有殴打孙某荣、孙某文的供述相印证。

根据存疑有利于被告人原则，朱某某不存在殴打孙某荣、孙某文的行为。

②关于孙某荣是否系刑法意义上的精神病人？

涉及该部分的材料有：书证《孙某荣住院病案》《情况说明》，被害人孙某文陈述，证人朱某英、乔某和、刘某芹、陈某智、刘某胜、陈某刚、刘某安、刘某金、唐某某、刘某仁、孙某良、孙某链、刘某虎证言，以及被告人朱某某供述和辩解。

孙某文、朱某英、陈某智、刘某安、刘某金、唐某某、孙某良和被告人朱某某之间，以及与本案结果之间存在利害关系；孙某链、刘某虎和孙某荣之间存在利害关系；而乔某和、刘某芹陈述笔录内容完全一致，不应作为定案依据；刘某胜和陈某刚陈述笔录内容完全一致，不应作为定案依据。

虽然侦查机关出具《办案说明》，但内容均系推测性、评论性言词，不应作为定案依据。

书证《孙某荣住院病案》虽体现孙某荣被诊断为有精神病性症状的躁狂症，但从出院诊断来看，孙某荣出院时其客观状态为：意识清、接触适切，问题切题、情绪稳定，行为安静、自知力恢复。该出院状况明确表明孙某荣在D市第二人民医院经过17日治疗，已经完全好转，恢复正常。

S精神疾病司法鉴定所虽于2019年11月25日出具了《司法鉴定意见书》，但因鉴定检材的不充足、不可靠、存在片面性，该鉴定意见存在局限性；并且F分（明尼苏达多项人格测验诈病量表）过高，无法排除“夸大病理性体验的可能性”（伪装疾病可能性），不具有唯一性、排他性。且该鉴定意见仅体现出孙某荣目前的精神状况（无精神病性症状），与被告人朱某某不存在刑法上的因果关系，更不能得出案发前、案发时孙某荣的精神状况，不能证实孙某荣系刑法意义上的精神病人。

③关于2014年7月，朱某某是否知道孙某荣系精神病人？

涉及该部分的材料有：书证《孙某荣住院病案》、被害人孙某文的陈述，证人朱某英、乔某和、刘某芹、陈某智、刘某胜、陈某刚、刘某安、刘某金、唐某某的证言，以及被告人朱某某的供述和辩解。

虽然书证《孙某荣住院病案》显示，2012年3月孙某荣被诊断为“有精神病性症状的躁狂症”。但孙某文在第四次、第五次询问笔录中称“孙某荣患了病没多久就去D市第二人民医院治疗，出院后情绪稳定了，也不见谁骂谁了，可以自己独立做饭、接送孩子上下学了”,《司法鉴定意见书》中记载孙某荣本人陈述“在D市住的院，住院后我就好了”。且《2012年出院记录》显示，孙某某2012年出院时，意识清、接触适切，问答切题，情绪稳定，行为安静，自知力恢复。并且结合孙某某本人、其父亲孙某文以及其他证人证言均可看出，其2012年出院后精神状况良好，不存在所谓“持续发病”的情形。

被害人孙某文称“朱某某知道孙某荣患有精神类疾病”与朱某某供述矛盾；被害人孙某文称“2012年孙某荣在人民医院看完病之后我找过朱某某给我开证明信报销合作医疗”，但本案未有相关报销书证予以佐证。

证人朱某英因系孙某荣之母、孙某文之妻，且由于其在案唯一笔录与孙某文第三次询问笔录完全一样，连叙述打人经过中出现的错别字也一样，故其证言不应作为定案依据。

虽然被害人孙某文、刘某英、乔某和、刘某芹、陈某智、刘某胜、陈某刚、刘某安、刘某金、唐某某等均称“全村都知道孙某荣是个精神病”，但如前所述，孙某文、朱某英、陈某智、刘某安、刘某金、唐某某和被告人朱某某之间，以及与本案结果之间存在利害关系；乔某和、刘某芹陈述笔录内容完全一致，不应作为定案依据；刘某胜和陈某刚陈述笔录内容完全一致，不应作为定案依据。

另外，所谓“全村都知道”的时间是2014年7月之前还是之后，没有任何证据可以证实。

朱某某第四次讯问笔录中虽记载“孙某文的女儿孙某荣精神不太好，一阵一阵地犯病”，但其在宣布逮捕同步录音录像（第3段视频2分20秒至2分38秒）称“朱胜某说‘别搭理她，她有这个病’。我说‘她要是有这个病，我就不来找她了。他那孩子要是真有病，她要真天天有病也情有可原，像俺娘那样也行’”。亦即，通过在同步录音录像的表述中可知，朱某某不知道孙某荣有精神病，也不认为孙某荣存在精神病。这与其第五次、第六次讯问笔录中均称“不知道孙某荣有精神病”相吻合。

现有证据无法得出“2014年7月之前，朱某某知道孙某荣系精神病人”这一法律事实。

综上所述，现有证据无法证实孙某荣系精神病人，亦无法证实2014年7月朱某某明知孙某荣是精神病人，更无法证实被告人朱某某对孙某荣、孙某文二人实施了殴打行为，起诉书指控的“2014年7月的一天，朱某某先后对孙某荣、孙某文实施殴打”证据不足，不应认定。

（5）关于第五起酒桌论辈分殴打刘某金案，变更起诉决定书中指控的“用拳头巴掌打伤刘某金左眼部”证据不足、指控的“先用凳子砸伤刘某金头部，后电话通知朱某甲”证据不足、指控的“朱某甲、朱某乙先向朱某某问明原委后，又对刘某松实施殴打”证据不足。

①公诉机关以尚未转化的“行政案件言词材料”作为指控被告人朱某某的证据，形式不合法。现有书证、已转化的“言词材料”无法得出公诉机关变更指控的“待证事实”。

根据《刑事诉讼法》第五十二条、第五十四条第二款及最高人民法院《关于适用〈中华人民共和国刑事诉讼法〉的解释》第六十五条第一款之规定，侦查机关、检察人员必须依照法定程序收集各种证据。对于行政案件中证人证言、被害人陈述等言词证据材料，应当在案件进入刑事诉讼后由侦查机关予以重新收集。

关于朱某某寻衅滋事案第五起，侦查机关在朱某某被刑事拘留后，仅收集了所谓“被害人”刘某金陈述、证人井某红证言、证人陈某刚证言、被告人朱某某供述和辩解各一次。而侦查机关转化的刘某金、井秋红、陈成刚言词材料与《2015年治安卷》材料存在矛盾，该三人转化的言词材料不应作为定案依据。

而且，仅这几份转化的言词材料，无法得出公诉机关变更指控的“待证事实”。公诉机关以尚未转化、尚不具有刑事证据能力的“行政案件言词材料”作为指控被告人朱某某的“待证事实”，显然证据形式不合法，上述“待证事实”不能成立。

②即便认为“行政案件言词材料”具有刑事证据能力，本案亦无法得出变更起诉决定书指控的上述“待证事实”。

关于指控“用拳头巴掌打伤刘某金左眼部”证据不足，不能得出唯一结论。

刘某金称“被朱某某用拳头打了左眼部”系孤证，朱某某称“没有用手抓到刘某金”与刘某功证言能够印证。

被害人刘某金虽称其被朱某某用拳头打了左眼部，但其所称的时间、位置系在刘某金自家门口的石头上坐着时被打的，该陈述显然与他人所述不符，且系孤证。

刘某松对此虽称“我到陈某刚院子里时，我父亲的头部就破了，左眼也肿了”，但其第二次询问笔录中又称“第一次笔录中说刘某金眼部肿了，是其没有看好，是估计的”。

被告人朱某某供述称，“两个人就是用手乱抓的，但是绝对没有抓上，因为在刘某金和我之间隔着刘某功等人给我俩拉仗”。朱某某材料中亦对“拳头巴掌”进行了解释，供述称“当地打仗如果没有用家什打仗，就说用拳头巴掌打的仗”。

对于朱某某的供述，刘某功证言“朱某某与刘某金打仗时隔着我和其他拉仗的人呢，不可能打上对方，他俩只是有用手乱抓的动作”能够与之印证。

即便认为刘某金受伤系朱某某本人所为，亦无法得出系朱某某用拳头巴掌所致的唯一结论。

通过法庭调查可知，刘某金先拿铁凳子砸了朱某某，后朱某某用小木头凳子砸了刘某金头部。众所周知，小木头凳子的形状为凳面和四条腿。

如前所述，朱某某供述和刘某功的证言能够印证“朱某某虽用手乱抓，但没有抓上刘某金”这一事实，即便认为刘某金伤系朱某某本人所为，亦不能排除系小木凳所致。

刘某松等人用三轮车推着刘某金在陈某刚家门口处，与朱某甲发生争执，无法得出刘某金左眼部的伤系朱某某所致的唯一结论。

刘某松证言：“我和刘某祥将刘某金放到一个三轮车上往外走，朱某甲来了，朱某甲上去用拳头打刘某金的头部及胸部。”

朱某乙证言：“到了陈某刚家门口的时候我看见朱某甲跟刘某金、刘某松打起来了，他们拳头互相打在对方身上，我就去拉架，拉架的时候刘某金拿起砖头来想砸朱某甲。”

通过二人的陈述可知，朱某甲在进入陈某刚家之前，已经和刘某金、刘某松发生了冲突，三人打在一起。亦即，刘某金在与朱某某发生冲突后，又与他人发生了冲突。

刘某金左眼伤情到底是在何处、被何人所致，虽然《刘某金伤情鉴定》称“刘某金左顶部创、左侧眶内侧壁骨折、眶周软组织挫伤符合此次外伤所致”，但不能得出刘某金左眼部伤系朱某某所致的唯一结论。

综上，变更起诉决定书指控的“朱某某用拳头巴掌打伤刘某金左眼部”证据不确实、不充分，无法排除合理怀疑，指控的该“待证事实”不能成立。

关于指控“朱某某先用凳子砸伤刘某金头部，后电话通知朱某甲”与事实不符，证据不足。

朱某甲证言“我父亲朱某某在陈某刚家喝酒，给我打电话说他与本村村民刘某金打起来了，喊我过去看看”，仅说明朱某某给朱某甲打过电话。

刘某功证言可以明确看出：刘某金和朱某某二人互投碗盘后，喝酒的人已经将刘某金拉到了陈某刚家外间屋。而刘某金又回到了喝酒的屋，还是用碗盘投朱某某。之后刘某金又拿起圆形铁凳子砸了朱某某左肩部，之后朱某某顶着刘某功及喝酒的人往外走，喝酒的人一边顶着朱某某一边将刘某金往外屋推，朱某某拾起小板凳砸了刘某金头部，刘某金倒地。

刘某华证言可以明确看出，刘某金被人拉到外屋后，给刘某松打了电话，打完电话后刘某金又回了里屋，回里屋后刘某金就拿起圆凳子砸朱某某，被大伙拉到外屋去了。亦即，刘某金在拿圆铁凳子砸朱某某之前，已经给刘某松打过电话。

朱某某当庭供述，其发现刘某金给刘某松打电话后，便给朱某甲打了电话，此时刘某金尚未拿圆凳子砸朱某某。

通过上述证据可见，变更起诉决定书指控“朱某某先用凳子砸伤刘某金头部，后电话通知朱某甲”与事实不符，证据不足，该指控的该“待证事实”不能成立。

指控“向朱某某问明原委后，朱某甲、朱某乙两人对刘某松实施殴打”亦与事实不符，证据不足。

本案对于“朱某甲、朱某乙离开陈某刚家里屋后，是否又对刘某松实施殴打”这一情形，存在两种截然不同的证据材料。

第一种言词材料：朱某甲、朱某乙离开陈某刚家里屋后，又对刘某松实施了殴打，如刘某松第二次证言、刘某英、井某红证言。

第二种言词材料：案发现场没有其他人在打架，如刘某松第一次证言、李某娟证言、朱某甲证言、刘某战证言、刘某功证言、陈某刚证言。

通过对比全案证据材料可见：针对第一种言词材料，刘某松的第一次证言和第二次证言自相矛盾，刘某英证言与其儿子刘某战证言矛盾，刘某松第二次证言及井某红证言与李某娟证言、朱某甲证言、刘某战证言、刘某功证言、陈某刚证言均矛盾。亦即，所谓“朱某甲、朱某乙离开陈某刚家里屋后，又对刘某松实施了殴打”，除了直接利害关系人刘某金之外，没有任何人的证言能够证实，且与直接利害关系人李某娟、刘某战的证言矛盾，该种言词材料的可信度非常低。

而针对第二种言词材料，除了朱某甲证言之外，还有刘某松第一次证言，李某娟证言，刘某战证言，以及中间人刘某功、陈某刚证言，均能证实案发现场没有其他人在打架。根据存疑有利于被告人原则，变更起诉决定书指控的“问明原委后，朱某甲、朱某乙两人对刘某松实施殴打”证据不足，该“待证事实”不能成立。

综上，起诉书第五起指控朱某某随意殴打他人致二人轻微伤的证据不足。

（6）第六起朱某某任意占用损毁集体土地案起诉书指控的被告人朱某某占用集体土方77，640立方米、价值62，112元，损毁破坏基本农田31，071平方米（约合46.6亩）证据不确实、不充分。

①现有证据无法证实被告人朱某某取土时间持续到2012年。

被告人朱某某虽2006年至2012年从事窑厂经营，但其用土除了村里河弃土之外，还在其他地方购土，故窑厂经营时间不等同于在L村涉案地段取土时间，二者不应混淆。而现有证据中的证人证言均不能完整叙述被告人朱某某取土的时间，亦无法证实被告人朱某某取土时间持续到2012年。

②公诉机关指控被告人朱某某在“村集体土地取土，用于烧砖或出售，占用损毁耕地”证据不足。

被告人朱某某不存在取土出售的动机，认定朱某某取土出售的证据不足。

虽然证人刘某召、刘某忠、刘某进、王某广、王某乐、徐某华等人证言均提到了被告人朱某某将从村南口粮地挖的土售卖到了N县城，但该土送到N县城何处，卖了多少立方，没有任何材料予以证实。

通过被告人朱某某供述可知，其经营窑厂期间仍需要在曲庄、徐庄等地取河弃土烧砖，且还存在平整开荒土地，自己用土都不够，何来再卖土之说。显然，被告人朱某某不具有卖土的动机。

而且，对该项指控仅存在不完整的言词材料，没有其他证据相互印证，仅凭这些言词材料无法得出“被告人朱某某取土出售”的法律事实。现有证据也无法得出“被告人朱某某从承包地取土用于窑厂烧砖或出售”的法律事实。

通过被告人朱某某供述，结合证人盛某苓、李某忠证言，以及测量公司《耕地土方量计算图》中对于周围耕地原始标高的测量数据能够看出，被告人朱某某承包的土地之前系盐碱地，并且高低不平，坑坑洼洼，被告人朱某某承包涉案土地后，对承包地进行平整工作。

通过辩护人提交的2009年《土地承包合同》可知，被告人朱某某2009年承包土地面积为25，665平方米（38.5亩），而到了2020年测量公司进行耕地范围测量时，朱某某的承包地耕地面积增加到了32，991平方米（49.49亩），相比朱某某承包合同中增加了7326平方米（11亩）。这些增加的耕地都是被告人朱某某在承包期内通过自己的辛勤努力，平整、开荒而来。

虽然在案材料中有证人称“朱某某在承包地取土卖至县城或送至窑厂烧砖”，但如前所述，对于仅有言词类的材料，没有其他证据来予以佐证的情况下，证据显然无法达到确实、充分且排除所有合理怀疑的证明标准。

况且，众所周知，烧砖用的土系深层的黏土，在黏土上种植庄稼显然不符合生活逻辑。如果按照上述证人所述“被告人朱某某将承包地的表层土卖至县城，又在承包地取土烧砖”，那么被告人这将近50亩地又如何种植庄稼，被告人这近50亩承包地的表层土又从何而来，显然不符合日常生活逻辑。

若被告人朱某某存在破坏耕地行为，其也不可能获得众多的荣誉奖牌，亦不可能获得S省农业机械管理局“农机科技示范户”表彰。

另外，据被告人朱某某所述，有村民于2015年分别向原N县国土资源局、N县纪委控告朱某某取土事宜。但从现有结论来看，2015年原N县国土资源局和N县纪委进行调查后并未因“取土”一事对被告人朱某某予以党纪或行政处罚。现有证据无法得出被告人朱某某取土的土方量，无法排除被告人朱某某垦荒、平整土地的合理怀疑，无法证实被告人朱某某存在损毁耕地的行为。

通过法庭调查，结合被告人朱某某供述可见，2006年至今，涉案东西河沟以及北岸的水库，均存在他人取土的行为。有的村民取土用于垫基盖房，有的村民取土卖土为了增加收入，村里修路、修广场亦从涉案地段取土。在窑厂复垦后，包村干部迟某瑞在“深入推行村务公开栏”中依然承诺要挖沟顺水。

也就是说，导致涉案地段目前状况，除被告人朱某某行为之外，不仅存在他人挖土卖土、盖房垫土、修路、建广场、建党员活动室垫土等情形，还存在县镇政策鼓励推行的挖沟行为。

虽然测量公司于2020年2月15日对于涉案东西河沟、北坑塘等作出回填土方量数据，但该数据不具有唯一性和排他性，并且系在他人指定的范围测量，本身就存在片面性。该测量数据仅能得出“L村人员指定的范围地界”需要回填至“测量公司自己确定原始标高”需要的土方量，无法得出被告人朱某某自己取土的土方量，更无法得出所涉耕地系由被告人朱某某行为导致的唯一结论。

3.从本案定性分析，被告人朱某某依法不构成寻衅滋事罪，应当依法撤回对被告人朱某某的起诉或宣告被告人朱某某无罪

（1）从起诉书指控内容来看，前五起案件均系因邻里、村务纠纷而引发的，不存在寻求刺激、无事生非等情形，根据最高人民法院、最高人民检察院《关于

办理寻衅滋事刑事案件适用法律若干问题的解释》第一条第三款之规定，均不应认定为寻衅滋事罪。

（2）寻衅滋事罪系《刑法》第六章妨害社会管理秩序罪第一节扰乱公共秩序罪所属罪名，是指在公共场所无事生非、起哄闹事、横行霸道、破坏公共秩序，其所侵犯的法益系公共秩序。而本案第二起、第三起、第四起、第五起案件的地点均在私人空间内，并非公共场所，不可能扰乱公共秩序，不符合寻衅滋事罪构成要件。

（3）寻衅滋事罪惩处的是随意殴打他人的行为，并非互殴行为。而在第五起案件中，论辈分挑起事端的系刘某金，且在众人将刘某金多次劝说回家后，刘某金又持铁凳子打向朱某某肩膀（致朱某某受伤），后朱某某才在陈某刚屋中拾起小木头凳子反抗，显然朱某某不存在无事生非、逞强耍横的主观心态，且被告人朱某某不存在指使他人殴打刘某金、刘某松的行为，被告人朱某某与刘某松的伤情应不存在刑法上的因果关系，被告人朱某某不存在随意殴打他人致二人轻微伤的情形，起诉书指控的该起案件不符合寻衅滋事罪的构成要件。

（4）被告人朱某某在第六起案件中的取土行为不具有寻衅滋事罪的主观故意。

《刑法》第二百九十三条第一款第（三）项规定的以占用公私财物为表现形式的寻衅滋事罪，表现为以蛮不讲理的流氓手段，强行占用公私财物或者随心所欲占用公私财物。其主要表现特征为：主观上要求具有流氓动机，任意占用公私财物，破坏公共秩序，公然藐视国家法纪和社会公德，其动机不仅仅只是要威风、取乐等不正常的精神刺激，而是为了长时间占用，拒不退还，进而非法占有。

而在第六起案件中，被告人朱某某的取土行为分两部分：第一部分是将承包地内地势高的地方填补到地势低洼之处，用于承包地的平整、垦荒，其目的还是增加耕地面积、提高种粮效益。第二部分是从东西河以及水库取河弃土，或者从其他村庄购买河弃土，其目的系经营窑厂烧砖。该两部分取土行为不具有寻衅滋事罪的主观故意，具体理由如下：

承包耕地取土用于承包地平整、垦荒的行为不具有刑事违法性，更不可能破坏社会公德。该行为系国家大力倡导的土地整治挖潜政策，于国于己均有利，不符合寻衅滋事罪中的流氓动机，不具有寻衅滋事罪的主观故意。

通过法庭调查可以看出，修建水库和东西沟挖深的目的就是让老百姓种好地、浇上水，并且招商引资建窑厂。被告人朱某某在承包窑厂期间每年向L村村委会交纳12，000元承包费，其取土的范围仅局限于东西河加宽加深的一部分废弃土、水库一部分废弃土以及其他村庄的废弃土，目的就是用于烧砖，该行为同样不具有诸如要威风、取乐等不正常的心理表现。并且，同村村民亦从涉案地段取土用于盖房或者对外出售，被告人朱某某的该取土行为既没有破坏公共秩序，也没有破坏社会公德，其同样不符合寻衅滋事罪的主观故意。

（5）关于第六起，被告人朱某某的取土行为不具有任意性，涉案取土价值无法得出唯一结论，取土行为没有造成恶劣社会影响，其不符合任意毁损、占用公私财物的客观构成要件。具体理由如下：

①被告人朱某某的取土行为不存在任意性。

通过被告人朱某某当庭供述可见，因村内土地长期浇深井水导致土质盐碱化，影响庄稼生长。为了招商引资以及改善土质、增加农民耕地收入，2003年L村村委会决定在原有河道的基础上加宽加深，修挖水库蓄水灌溉农田、铺设管道，治理盐碱地，加宽加深河道以及修挖水库多出来的土由村民免费拉走，节省村内款项资金。

由此可见，被告人朱某某虽然在涉案东西河沟北沿以及水库中存在取土的行为，但已经L村村委会集体商议并经大喇叭广播，其行为具有正当性和合理性，被告人朱某某的取土行为不存在任意性。

②被告人朱某某涉案取土价值无法得出。

根据最高人民法院、最高人民检察院《关于办理寻衅滋事刑事案件适用法律若干问题的解释》第四条第（一）项之规定，任意损毁、占用公私财物价值2000元以上的属于“情节严重”。

通过被告人朱某某供述可以看出，2006年至今，L村存在多人因挖土卖土、修房、修路、修桥、修建村广场、党员活动室在涉案地段取土的行为，故现有证据无法确定被告人朱某某的取土量，无法得出其涉案价值。根据存疑有利于被告人原则，无法得出被告人朱某某取土价值超过2000元的确实、充分且排除所有合理怀疑的结论，故被告人朱某某不应符合该项犯罪的客观构成要件。

③被告人朱某某的取土行为没有造成恶劣社会影响。

通过出示N县委县政府颁发的《2008年度社会治安综合治理先进单位》奖牌，中共B镇委员会、B镇政府颁发的《2011年度农村工作先进村》奖牌，《2011年度信访维稳工作先进村》奖牌以及《2012年度“两区同建”及土地整治挖潜工作》奖牌，结合时任D市国土资源局局长曲某山2012年11月7日到N县检查指导土地综合整治挖潜工作的报道可见，在被告人朱某某承包经营窑厂的2006年至2012年，L村多次获得N县委县政府、B镇党委政府奖励，当地党委政府对L村开展的挖沟挖坑工作给予了肯定和支持。且2012年在窑厂复垦结束后，包村干部迟某瑞在“深入推行村务公开栏”中仍在承诺挖沟顺水。

如前所述，被告人朱某某2009年承包土地面积为38.5亩，经过被告人朱某某平整垦荒后，现承包地使用面积达到了49.49亩。耕种面积增加11亩，亦为L村耕地增加作出了巨大贡献。被告人朱某某取土烧砖系使用东西河的废弃土、水库的废弃土以及其他村庄的废弃土，在其承包窑厂期间，有村民参与运输河弃土而获得收入，窑厂经营可以给村里支付承包费，也为村民提供了工作机会。

综上，被告人朱某某的行为，不仅未造成村集体损失，而且使众多村民获益，其行为不具有刑事违法性，亦没有对社会公共管理秩序造成恶劣影响，不符合寻衅滋事罪的构成要件。

综合全案证据，被告人朱某某的行为从程序、证据、定性等方面均不构成寻衅滋事罪，应当依法宣告其无罪。

四、办案过程

承办律师在会见朱某某时，朱某某提道：本案不是简单的寻衅滋事案件，存在他人为了阻止其竞选村支书而恶意陷害的情况。承办律师抽丝剥茧，针对每一起案件制作专项阅卷笔录，通过阅卷查找分析证据之间的不合理之处。为了还原案件真相，承办人向一审法院提交多份《调取证据申请书》《通知证人出庭申请书》，后公诉机关对本案两次建议延期审理，并两次变更起诉内容。经过三次庭审，承办人对起诉书指控的前五起待证事实从程序、证据反映的待证事实以及定性作了详细阐述，论证被告人朱某某不应构成寻衅滋事罪。

原以为2020年1月15日第三次庭审结束后，本案会作出宣判。但2020年2月3日，侦查机关又以“发现新线索”重新侦查，2020年2月28日侦查终结，2020年3月3日移送法院追加起诉。

因疫情原因，针对追加的第六起案件，承办律师在2020年6月才得以会见被告人朱某某，得知该追加案件亦与客观事实不符。基于此，承办律师申请通知证人出庭、提供新证据，阐述了被告人朱某某第六起案件中无罪的三大理由。

最终，本案经过承办律师20次会见，结合制作的45页阅卷笔录、28，500余字（48页）质证意见、19，000余字（32页）辩护词，历经5次庭审、5位证人出庭，一审法院认定第五起案件构成寻衅滋事罪，其余五起指控的待证事实证据不足、不予认定。承办律师上述辩护观点为本案二审发回、重审、判决改判打下了坚实的基础。

五、办案心得

承办律师在办理认为应当无罪的案件时，必须要严格按照刑事证据规则对每项证据进行审查分析。在对有利于我方的证据未予调查的情况下，合理利用《刑事诉讼法》赋予的申请调查权，通过申请人民检察院或人民法院调取相关证据，规避可能发生的风险。庭审时注意发问证人方式，严格把控证人出庭风险。在作好风险防范的前提下运用好办案技巧，敢于辩护，最大限度地维护当事人的合法权益。

六、专家点评

点评人：江溯（北京大学法学院副教授、博士生导师）

在我国刑法理论界与实务界，寻衅滋事罪往往被认为是一个兜底性罪名。刑事辩护律师对寻衅滋事罪的实体辩护，往往基于寻衅滋事罪的法益以及本质特征进行。

首先，根据刑法教义学理论，认定犯罪的前提是行为符合相关犯罪的构成要件，但对构成要件的理解与适用要以保护法益为原则。刑法通说认为，寻衅滋事罪所保护的法益是“公共秩序”，因而无论是何种外观表现的寻衅滋事行为，都必须造成扰乱公共秩序和破坏社会秩序的后果，才构成本罪。

其次，2013年最高人民法院、最高人民检察院《关于办理寻衅滋事刑事案件适用法律若干问题的解释》第一条规定：“行为人为寻求刺激、发泄情绪、逞强耍横等，无事生非，实施刑法第二百九十三条规定的行为的，应当认定为‘寻衅滋事’。行为人因日常生活中的偶发矛盾纠纷，借故生非，实施刑法第二百九十三条规定的行为的，应当认定为‘寻衅滋事’，但矛盾系由被害人故意引发或者被害人对矛盾激化负有主要责任的除外。行为人因婚恋、家庭、邻里、债务等纠纷，实施殴打、辱骂、恐吓他人或者损毁、占用他人财物等行为的，一般不认定为寻衅滋事……”根据该解释，对寻衅滋事罪的界定应区分“无事生非”、“借故生非”与“婚恋、家庭、邻里、债务等纠纷”两种事由，对后者导致的表面上符合寻衅滋事罪客观要件的行为，一般不认定为寻衅滋事罪，一方面，是因为寻衅滋事本身应包含价值否定和道义谴责的因素，因“婚恋、家庭、邻里、债务等纠纷”而实施的殴打、辱骂、恐吓等行为，因事出有因，在一般理性人认为存在合理理由的情况下，并不存在刑法上的价值否定和道义谴责；另一方面，也是由于因“婚恋、家庭、邻里、债务等纠纷”而实施的殴打、辱骂、恐吓等行为，往往是针对特定对象，且发生在特定时空中，难以造成扰乱公共秩序和破坏社会秩序的后果。

本案的辩护律师准确地抓住了寻衅滋事罪的主要辩护要点，对寻衅滋事罪的法益以及本质特征进行了阐释。然而，法院的判决显示，法院之所以对六起事实中的五起判处无罪，主要原因是基于证据不足。根据现有材料，第五起案例“酒桌论辈分殴打刘某金”的事实显然不符合寻衅滋事罪的法益及构成要件。根据刑法通说，随意殴打型寻衅滋事罪要求行为人之殴打行为必须满足“随意”性构成要件。关于殴打“行为”是否“随意”的判定，通说采“双重置换说”，即只有在把被害人置换为其他人时行为人仍会殴打滋事，以及把行为人置换为其他人时其他人不会殴打滋事并符合有关客观表现时，才能认定随意的存在。按照常识，在我国当前广大（农村）地区，“论辈分”属于需要严肃对待的事情，被告人由于此事与被害人发生言语冲突，进而发生“殴打”行为，并不属于“借故生非”，因为在此种情况下，即使将被害人置换为其他人，或者将行为人置换为其他人，都有很大可能会发生言语肢体冲突。况且，被告人之所以实施殴打行为，起因是酒桌论辈分引发言语肢体冲突，属于事出有因的情况，且行为人殴打的对象特定，发生的时空亦特定。因此，被告人此种因酒桌论辈分而发生在特定时空下的“殴打行为”，完全不可能发生扰乱公共秩序和破坏社会秩序的后果，并未侵犯寻衅滋事罪所保护法益。

在本案中，辩护律师对当前刑事政策具有敏锐的洞察力，转而将主要的辩护重心放在了程序辩护，重点细致地梳理调查了控方相关的程序不合法以及证据效力缺陷，进而实现了五起起诉事实无罪，实属难能可贵，值得广大刑事辩护律师学习！

黄某被控盗窃罪案

肖兴刚*

一、案情简介

2013年，福建某国企（以下简称A）将某高速公路隧道施工工程发包给某企业（以下简称B），B承接该工程后又将该工程施工部分分包给某企业（以下简称C），A与B签署了正式的发包合同，在合同中约定，隧道工程使用的钢材由A无偿提供，不计入施工费用。B与C签署了施工分包合同，在合同中约定，钢材由A提供，C负责现场接收、保管和使用。C在施工过程中对钢材的使用进行了重新设计，在保证项目安全的情况下对钢材的使用量进行了调整。调整之后钢材使用量有部分节余，C在未告知A和B的情况之下将节省下来的钢材私自售卖给他人，以此获利。一段时间之后，C私自售卖钢材的行为被B发现。B发现之后即向公安机关报案称C的股东及现场管理人员涉嫌盗窃钢材。公安机关接到报案后遂进行了刑事立案，并对C的股东及现场主管共4人刑事拘留，后以其4人涉嫌盗窃罪向厦门市人民检察院申请逮捕。检察院经过审查，对4名犯罪嫌疑人以盗窃罪批准逮捕。逮捕之后，公安机关继续侦查。其间，4名犯罪嫌疑人被多次审讯，公安机关亦对该工程的发包方A和B的相关人员及现场施工人员进行询问，同时也找到了钢材的买家进行询问，对案涉隧道工程的发包、转包过程以及施工过程进行了确认，对4名犯罪嫌疑人参与售卖钢材的行为进行了

---

* 肖兴刚：北京市京师律师事务所刑事专业委员会理事、刑民交叉案件研究中心主任。

确认，同时也对售卖钢材的数量进行了统计。后厦门市人民检察院向厦门市中级人民法院提起公诉，检察院起诉指控C的3名股东及1名现场管理主管均因盗卖钢材涉嫌犯盗窃罪，且均系主犯。2015年年初，厦门市中级人民法院一审裁定检察院起诉指控被告人涉嫌犯盗窃罪不能成立。裁定送达之后，4名被告人即被释放。

二、争议焦点

结合在案的大量证据材料，辩护人经过深入细致的研究，针对检察院的指控，对本案的争议焦点进行了总结。本案争议焦点主要有两个：一是C对A供应的钢材是否享有完全的占有、使用和处分的权利；二是C在未告知A和B的情况下，私自售卖节省下来的钢材的行为在法律上如何定性，到底是民事行为，还是刑事犯罪行为。

三、辩护思路

笔者是在本案第四名被告即施工现场项目经理黄某被刑事拘留之后第一时间接受其家属的委托，作为黄某的辩护人为其辩护。接受委托之后，笔者第一时间到看守所会见了犯罪嫌疑人黄某，在会见过程中详细地了解了他的职业经历及在案涉隧道工程中的职务、职责，以及本案涉嫌的盗窃行为的来龙去脉。起初笔者也认为C私自售卖钢材的行为的确有违法嫌疑，但经过与黄某的详细沟通，并在会见之后查阅了各种相关资料，发现这并不是一个单纯的刑事案件，而是掺杂了各种利益纷争的刑事案件。笔者会见黄某之后，第一时间到该案侦查机关递交了律师所函等委托手续，同时与侦查机关的主办警官进行了详细的沟通，但侦查机关表示出的态度很明确，他们认为，这就是赤裸裸的盗窃行为，就是盗窃犯罪。但侦查机关也向笔者提供了一些案件信息，笔者结合前期掌握的情况，又向参与该工程施工的相关人员进行了信息核实和补充了解。经过多方了解，笔者更加坚信，这就是一起典型的建设工程施工合同纠纷，而非刑事案件。笔者便向侦查机关、检察机关提交了多份犯罪嫌疑人无罪的法律意见，但检察机关始终不同意撤销案件。

一审开庭之前，笔者与被告人多次进行会见，就法庭上可能出现的各种情况进行了详细的沟通交流。此外，笔者对案件涉及的数十本卷宗材料逐页进行了详细的研究和梳理，提前准备了数十页的无罪辩护意见。开庭期间，笔者在法庭上就案件争议的焦点问题对各被告人进行了发问，各被告人对相关问题在法庭上进行了详细的说明和解释。举证环节，笔者对公诉机关出示的证据进行了深入细致的质证，在质证过程中主要就涉及案件定性的证据，如施工合同、转包合同等书证，涉案钢材运到施工现场之后的现场交接单据等书证，进行了详细的分析阐述。在法庭辩论环节，笔者主要围绕以下争议焦点进行辩护：

1.依据在案的施工合同、分包合同等书证，结合各被告人供述和相关证人证言，足以证实C是案涉隧道工程的实际施工人。本案各被告人作为C的股东和项目经理，是施工现场负责管理的人员。

2.依据在案的施工合同、分包合同、钢材现场交接单等书证，并结合被告人供述和有关证人证言，案涉钢材不计入施工工程款，由发包方也就是A依据施工图纸、施工预算直接提供，A负责将钢材直接运送到施工工地，C负责接收。C与A有签署钢材签收单，在签收单中明确C签收之后，负责对钢材进行妥善保管，并按照施工设计方案进行使用。如果钢材丢失则由C负责赔偿。基于这些证据，笔者认为，因案涉钢材由A提供，并且没有计入工程款，C也没有付出对价，所以本案施工中使用的钢材的所有权应归属于A。但因为C是实际施工人，A并没有安排人员在现场，A将钢材交付给C之后，钢材的占有和使用的权利就由A转移给了C。因为A和C之间还有约定，如果钢材丢失，C要负责赔偿，由此更加可以判断，C对运送到施工现场的钢材享有完全的保管责任。对于案涉钢材，A和C之间形成了一种民法上的保管合同，但又不同于传统意义上的保管合同，因为C除了负有保管职责之外，还享有占有、使用和处分的权利，因为C要将钢材用于隧道施工，而且在施工中如何使用完全由其决定，这种使用实际上也是一种处分行为。所以，笔者认为，A将案涉钢材运送到施工现场，C的工作人员签收之后，A对案涉钢材就已经丧失了占有和使用的权利，案涉钢材已经不在A的控制之下。

3.在案的施工合同、分包合同等书证可以证实，案涉隧道工程的相关各方对钢材的占有、使用和节余处置约定得不够明确具体，在实际执行过程中，完全由C自主决定，A和B并未参与钢材的使用和管理，C售卖的是其自己占有的钢材，并非通过秘密窃取方式取得的钢材。

4.法律适用方面，根据《刑法》第二百六十四条之规定，盗窃罪是指以非法占有为目的，盗窃公私财物的行为。笔者结合本案事实和刑法相关规定，从主观要件和客观要件等犯罪构成上对该案进行了详细的分析。

（1）盗窃罪在主观上要求被告人要以非法占有为目的。结合前面第1点、第2点的分析，A基于合同约定将案涉钢材交付给C占有和使用，那么C对案涉钢材的占有就是基于合同的约定，是一种合法占有，并不是非法占有。所以，本案当中，各被告人在主观上不符合盗窃罪的构成要件。

（2）盗窃罪在客观上要求被告人采取窃取的方式。所谓窃取，是指行为人违反被害人的意志，将他人占有的财物转移为自己占有。本案中，起诉指控的是被告人私自售卖钢材的行为，而不是被告人秘密窃取的行为。如之前所述，C获取案涉钢材是基于合同的约定，这种约定是C和A双方共同达成的合意，A将案涉钢材转移给C占有，是其基于合同约定主动作出的行为表示，是其自愿的，并没有违背其意志。另外，在案证据材料可以证实，A负责将案涉钢材运送到施工现场交付给C，A实施的是转移占有的行为，C根本没有实施转移占有的行为。所以，笔者认为，C根本就没有实施所谓的窃取行为，各被告人的行为也就无法构成盗窃罪。

5.关于被告人私自售卖钢材行为的理解和定性。

（1）基于本案指控的事实，被告人唯一涉嫌违法的行为就是私自售卖钢材的行为。起诉书指控，按照原有的施工设计，这些钢材本应该用于隧道施工，而各被告人对施工设计进行了修改，节省了钢材，然后将钢材进行售卖变现。

笔者认为，被告人的售卖行为实际上就是将其占有的钢材由物品变成了等值的货币。在售卖之前，案涉钢材作为有形物由各被告人占有。售卖之后，案涉钢材从有形物变成了等值货币由各被告人占有，也就是说，被告人实际上是售卖了其自己占有的物品。

（2）因为A和C之间有约定，如果钢材丢失由C负责赔偿。本案当中如果施工设计没有改变，那么C将钢材卖掉与这些钢材丢失的后果是一致的，都导致实际钢材减少。钢材少了之后，按照A和C之间的合同约定，C应该对减少的钢材承担赔偿责任。

既然C按照合同约定要对A承担赔偿责任，那么这就是一种非常明确的合同纠纷，A可以依据双方之间的合同约定，向C主张民事赔偿。

6.本案中，C根据施工现场的实际情况对钢材的使用进行了重新设计，在程序上可能有不当之处，但这与本案指控的盗窃罪在法律上没有任何关联性。施工过程中，还有施工监理单位派人在现场监理，现场监理理应发现施工方改变施工设计的行为，应及时与施工方进行沟通，对施工设计按照程序进行重新确认。

综合上述意见，笔者认为，本案各被告人在客观上根本没有实施起诉指控的盗窃行为，其私自售卖钢材的行为是施工合同纠纷，应归属于民事纠纷，而不构成刑事犯罪。

四、办案过程和办案心得

本案案发之后，被告人的家属找到笔者，简单介绍了被告人的工作情况，并表示非常无奈，言语间表现出对法律的不解，正常地做项目，正常地施工，怎么就成了盗窃？笔者经过和黄某的会见以及向办案单位了解情况，也曾产生过疑惑，也曾认为各被告人私自售卖钢材的行为涉嫌盗窃，但很快，这种疑惑就不复存在。

笔者认为，办理刑事案件，最重要的是准确把握案涉行为的定性。有些时候，查明某个事实比较容易，但是判断这个事实是不是犯罪就稍微有些难度。

现实生活中的行为形形色色、千差万别，法律的规定通常都是概括性的，而且是基于当下的社会发展状况作出的，不可能预见到社会生活中的所有行为。那么，在法律没有规定的一些具体行为出现时，该如何评价，这就需要非常精准的专业判断，一定要坚信法律是公平、公正的。

五、专家点评

点评人：劳东燕（清华大学法学院教授、博士生导师）

本案是一起因经济纠纷而引发的刑事案件，辩护律师经过认真准备，提出被告人的行为不构成盗窃罪的辩护意见，并取得良好的辩护效果。应当说，辩护律师对辩护思路的设计切实可行，对争议焦点的归纳与提炼也准确到位，其提出的不构成盗窃罪的辩护意见在细节论证上或许有值得斟酌之处，但总体上是合理的，具有较大的说服力。

结合本案的事实与证据，4名被告人的行为除涉嫌盗窃罪之外，可能还面临是否构成侵占罪的争议。那么，4名被告人的行为究竟是否构成犯罪呢？

先分析4名被告人的行为是否构成盗窃罪。盗窃罪的构成，要求未经同意破坏他人对财物的占有，故行为对象只能是他人占有的财物。如果财物为行为人所占有，即便行为人对财物做了进一步的处分，也根本不可能构成盗窃罪。

就本案而言，根据A与B签订的发包合同和B与C签订的施工分包合同，钢材由A提供，C对为A所有的钢材则构成保管关系。在A按约定将钢材提供给C之后，钢材的所有权虽仍归A，但对钢材的占有无论是在事实上还是在法律上均已转归C。既然C负责保管与使用A所交付的钢材，而4名被告人又是C的股东与现场管理人员，则应当认为，钢材事实上为4名被告人所占有。4名被告人未按合同约定使用钢材而是私自变卖的行为，虽然侵犯了A对钢材的所有权，但并不符合盗窃罪通过破坏他人对财物的占有由此而侵犯财物所有权的特征，对自己占有的财物不可能构成盗窃罪。因此，4名被告人的行为并不符合盗窃罪的构成要件。

由于4名被告人的行为侵犯了A对钢材的所有权，有必要进一步讨论相应行为是否构成侵占罪的问题。侵占罪分为两种行为类型：一是侵占脱离占有物，遗忘物与埋藏物均属脱离占有之物；二是侵占委托占有物，代为保管的他人之物即为委托占有物。本案中C受委托而对A所交付的钢材进行保管，故钢材属于代为保管的他人财物并无异议。关键在于，4名被告人私自变卖钢材的行为是否构成侵占罪中的侵占。

侵占罪的成立，要求行为人客观上将代为保管的他人财物非法占为己有而拒不退还，本案中，4名被告人虽然擅自处分了为A所有的钢材，但难以认定存在拒不退还的情节。因C与A之间有签署钢材签收单，并且双方之间有约定，如果钢材丢失由C负责赔偿。这意味着，即便C对钢材进行处分，也仅涉及违约，只要C负责赔偿，就没有侵犯A的所有权。本案中A并未出面向C要求退还钢材，相应地，自然也就不能认为4名被告人符合拒不退还的要件。退一步说，即便认为4名被告人符合侵占罪的构成要件，由于侵占罪是经告诉才处理的犯罪，在A没有提起告诉的情况下，公诉机关无权进行起诉，法院也无权径行认定4名被告人成立侵占罪。

何某某被控非法吸收公众存款罪案

唐菊雄　李烨皎*

一、案情简介

何某某，女，1971年出生，初中学历，2007年在汽车配件厂做过车间工人，因厂子改革，何某某被迫下岗。2011年何某某在某连锁超市从事理货员工作。2017年4月，超市倒闭，何某某再次失业。何某某2017年5月找工作的时候，在网络招聘上看到了某企业管理中心的招聘启事，介绍该企业为国企，何某某5月入职该公司，主要负责销售基金等理财产品。

出于对国企的信任，何某某坚信公司的理财产品是安全的，她不仅向亲友、客户介绍、销售理财产品，自己也用34万元的积蓄购买此项理财产品，甚至在案发前几天还在继续购买。

因客户购买的理财产品从未被兑付过，经人举报，2018年9月2日，何某某等人被北京市公安局朝阳分局豆各庄派出所查获归案。同年9月3日，北京市公安局朝阳分局以何某某涉嫌非法吸收公众存款罪将其刑事拘留。同年9月30日，经北京市朝阳区人民检察院批准，何某某被北京市公安局朝阳分局逮捕，随后被羁押在北京朝阳区看守所。

2018年10月21日，何某某的亲属委托笔者团队作为何某某的辩护人，次日便安排了会见。通过会见了解到了重要的信息，辩护人认为，本案何某某犯罪

---

* 唐菊雄：北京市京师律师事务所高级合伙人、刑事专业委员会委员、网络犯罪研究中心副主任；李烨皎：北京市京师律师事务所律师。

情节非常轻微，对其实施取保候审不致发生社会危害性，便在第一时间向公安局递交了《取保候审申请书》，重点阐述了取保候审的事实和理由。但因何某某所涉嫌的案件属于共同犯罪，且涉案人数较多，涉案金额较大，案情较为复杂，故在侦查阶段，暂未获得取保候审。

2019年2月21日，北京市公安局朝阳分局侦查终结，以何某某涉嫌非法吸收公众存款罪，移送至北京市朝阳区人民检察院审查起诉。其间，因部分事实不清、证据不足，退回公安机关补充侦查两次；因案情重大、复杂，延长审查起诉期限三次。审查起诉阶段，辩护人在深入分析案卷材料以后，继续提出辩护方案并提交《必要性审查意见书》：认为何某某犯罪情节非常轻微，又系初犯、偶犯，主观恶性不深，已主动退赔违法所得，并且取得了部分受害人的谅解，辩护人认为，犯罪嫌疑人不羁押也不致发生社会危险性。公诉部门认真听取了律师的法律意见，并提审了何某某。

经审计，何某某参与非法吸收资金共计200余万元，构成非法吸收公众存款罪的共犯，但何某某在共同犯罪中起次要作用，且自愿签署《认罪认罚具结书》，如实供述自己的罪行，主动退赔违法所得共计10万元，且系初犯，已取得部分被害人的谅解，犯罪情节轻微，最终，北京市朝阳区人民检察院于2019年8月23日对何某某作出不起诉的决定。

二、争议焦点

本案的核心焦点是：第一，何某某主观上是否有犯罪故意；第二，何某某在非法吸收公众存款活动中所起的作用及地位认定；第三，何某某的涉案活动是否具有社会性，即吸存的对象是否为社会不特定对象；第四，何某某涉案数额到底是多少。

三、辩护思路

本案中，针对检察机关认为何某某涉嫌非法吸收公众存款罪的指控，辩护人通过会见、查阅所有卷宗材料、与何某某及其亲属详细沟通后，考虑到何某某以及其亲属都迫切希望何某某可以早日获得人身自由，因此，在尊重事实和法律的基础上，为了最大限度地维护和实现何某某的权益，辩护人在审查起诉阶段要作出有效辩护，以争取取保候审。在征求何某某本人及亲属的同意后，辩护人召开了部门论证会，确定了为其做取保候审的申请以及不起诉的申请。

根据《刑法》第一百七十六条的规定，非法吸收公众存款罪是指违反国家金融管理法规非法吸收公众存款或变相吸收公众存款，扰乱金融秩序的行为。对于非法吸收公众存款的构成，最高人民法院《关于审理非法集资刑事案件具体应用法律若干问题的解释》(2010年)第一条规定，应当同时具备4个条件：(1)未经有关部门依法批准或借用合法经营的形式吸收资金;(2)通过媒体、推介会、传单、手机短信等途径向社会公开宣传;(3)承诺在一定期限内以货币、实物、股权等方式还本付息或给付回报;(4)向社会公众即社会不特定对象吸收资金。向社会公众吸收资金的，是非法吸收公众存款或变相非法吸收公众存款。未向社会公开宣传，在亲友或者单位内部针对特定对象吸收资金的，不属于非法吸收或者变相吸收公众存款。

非法吸收公众存款罪在主观方面表现为故意，即行为人必须是明知自己非法吸收公众存款的行为会造成扰乱金融秩序的危害结果，而希望或者放任这种结果发生。本罪的客体是国家的金融信贷秩序。本罪客观方面表现为，未经中国人民银行批准，向社会不特定对象吸收资金，以或者不以吸收公众存款的名义，出具凭证，承诺在一定期限内还本付息，扰乱金融秩序的行为。

所以，本罪侵犯的客体，是国家金融管理制度，犯罪对象是公众存款；在客观方面表现为行为人实施了非法吸收公众存款或变相吸收公众存款的行为；自然人和单位均可构成该罪主体，在主观方面表现为故意。

1.何某某在主观上没有犯罪故意

非法吸收公众存款罪在主观方面表现为故意。如何认定为主观故意，目前关于主观故意的最新认定标准，最高人民检察院《关于办理涉互联网金融犯罪案件有关问题座谈会纪要》规定：在非法吸收公众存款罪中，原则上认定主观故意并不要求以明知法律的禁止性规定为要件。特别是具备相关从业经历、专业背景或在犯罪活动中担任一定管理职务的犯罪嫌疑人，应当知晓相关金融法律管理规定，如果有证据证明其实际从事的行为应当批准而未经批准，行为在客观上具有非法性，原则上就可以认定其具有非法吸收公众存款的主观故意。

在证明犯罪嫌疑人的主观故意时，可以收集运用犯罪嫌疑人的任职情况、职业经历、专业背景、培训经历、此前任职单位或者其本人因从事同类行为受到处罚情况等证据，证明犯罪嫌疑人提出的“不知道相关行为被法律所禁止，故不具有非法吸收公众存款的主观故意”等辩解不能成立。

对于无相关职业经历、专业背景，且从业时间短暂，在单位犯罪中层级较低，纯属执行单位领导指令的犯罪嫌疑人提出辩解的，如确实无其他证据证明其具有主观故意的，可以不作为犯罪处理。

从以上对非法吸收公众存款罪主观故意的认定标准，来看本案何某某的情况：

首先，何某某只有高中文化程度，学历不高，而且在做某企业管理中心业务员之前从事过的两份职业，一份是车间工人，另一份是超市理货员，都没有涉及金融理财的工作经历，也没有此专业背景，之前一直遵纪守法，也没有受过相关处罚。入职后，经过简单培训，便被安排上岗推销公司理财产品，对于业务员工作并没有正确认知，不知自己的行为会侵犯其他人的合法利益，扰乱社会金融秩序，所以，主观上并没有犯罪故意。

其次，何某某作为普通业务员，只是听从领导的安排向客户介绍理财产品，自身对公司理财产品缺乏辨别的能力。她自己既是推销者，也是受害者。因始终信任该项理财产品的安全性，所以用自己家里34万元的积蓄购买此项理财产品，甚至在案发前几天还在继续购买。由此可见，何某某既不具备辨别的能力，主观上也没有犯罪的故意。

2.何某某在涉案活动中起次要作用，可免予刑事处罚

在非法吸收公众存款活动中，对资金有管理、操作权，对普通工作人员有

管理职责，属于非法集资活动中的实际管理者、经营者，或者直接面向公众“开展吸存业务”的具体操作者，一般认定为主犯。

2019年最高人民法院、最高人民检察院、公安部《关于办理非法集资刑事案件若干问题的意见》第三条第五款规定：“上级单位与下属单位均未被认定为单位犯罪的，一般以上级单位与下属单位中承担组织、领导、管理、协调职责的主管人员和发挥主要作用的人员作为主犯，以其他积极参加非法集资犯罪的人员作为从犯，按照自然人共同犯罪处理。”

从犯也称帮助犯，是指共同犯罪中起次要或辅助作用的分子。起次要作用，是指在主犯的指挥下进行某种具体犯罪活动，或在一般共同犯罪中实施某种情节轻微的犯罪行为。起辅助作用，是指为犯罪的实施创造有利条件，如提出建议、提供工具、排除障碍。

2014年最高人民法院、最高人民检察院、公安部《关于办理非法集资刑事案件适用法律若干问题的意见》第四条中规定：为他人向社会公众非法吸收资金提供帮助，从中收取代理费、好处费、返点费、佣金、提成等费用，构成非法集资共同犯罪的，应当依法追究刑事责任。能够及时退缴上述费用的，可依法从轻处罚；其中情节轻微的，可以免除处罚；情节显著轻微、危害不大的，不作为犯罪处理。

上述规定可以理解为：在非法吸收公众存款案件中，只要不掌握、不控制非法吸收的资金，只是每月领取工资、提成、代理费、返点费，只为实际控制人向社会公众非法吸收资金提供帮助的人，应该作为帮助犯及从犯处理。

很显然，本案中，何某某没有决定、批准、纵容、指挥非法吸收公众存款犯罪的资格、职责、行为，不是直接负责的主管人员，更不是实际控制人，仅是公司普通的业务员，系听从领导的安排，履行本职工作，目的是赚取工资，而不是扰乱金融市场秩序。因自身缺乏甄别能力和法律意识淡薄，何某某不幸成为违法人员操纵的工具，其对自身履职行为的违法性缺乏必要认识，与明知是非法吸收公众存款行为仍积极拓展业务有着本质的区别，且在案发后已主动退赔违法所得，辩护人认为，符合情节轻微的情形，应当减轻或者免除处罚。

3.吸收公众存款对象为亲友，并非为社会不特定对象

非法吸收公众存款罪构成要素四性中之“社会性”是认定本罪的重要依据、争议焦点，也是律师做辩护的突破点。所谓“社会性”，是指社会不特定对象，构成本罪需向社会不特定多数人吸收资金。

对此，《刑法》并没有详细解释，直至2010年最高人民法院出台的《关于审理非法集资刑事案件具体应用法律若干问题的解释》在认定是否构成向不特定对象吸收公众存款上规定了人数、方式、对象排除等多方面。该解释规定个人非法吸存公众存款对象达30人以上，单位非法吸收公众存款达150人以上的构成本罪，通过媒体、推介会、传单、手机短信等途径向社会公开宣传等公开的方式，可以认定为向不特定对象吸收公众存款。还有特别重要的一点是该解释规定，若非法吸收或变相吸收公众存款的对象是亲友或单位内部人员等特定对象，则可不认定为是非法吸收公众存款的行为。

法律这样规定主要基于亲友和熟人的范围一般是有限的，人数较少且确定，其吸收公众存款资金的行为未扰乱国家金融秩序，不具社会性。此外，直接向亲朋好友或者单位内部人员筹集资金，由于筹集对象同行为人之间具有特定关系，就是没有脱离封闭性，本质上属于民间借贷，具有较强的固定性。

本案中，何某某入职某企业管理中心，其认为该单位是国企，单位的理财产品肯定是安全的，没有问题的。正因如此，何某某不仅自己买了理财产品，还“好心”介绍给了身边的亲戚和朋友。对于亲友不应该被认定为“公众”“社会不特定对象”，而属于“特定对象”。

4.扣除“本人”“亲友”的部分，涉案数额大幅度减少

非法吸收公众存款数额的认定关系到定罪量刑，也往往牵涉众多银行账户流水清单及票据等，因办案人员均不具备此类专业技术水平，所以需委托第三方有资质的专业机构进行审计，才能得出最准确的数额。

本案中，何某某涉嫌的非法吸收公众存款罪，涉案人数较多，被检察机关认定为共同犯罪，处罚仍遵循全案主犯对全部涉案犯罪事实负责，从犯对其参与的犯罪数额负责的原则。经审计，全案数额为1亿余元，而何某某作为普通

业务员，在涉案活动中仅起次要作用，应仅对其参与的涉案数额负责。

辩护人通过沟通、调查了解到，何某某涉嫌参与非法吸收的资金大部分为自己和亲朋好友提供，而“针对特定对象吸收资金”不以非法吸收公众存款罪论，所以，其本人及近亲友所投资的资金金额不宜计入行为人非法吸收公众存款的犯罪数额。何某某参与的涉案数额最初被检察机关认定为259万元，辩护人认为，应扣除何某某本人及亲友的投资资金共184万元，最终涉案数额应为75万元，而且已全部进入公司账户，何某某自己没有实际占有、使用或支配该款项，且案发后意识到自己的行为错误，已主动退赔违法所得，属于情节轻微。

5.主动退赔违法所得，情节轻微，可免予刑事处罚

辩护人多次会见何某某，一方面，缓解何某某的焦灼情绪，给予其心理安慰；另一方面，为何某某耐心讲解其所涉嫌的非法吸收公众存款罪及相关法律知识，让何某某知道自己的行为是否构成犯罪或可能面临的后果，最终何某某主动退赔违法所得。同时，何某某家属案发后积极联系被害人，愿意按照法律规定退补被害人损失，部分被害人对何某某表示谅解，并自愿给其提供谅解书。

另外，何某某平时表现良好，是遵纪守法的公民，本次是首次涉案，犯下此次错误完全是因为对于法律规定的认识淡薄与缺失，不幸成为违法人员操纵的工具。被拘留后，何某某已如实向办案人员交代全部案件事实，经过此次事件，充分了解到自身行为的危害性，内心深处产生真心悔改之意，同时深刻反省自己，确保日后不会再次发生类似行为。

从何某某的主观方面出发，结合其参与实施的客观行为，归案后的主动退赔违法所得，悔改态度较好等，辩护人形成了较为成熟的法律意见，并及时递交承办检察官，本案最终在审查起诉阶段就有了一个圆满的结果。

四、办案过程

辩护人在接受委托后，深入研究了相关法律法规、最新的司法解释以及案

例，并第一时间会见了何某某。在了解到何某某所涉嫌的非法吸收公众存款罪的事实情况后，辩护人向其讲解了所涉嫌罪名的法律规定，深入浅出地告知其什么情况下构成犯罪以及从轻、减轻的条件，什么情况下不构成犯罪等，使何某某对自己的行为能有一个反思的过程，以便能回想案件各种细节，提供有价值的信息和证据。

通过会见，辩护人既安抚了何某某的情绪，又掌握了第一手资料，对案件有了一定的了解。针对案件情况，辩护人向侦查机关递交了《取保候审申请书》，请求变更强制措施。但是，因为案件涉及的人数较多，涉案金额较大，案情比较复杂，在侦查阶段申请取保候审未被允许。

案件移送到检察院后，辩护人立刻与检察官取得联系，争取尽早阅卷。由于本案案情复杂，案件卷宗较多，辩护人加班加点连夜阅卷、分析案情，全力为之后的辩护做好充分的准备。

阅卷后，辩护人团队内部出现关于辩护方向的争议。对此，立刻召开了部门论证会，考虑到对何某某不利的供述，加上本案涉及多人共同犯罪，案件受害人数众多，涉案数额巨大，在证据相互印证的情形下，若盲目采取无罪辩护对何某某是极其不利的。为了最大限度地维护何某某的权益，在征求何某某本人及亲属的同意后，最终确定采用与无罪辩护效果等同的不起诉申请，也用行动努力不放过任何一个可以从轻、减轻的机会。

其间，案件因部分事实不清、证据不足，被退回公安机关补充侦查两次。与此同时，辩护人积极普法、做何某某及亲属思想工作，使何某某对自己的行为有了深刻的认识，主动退赔违法所得，其家属积极联系被害人，寻求被害人的谅解，在最后一次移送到检察院之后，最终成功获得了被害人的谅解书。

向承办检察官递交意见书，对于犯罪情节轻微，依照刑法规定不需要判处刑罚的，建议检察院作出不起诉决定，并与之当面沟通，对于何某某主观故意、在本案中的作用及地位、涉案数额等问题上与检察官取得了基本一致的认识。在辩护人的多番努力下，成功为何某某争取到不予起诉的理想结果，辩护人的努力成功了！

五、办案心得

（一）先会见，再阅卷，确定辩护思路

辩护律师在接受委托后，建议尽快与当事人会见，一方面可以从精神上安抚当事人，另一方面可以尽早了解案情，取得第一手的资料，把握案件的走向。本案中，笔者就是在委托的次日便安排了会见，第一时间安抚了当事人的情绪，为之后开展工作打下良好的基础。

在侦查阶段，了解到案件实情后，若发现有利于当事人，应该主动与办案机关取得联系并递交法律意见，用专业说服侦办人员。

案件移送检察院审查起诉后，要尽快阅卷，尽早把握侦查机关取得的证据情况，在有利的情况下，申请变更强制措施，如取保候审。同时，抓住时机，与办案人员沟通交流，输出辩护思维，维护当事人合法权益。

辩护人认为，在非法吸收公众存款罪类案件中，辩护律师无论是做无罪辩护还是提出不起诉申请，都应严格从该罪犯罪构成要件出发，利用专业的法学知识，有利于当事人的辩点，例如，本案中行为人有无主观犯罪的故意，吸收资金的对象是特定关系的少数人还是不特定的公众，吸收资金的方式是一对一的借贷还是公开宣传、推介，吸收资金的用途和目的是用于生产经营还是资本运营，行为人在涉案活动所处的角色和地位、作用，有无退赔违法所得，犯罪情节是否轻微，主观恶性大小等。

当然，辩护律师固然享有“独立辩护”权利，但这种权利源自当事人的信任与委托授权，而不是违背当事人意志来完成。辩护律师当然要主导辩护策略，但是否做无罪辩护应当与委托人充分协商，争取他们的理解与支持。辩护律师没有与委托人充分协商，却去博弈成功率极低的无罪辩护，很容易为以后一旦辩护失败引起冲突埋下祸根。所以，律师作为法律专业人士，首先通过办案经验与专业素养去判断，如果应该“明知”某些案件在司法实践中不可能判无罪，那么律师就应当从实际出发放弃无罪辩护改为轻罪辩护。如果说律师明

知是有罪的案件却做无罪辩护，那么就是“方向错误”，是对当事人的极不负责的表现。

（二）与委托人充分沟通

辩护人应与当事人及其亲属充分沟通，知道当事人最需要什么，最想要什么，再做最终决定，以争取当事人的支持，实现最大限度地维护当事人合法权益。

（三）排除非法证据

涉案金额的认定通常是通过报案金额来进行，但由于非法吸收公众存款案件报案人数众多，数据量大，需要一份鉴定意见来作为最终认定涉案金额的依据，但由于部分地区没有专业从事司法鉴定的会计师事务所，于是会出现普通会计师事务所来“凑数”的情况，但这种证据并不属于《刑事诉讼法》中规定的八类法定证据中的任何一种，不应作为证据来认定本案中的事实，应当申请法院予以排除。

六、专家点评

点评人：付立庆（中国人民大学法学院教授、博士生导师）

现行《刑事诉讼法》第一百七十七条第二款规定：“对于犯罪情节轻微，依照刑法规定不需要判处刑罚或者免除刑罚的，人民检察院可以作出不起诉决定。”本案中，北京市朝阳区人民检察院根据这一法律规定对何某某作出了不起诉决定。这一决定合法、合理、合情，表明了人民检察院的职责和担当，也充分体现了办案律师的心血和智慧。

本案如何理解的一个关键是，何某某在某企业管理中心销售基金等理财产品的行为，是根本不构成非法吸收公众存款罪、构成该罪但“犯罪情节轻微，依照刑法规定不需要判处刑罚或者免除刑罚”，还是构成犯罪且需要判处刑罚。对此，我们能看出办案律师的复杂心态：辩护思路中主张“何某某主观上没有犯罪故意，不构成犯罪”“吸收公众存款对象为亲友，并非为社会不特定对象，不构成本罪”是无罪的立场，而“何某某在涉案活动中起次要作用，可免予刑事处罚”“扣除‘本人’‘亲友’的部分，涉案数额大幅度减少”“主动退赔违法所得”则是“犯罪情节轻微”的立场。两种立场杂糅在一起出现在辩护思路中终归令人遗憾——假如能够分出层次，按照“原本不构成犯罪”“退一步讲，即便构成犯罪，也属于情节显著轻微”的逻辑顺序展开，会使辩护思路更为清晰顺畅。

在我看来，仅根据以上材料，认定何某某的行为构成非法吸收公众存款罪但“情节轻微不需要判处刑罚”可能更为适当。在共同犯罪中，这是宽严相济刑事政策的体现。辩护律师所主张的何某某客观上的吸收公众存款行为并非针对社会不特定对象、主观上欠缺犯罪故意未必能够成立。其一，即便扣除何某某本人及其亲友的投资金额184万元，何某某个人实际参与的涉案金额也有75万元，已然具备了社会性的特征。其二，本身文化程度不高、在做管理中心业务员之前没有理财工作经历以及自身对公司理财产品缺乏辨别能力、自己也花了34万元积蓄购买了理财产品等，均无法否认其在整个共同犯罪的过程中，具有（协助他人）非法吸收公众存款的故意。

但是，何某某具有从犯、认罪认罚、如实供述、主动退赔违法所得、初犯、获得部分被害人谅解等法定、酌定的从宽处罚情节，综合上述各种情节，将其认定为“依照刑法规定情节轻微不需要判处刑罚或者免除刑罚”是合适的。人民检察院的最终决定值得肯定，辩护律师提出的不起诉申请获得了认同。

本案中，辩护律师面临着自身对案件定性的理解（认为行为人因欠缺吸收公众存款的社会性和故意而不构成犯罪）与检察机关已经批准逮捕、提起有罪公诉的可能性很大之间的矛盾。对此，充分尊重何某某本人及其家属的迫切愿望，选择为其做不起诉的申请，包括最后接受（相对）不起诉的结论，可谓一种务实选择，是一种有效辩护。本案这种轻罪辩护的做法反而可能更有利于委托人，因此是可以理解的。律师既要对事实和法律负责，又要为委托人服务，这是律师职业的特殊性和职业道德的要求，在本案中，辩护律师较好地做到了这一点，值得肯定。